Carl Joachim Friedrich · Prolegomena der Politik

AF895137

E R F A H R U N G U N D D E N K E N

Schriften zur Förderung der Beziehungen zwischen Philosophie und Einzelwissenschaften

---

Band 25

Prolegomena der Politik

Politische Erfahrung und ihre Theorie

Von

Prof. Dr. Carl Joachim Friedrich

DUNCKER & HUMBLOT / BERLIN

Aus dem Amerikanischen unter Mitwirkung
von Fräulein Edith Kaiser vom Verfasser übertragen

Alle Rechte vorbehalten
© 1967 Duncker & Humblot, Berlin 41
Gedruckt 1967 bei Alb. Sayffaerth, Berlin 61
Printed in Germany

Dem Gedächtnis von

ARNOLD BERGSTRAESSER

1896–1964

Die Politik ist die Kunst,
das Unmögliche möglich zu machen.

Vorwort

Die vorliegende Schrift ist im wesentlichen eine Wiedergabe der ersten neun Kapitel meines 1963 in Amerika erschienenen Buches *Man and his Government,* aber für den vorliegenden Zweck in mehrfacher Beziehung abgeändert, insbesondere was das einleitende Kapitel angeht. Einen Versuch, die Hinweise auf die deutsche Literatur zu vervollständigen, habe ich nicht unternommen. Die übrigen Kapitel des oben genannten Werkes werden als selbständiges Buch unter dem Titel *Der Mensch und seine Politik* 1968 erscheinen.

Es sei an dieser Stelle ausdrücklich auf die amerikanische ‚Preface' hingewiesen, wo diejenigen genannt sind, denen ich mich besonders verpflichtet fühle. Ich möchte an dieser Stelle nur besonders Fräulein Edith Kaiser danken, die mir bei der Übertragung ins Deutsche sehr wertvolle Dienste geleistet hat.

Carl Joachim Friedrich

Inhalt

Erstes Kapitel

Einleitung

Theorie ist, im Gegensatz zu Philosophie und bloßer Meinung, ein mehr oder weniger systematisiertes Ganzes beweisbarer oder wenigstens zusammenhängend vertretbarer Verallgemeinerungen, die auf einer strengen Analyse feststellbarer Tatsachen beruhen. Daher ist sie der harte Kern jeder Wissenschaft, obwohl zuzugeben ist, daß es Wissen gibt, vor allem in Gebieten wie der Geschichtswissenschaft, das solches Verallgemeinern zu vermeiden sucht oder nur am Rande berücksichtigt. Die Politik als Wissenschaft ist ein wesentlicher Bestandteil solch historischer Verallgemeinerungen; man hat die Politik seit den Griechen solcher Analyse unterworfen. Die Gegebenheiten der Politik haben dabei stets als Grundlage für die allgemeinen theoretischen Aussagen gedient. Solche Theorie der Politik ist oft verurteilt worden, einmal wegen der vielen Widersprüche und Ungereimtheiten, die sie enthält, zum anderen wegen des Mißbrauchs, der mit ihr von Praktikern getrieben worden ist und noch immer wird. Dennoch übt sie einen unwiderstehlichen Reiz aus, und notwendigerweise; denn die Politik umfängt alle Menschen. Wie unentrinnbar sie ist, hat gerade das zwanzigste Jahrhundert erneut dramatisch bewiesen.

Aber was ist eigentlich eine Theorie? Oder anders gefragt: gibt es verschiedene Arten von Theorie? Die weitverbreitete Ansicht, alle Verallgemeinerungen seien sich gleich, und es gebe daher nur eine Art von Verallgemeinerungen, hat große Verwirrung gestiftet. Selbst eine flüchtige Betrachtung der Geschichte der Wissenschaften zeigt, daß sich diese Ansicht nicht halten läßt. Vielmehr gibt es, wenn man einmal von der teleologischen Fragestellung absieht, drei für die moderne Wissenschaft charakteristische Arten von Theoriebildung, nämlich die morphologische, die genetische und die funktionale. In der letzteren ist im menschlichen Bereich die teleologische mitinbegriffen, da sich Funktionen nur im Hinblick auf Zwecksetzungen darstellen lassen. Um diese drei beispielhaft zu verdeutlichen, sei nur an die Kopernikanische, die Darwinsche und die Newtonsche Theorie erinnert.

Die Theorie von der Politik oder politische Theorie enthält Verallgemeinerungen aller drei Arten. Die uralte Kontroverse über Staats- oder Regierungsformen oder die neuerlichen Diskussionen über „Muster" und „Typen" sind Arten morphologischer Theoriebildung[1]. Theorien über die Entstehung von Staaten, Parteien und anderen Arten von politischer Gruppenbildung sind genetische Theoriebildung. Allgemeine Aussagen über das Arbeiten von politischen Institutionen, über das „Funktionieren" von Interessengruppen etwa oder von Parlamenten, sind funktionale Theorien. Neben diesen Arten verallgemeinernder Aussagen über Politik ist auch die Bemühung um klare Definitionen als wichtiger Bestandteil theoretischer Bemühung um die Politik anzusprechen. Man kann ohne genauere Bestimmung der bei solchen Aussagen verwandten Ausdrücke nicht zu einer eindeutigen Theoriebildung kommen. Eine der Erfahrung adäquate Begriffsbestimmung muß allerdings von den erfahrenen Zusammenhängen, den Phänomenen selber ausgehen, und nicht von den Worten. Daher ist es Voraussetzung wissenschaftlicher Bemühung um die Politik, daß man es unterläßt, nach dem „Wesen" von „Macht", „Autorität" usw. zu fragen, also danach, was sie „eigentlich" bedeuten; denn eine solche essentielle Bedeutung der für die verallgemeinernde Beschreibung politischer Vorgänge verwendeten Begriffe gibt es nicht. Sie sind bestenfalls Zeichen für einen durch Beobachtung erfahrenen Sachzusammenhang, ein Phänomen. Man wird also nach diesen Phönomenen fragen, nach den für sie bezeichnenden Eigenschaften, wird sie allgemein beschreiben und dann das für sie brauchbarste Wortsymbol wählen. Gelegentlich ist auch ein neues Wort erforderlich, aber man wird sich, wenn möglich, an den bestehenden Wortschatz halten; denn die politische Theorie hat ihrerseits selbst wichtige politische Funktionen, die in Frage gestellt werden, wenn ihre Aussagen nicht mehr mitteilbar sind.

Was gewöhnlich als „Definition" politischer Begriffe hingestellt wird, ist daher in Wirklichkeit eine Frage der Sichtbarmachung einer Grunderfahrung politischer Natur und ihrer zutreffenden Bezeichnung. Dieses Verfahren steht immer in Gefahr, eigenwillig zu werden; aber wenn man sich so weit als irgendmöglich an den herrschenden Sprachgebrauch

---

Anmerkung: Wenn in einer Fußnote hinter dem Namen eines Verfassers ein „A" steht, so handelt es sich um Artikel.

[1] Siehe Hennis, 1963. Theorie im Sinne von „Erklärung" wird von Eugene J. Meehan, 1964, S. 116 ebenfalls in vier „modes" zergliedert, von denen aber eine als kausal bezeichnet wird, während die morphologische Form der Theoriebildung fehlt. Dabei bleibt unklar, inwiefern „genetische" Erklärungen nicht kausal sein sollen.

hält, so verringert sich diese Gefahr. Begriffsbildung solcher empirischen Art wirft die Frage der Vergleichbarkeit konkreter Erfahrungen und Beobachtungen auf. Wenn man nämlich annimmt, daß jede Erfahrung einzigartig und einmalig ist, so wäre keinerlei Wissenschaft oder Theorie denkbar[2]. Diese Dichotomie, die einer sollipsischen Einmaligkeit und Konkretheit eine allgemeingültige Abstraktheit gegenüberstellt, ist irreführend, ja falsch; denn jede Erfahrung enthält etwas von beiden. Man kann seine besondere Aufmerksamkeit entweder der einen oder der anderen Seite aller Erfahrung zuwenden, und davon wird natürlich sehr weitgehend bestimmt, welche Aussagen über sie gemacht werden. Beim Studium der Politik herrscht bei historischen und juristischen Untersuchungen die Betonung der Einmaligkeit vor, während für die politikwissenschaftliche Thematik die Bemühung um die Verallgemeinerung bezeichnend ist.

In welcher Beziehung stehen nun solche Verallgemeinerungen zur politischen Philosophie? Die politische Philosophie ist oft und im Wesentlichen als eine Abfolge von meisterhaften Darstellungen politischer Ideologie verstanden worden, d. h. also als Rationalisierung vorgefaßter Meinungen, seien diese nun von einem Klassen- oder sonstigen Interesse diktiert. Diese sich als Ideologiekritik empfehlende Infragestellung jedweder politischen Philosophie behauptet, diese sei normativ und außerdem oft veraltet; ihr gegenüber wird dann eine wertfreie, nicht-normative „Wissenschaft" empfohlen oder gefordert. Unzweifelhaft ist politische Philosophie oft auch solch parteigebundene Propaganda gewesen[3].

---

[2] Diese Ansicht scheint Jaffa, 1960, S. 271, zu vertreten. Er bezeichnet völlige Objektivität als entscheidendes Kriterium für jede „Theorie" und vertritt die Auffassung, daß eine politische Theorie im allgemeinen und umfassenden Sinne nicht möglich sei, weil die entscheidenden Fragen der politischen Denker, wie z. B. die Frage des Aristoteles „Was ist eine *polis?*" auf der Annahme beruhten, daß dies „eine einzigartige Erfahrung gewesen zu sein scheint" („seems to have been a unique experience").

[3] Dieses Problem liegt der vor einiger Zeit geführten ziemlich ausgedehnten Diskussion darüber zugrunde, wie Plato interpretiert werden solle. Eine Gruppe von Schriftstellern, zu denen u. a. Warner Fite, 1934; R. H. S. Crossman, 1937; A. D. Winespear, 1940; und Karl Popper, 1945, Bd. I, gehören, haben die politische Philosophie Platos angegriffen und sie als elitistisch, aristokratisch, antidemokratisch und autoritär, ja sogar totalitär bezeichnet. Es haben daraufhin verschiedene Autoren Plato verteidigt, unter ihnen John Wild, 1953, und William W. C. Greene, A, 1953. Ich neige den Ansichten der erstgenannten Gruppe zu, obwohl ich keineswegs der These zustimme, daß Plato ein Vertreter des Totalitarismus gewesen sei.

Aber diese unbestreitbare Tatsache schließt nicht aus, daß sie daneben auch Annäherungen an wahre Einsichten gebracht hat, mit anderen Worten, daß sie auch wahre und verifizierbare Verallgemeinerungen über gesicherte Tatsachen und Zusammenhänge erarbeitet hat. Platos politische Dialoge, insbesondere „Der Staat" und „Die Gesetze", mögen viel falsche und ideologisch motivierte Behauptungen enthalten. Aber hat er unrecht, wenn er darauf besteht, daß jede politische Gemeinschaft vor die Frage gestellt ist, zu bestimmen, was recht und richtig ist, und daß diese ihrerseits die Frage nach Gerechtigkeit und Tugend aufwirft[4]? Der Verdruß über Platos fragwürdige und utopische Einzelvorschläge sollte nicht darüber hinwegtäuschen, daß die angeführten allgemeinen Aussagen wahr sind oder zum mindesten Teilwahrheiten enthalten.

Aber politische Philosophie ist noch etwas anderes als die Geschichte einmal früher entwickelter philosophischer Lehrmeinungen über die Politik. Es ist jener Zweig von Philosophie und politischer Wissenschaft, der diese beiden großen Sachgebiete miteinander verknüpft. Sie vermittelt der allgemeinen Philosophie die wichtigsten Ergebnisse politikwissenschaftlicher Forschung und bemüht sich um die Verarbeitung dieser Ergebnisse im Rahmen einer allgemeinen Philosophie. Offensichtlich bedeutet eine solche Ortsbestimmung der politischen Philosophie, daß man sich über den Sinn einer allgemeinen Philosophie im klaren sein muß. Damit aber steht man vor einem schier unlöslichen Problem; denn bei dem Streit um die philosophischen Lehrmeinungen, frühere wie gegenwärtige, wird man kaum hoffen dürfen, unter Philosophen hierüber eine Einigung erzielen zu können. Wenn aber auch eine Einigung über die „richtige" Philosophie nicht zu erhoffen ist, so wäre es doch denkbar, daß man sich darüber einigen könnte, was unter Philosophie zu verstehen ist. Jedoch auch hierüber streiten sich die Philosophen und die Wörterbücher. Doch scheint es so, als ob immer eine letzte Realität mit den für sie zutreffenden Aussagen angesprochen wird. Begnügen wir uns also damit, zu sagen, daß Philosophie um sehr allgemeines, ja um das allgemeinste Wissen bemüht ist.

Ebenso wichtig ist die Frage: was ist eine Wissenschaft? In Wörterbüchern findet man Angaben wie die folgende: „eine Wissenschaft ist

---

[4] Harold D. Lasswell, 1951, S. 12, bezeichnet im Anschluß an Dewey und Northrop den „problem approach" als das Unterscheidungsmerkmal der einzelnen Gesellschaftswissenschaften (policy sciences), einschließlich der politischen Wissenschaft (political science). Aber hat denn jemals irgendein Forscher, einschließlich des politischen Philosophen, die entscheidende Bedeutung der „Probleme" bestritten?

ein Wissenszweig, der ein Ganzes von Tatsachen und Wahrheiten, systematisch geordnet und eine allgemeine Gesetzlichkeit aufzeigend, behandelt", oder etwas allgemeiner gesprochen, „ein Wissen über Tatsachen und Prinzipien, das aus systematischem Studium gewonnen ist", also „ein Ganzes geordneten Wissens". Feststellungen oder Definitionen dieser Art, obwohl nicht falsch, übersehen zwei sehr wichtige Seiten aller Wissenschaften, nämlich (1) die für jede Wissenschaft bezeichnende Übereinkunft betreffs ihrer Methoden und (2) die Ausbildung der in einer Wissenschaft tätigen Menschen. Es scheint daher zutreffender, eine Wissenschaft etwas genauer so zu definieren: ein Ganzes geordneten Wissens, ständig vermehrt durch die Fachmänner, die sich über die für solche Vermehrung brauchbaren Methoden laufend einig sind oder werden. Man muß hier von „werden" deshalb sprechen, weil von Zeit zu Zeit eine neue Methode erfunden wird, deren Annahme ihrerseits der Erweiterung des Wissens in einem Fachgebiet zugeordnet ist. Jedenfalls ist solche Gemeinsamkeit der Methoden sehr wichtig; denn sie unterscheidet den Wissenschaftler vom Laien und Scharlatan, die nur Meinungen haben, während die wissenschaftlich fundierte Aussage bekanntlich mit den für diese Wissenschaft anerkannten Methoden vertreten werden kann, so daß sie auch andere Fachmänner überzeugt. Denn diese können eben die Beweisführung nachvollziehen, indem sie die behaupteten Tatsachen nachprüfen und die auf ihnen beruhenden Verallgemeinerungen, die vielfach natürlich hypothetischer Natur sind, bestätigen oder widerlegen. Es sind dies Vorgänge, die dem Fortschritt der Wissenschaft Eindeutigkeit verleihen, ja ihn überhaupt erst ermöglichen. Es ist daher die *neue* Verallgemeinerung, das *neue* Beweismaterial, das die Gelehrten eines bestimmten Fachgebiets beschäftigt, bis sie es schließlich übernommen oder widerlegt haben. Hier zeigt sich, daß die Anerkennung gemeinsamer Methoden neben dem „Ganzen der Tatsachen und Wahrheiten", wie sie in der oben zitierten Definition betont werden, wichtig ist. Ja, diese Gemeinsamkeit der Methoden ist es, die es uns erlaubt, von „geordnetem" Wissen zu sprechen. Es ist eben dann geordnet *(organized)*, wenn es durch die anerkannten Methoden logischen Zusammenhang besitzt. Es zeigt sich hier, daß die Wissenschaften auch durch ihre Methoden und nicht durch ihre Gegenstände voneinander unterschieden sind. Daher muß allen Ansätzen, die darauf hinauslaufen, die Methoden der einen Wissenschaft in einer anderen zu verwenden, mit großer Vorsicht begegnet werden. Experimentieren paßt für die eine, dokumentarischer Beleg in einer anderen, Fallanalyse in einer dritten, und nur die am Gegenstand Geschulten sind in der Lage, ihre Brauchbarkeit und ihre Ergebnisse zu beurteilen[5]. Daraus folgt jedoch nicht, daß es für jede Wissenschaft nur *eine* Methode gibt oder geben kann, oder gar, daß ein solcher Methodenmonismus über ihre Wissenschaftlichkeit entscheidet; vielmehr ist gerade der Methodenpluralismus für viele Wissenschaften, insbesondere bei den Geistes- und Sozialwissenschaften, bezeichnend.

Dies dürften bekannte Dinge sein. Aber es scheint angebracht, auch in diesem Fall „das alte Wahre" anzufassen, um sicherzustellen, daß über den Begriff der Wissenschaft Klarheit besteht; denn sonst ist das Verhältnis von politischer Wissenschaft und Philosophie nicht zu verdeutlichen. Ja, es ist zur Klärung noch einiges Zusätzliche spezifisch über die politische Wissenschaft zu sagen erforderlich, und zwar was den Grad der Verallgemeinerung, der in ihr möglich ist, angeht. Die großen Erfolge, die die moderne Naturwissenschaft mit quantitativen Methoden hat erzielen können, hat viele dazu verleitet, und Philosophen veranlaßt, zu behaupten, daß diese Methoden „besser" und „wissenschaftlicher" seien, und daß Verallgemeinerungen, die auf ihnen beruhen, und die man auch „Gesetze" genannt hat, der Maßstab für wirkliche Wissenschaft seien. In Wirklichkeit sind Wert und Ergebnisse dieser Methoden der Natur der Gegenstände zu verdanken, mit denen diese Wissenschaften befaßt sind. Ihre besonderen Aussagen — man könnte sie auch als beschreibende Formeln bezeichnen — sind von hohem Abstraktionsgrad. Nun ist es aber ein Fehler zu glauben, daß der Abstraktionsgrad ein Maßstab für die Wissenschaftlichkeit einer Aussage sei. So bewegt sich die Astronomie auf einer erheblich niedrigeren Ebene der Abstraktion wie die Physik; ein großer Teil ihrer wissenschaftlichen Forschung ist mit der sehr spezifischen Beschreibung so konkreter Dinge wie der Corona der Sonne befaßt. Doch besteht kein Grund, jedenfalls kein philosophischer oder methodischer, die Physik aus diesem Grunde der Astronomie vorzuziehen. Beide arbeiten allerdings mit präzisen quantitativen Daten. Aber auch daraus läßt sich ein Werturteil nicht herleiten. Denn nicht nur die Genauigkeit, sondern auch die Relevanz und die Adäquatheit der Ergebnisse sind Maßstäbe der Wichtigkeit wissenschaftlicher Leistungen. Die Anatomie ist nicht weniger Wissenschaft wie die Chemie. Die Geschichtswissenschaft ist zunehmend wissenschaftlich geworden, ohne daß dabei quantitative Methoden eine irgendwie bemerkenswerte Rolle gespielt hätten; denn entscheidend waren hier Quellenkritik und die Erschließung neuer Quellen, wie etwa die Papyren in der römischen

---

[5] Brecht, 1959, hat diese Frage untersucht. Siehe auch Meynaud, 1959, und Duverger, 1951.

Rechtsgeschichte. Kurz gesagt, weder der Grad der Verallgemeinerung noch der der Quantifizierung sind ein eindeutiger Maßstab für den Fortschritt zu größerer Wissenschaftlichkeit. Dieser kann nur im Hinblick auf die besonderen Aufgaben, Gegenstände und Probleme einer bestimmten Wissenschaft und im Vergleich dieser selbst zu früheren Stadien ihrer Entwicklung geschätzt werden. Es sei an die bekannte Feststellung von Aristoteles erinnert: „Es ist das Zeichen eines gebildeten Mannes, für jede Klasse von Objekten nur *das* Maß an Präzision zu verlangen, das ihrer Natur entspricht. Es ist offensichtlich ebenso töricht, sich bei der Mathematik mit Wahrscheinlichkeit zufrieden zu geben, wie von der Rhetorik schlüssige Beweise zu verlangen[6]." Diese Aussage trifft nicht nur für den Unterschied zwischen Wissenschaft und Künsten, sondern auch für den zwischen den verschiedenen Wissenschaften zu. Um etwas pointierter zu formulieren: jede wissenschaftliche Feststellung, ganz gleich was der Grad ihrer Allgemeinheit sein möge, ist eine hypothetische Beschreibung der einer Gruppe von Phänomenen gemeinsamen Eigenschaften; daher denn die Beschreibung um so allgemeiner sein kann, je häufiger die Phänomene und deshalb die ihnen gemeinsamen Eigenschaften sind. Aus der Häufigkeit eines Phänomens ergibt sich aber nicht seine Relevanz; denn im Mittelpunkt allen Bemühens um Wissen steht der Mensch, und der Grad von Relevanz wird durch das Ausmaß ihrer Beziehung zum Menschen bestimmt.

Man braucht sich nicht auf Immanuel Kants Begriff eines Dinges-an-sich zu berufen, um anerkennen zu können, daß man niemals nur Tatsachen beschreibt, sondern Beobachtungen dieser angenommenen Gegenstände. Unter Verzicht auf eine kritische Ausführung zu diesem Begriff[7] sei festgestellt, daß der menschliche Verstand und sein Verstehen sich zunehmend der wirklichen Welt und ihrer Gegenstände „bemächtigt", wie sich das an der erfolgreichen Anwendung solchen sich der Welt bemächtigenden Wissens in der Technik deutlich zeigt. Zugleich ist klar, daß dieser Vorgang ein nie abgeschlossener, sondern ein stetig fortschreitender ist, so daß es immer Aspekte, Phasen und Eigenschaften all dieser

---

[6] „Die Nikomachische Ethik", I. Siehe auch Perelman und Olbrechts-Tyteca, 1958, *passim.*

[7] Der Begriff des „Dinges an sich" findet sich bei Kant, z. B. Prolegomena, Par. 26. Wegen dieses Begriffs gelangte Kant zu seiner überspitzten These: „der Verstand schöpft seine Gesetze (a priori) nicht aus der Natur, sondern schreibt sie dieser vor"; ibid., Par. 37, S. 189.

wirklichen Gegenstände gibt, die noch jenseits menschlichen Wissens liegen.

Im Bereich der Geschichte sind diese Tatsachen Ereignisse, die sich, so glaubt man, abgespielt haben und deren Verlauf von Menschen erfahren oder erlebt worden ist, einmal durch Teilnahme, zum anderen durch Beobachtung, schließlich aber auch auf Grund von Vermutung[8]. Dabei spielt das Verstehen in Max Webers Sinn eine sehr bedeutsame Rolle. Die Einmaligkeit aller geschichtlichen Ereignisse bedeutet natürlich, daß man sie nicht durch Wiederholung als tatsächlich erweisen kann. Die Berichte darüber, was sich ereignet hat, sind das Einzige, was man mit Sicherheit darüber befragen kann, was sich ereignet hat; sie sind die Gegebenheiten, mit denen sich die wissenschaftliche Arbeit beschäftigen muß. Das gilt daher auch weitgehend für die politische Wissenschaft: nicht Vorgänge, sondern die Berichte über sie sind Gegenstand der Forschung. Das soll keinen radikalen Nominalismus bedeuten; vielmehr ist ein enger Bezug, eine „Korrespondenz" zwischen Bericht und Ereignis, anzunehmen. Dennoch ist festzuhalten, daß die Aus- und Bewertung von Berichten der verschiedensten Art im Mittelpunkt des Interesses steht und stehen muß, und daß die Methoden dadurch bestimmt werden. Um ein Beispiel zu nennen, hundert Berichte über hundert Interviews mit hundert Flüchtlingen aus der Sowjetunion sind weder wissenschaftlicher als eine Rede von Stalin noch auch weniger so. Alles hängt davon ab, worum die Diskussion geht: handelt es sich um die Frage der Relevanz der Ideologie in der Sowjetunion, so kann u. U. eine solche Rede wichtiger sein als hunderte von Interviews[9].

Wenn von einem wissenschaftlichen Wahrheitsbeweis, einer Verifikation, die Rede ist, so ist damit gemeint, daß die Beschreibung, was immer der Grad ihrer Allgemeinheit, und ob quantitativ oder qualitativ, von jemandem nachgeprüft werden kann, der die erforderliche Fachausbildung in dem besonderen Bereich der Wissenschaft besitzt, und zwar mit den in diesem Fachgebiet anerkannten wissenschaftlichen Methoden.

[8] Die Methodologie der Sozialwissenschaften, besonders in der Anthropologie und Soziologie, hat Techniken entwickelt, in denen Teilnahme und Beobachtung in der Rolle des „beteiligten Beobachters" (participant observer) zusammengefaßt sind; diese Methoden sind eine Rationalisierung dessen, was schon immer eine Hauptquelle für Berichte, auf denen ja das geschichtliche Wissen beruht, gewesen ist.

[9] Zu den obigen Ausführungen siehe Friedrich, 1961 (II), S. 17 ff. Siehe außerdem R. G. Collingwood, 1946.

Man sollte daher vielleicht lieber von Bestätigung sprechen[10]. Eine derartige Bestätigung setzt voraus, daß die Beschreibung den Phänomenen, auf die sie sich bezieht, entsprechen muß, und daß daher bei der Entdeckung neuer und bisher unbekannter Tatsachen die bisher gültige Beschreibung revidiert werden muß. Diese allgemeine Regel hat sehr schwerwiegende Konsequenzen für Wissenschaften wie die politische, in denen ständig neue Tatsachen durch den Wandel im politischen Verhalten auftreten. Auch die Institutionen sind einem beständigen Wandel unterworfen. So wirft zum Beispiel das Emporkommen des Totalitarismus, bei dem es sich mindestens zum Teil um bisher nicht dagewesene Erscheinungen handelt[11], für den Politikwissenschaftler zahlreiche ganz neue Probleme auf, genau wie im vergangenen Jahrhundert die Ausbildung des Konstitutionalismus. Ebenso bedeutet die Entstehung der politischen Ordnungen in den Entwicklungsländern eine ganz neue Dimension politischer Forschung, gar nicht zu reden von der Auswertung der vielseitigen Ergebnisse in solchen Nachbarwissenschaften wie Anthropologie, Ethnologie, Prähistorie und Psychologie, die unerwartete Erkenntnisse über Früh- und Individualaspekte politischer Ordnungen gebracht haben. All diese neuen Tatsachen fordern zur Überprüfung der in der politischen Wissenschaft gängigen Verallgemeinerungen und Hypothesen heraus.

Die in solchen Feststellungen enthaltenen philosophischen Probleme zeigen erneut, wie eng die politische Wissenschaft mit der Philosophie verknüpft ist. Die Einsicht in diese Zusammenhänge muß aber noch vertieft werden. Wenn, wie oft gesagt und oben bereits erwähnt, Philosophie mit einer letzten Realität und den auf sie zutreffenden Aussagen (Prinzipien) beschäftigt ist, somit also auch mit Teilausschnitten einer solchen letzten Realität, so könnte man versuchen, eine bestimmte Philosophie, also etwa die des Aristoteles, mit den heute bekannten Tatsachen und den Verallgemeinerungen über sie in Beziehung zu setzen. Das würde aber gewiß vielerseits als ein unfruchtbares Unterfangen angesehen werden. Für alle Arten von Positivismus insbesondere hat das

---

10 Siehe Karl Popper, 1959, Kap. X.

11 Das völlig Neuartige der totalitären Diktatur wird auf verschiedene Art geschildert in Friedrich (Hrsg.), 1954, und Hannah Arendt, 1951. Es wird eingehender erörtert in Friedrich und Brzezinski, 1956, neue Auflage, völlig überarbeitet, 1965. Eine neuere Darstellung gibt auch das Werk von Bracher, Sauer und Schultz, 1960.

keinen Zweck[12]. Nun kann man natürlich entgegnen, auch der Positivismus sei eine Philosophie. Aber dieser für Positivisten annehmbare Einwand bedeutet nicht viel. Auch ist die Abhängigkeit politischer Wissenschaft von einer philosophischen Grundlage sehr viel weitreichender als es der Positivismus zuzugeben bereit ist. Dies soll nun noch näher dargelegt werden.

Der von einem führenden amerikanischen Politikwissenschaftler, Harold D. Lasswell, vorgeschlagene Ausweg ist nicht beschreitbar. Er hat seinerzeit geschrieben, daß „in jedem Satz (set) von Definitionen einige Ausdrücke undefiniert bleiben müssen, wenn man einen Zirkel vermeiden will; die Kette der Definitionen müsse einen Anfang haben ...“[13]. Das ist sicher richtig; aber es entbindet nicht von der Aufgabe, diese Grundbegriffe zu untersuchen. Es zeigt sich dann, daß Definitionen oder Versuche, die politische Wissenschaft zu charakterisieren, zumeist das Wort „Macht“ (power) benutzen, daneben aber auch „Gerechtigkeit“, „Wert“, „Handlung“, „Person“, „Symbol“ und „Gruppe“ sowie mit diesen Begriffen zusammenhängende Ausdrücke. Sie alle sind offensichtlich in ihrem Bezugsgehalt weltanschaulich und das heißt philosophisch bestimmt, und der eigentlich entscheidende Gesichtspunkt ist daher der Wandel in diesen Bezügen (referents), die ihrerseits von der jeweiligen Sicht der Wirklichkeit geformt werden. Die philosophische Verdeutlichung dieser Bezüge oder Bezugspunkte ist zugleich Ausdruck weitverbreiteter Erlebnisse und Erfahrungen, die als Rückwirkung auf sich ändernde politische, wirtschaftliche und technische Umweltfaktoren eintreten[14].

Im Hinblick auf diese Zusammenhänge wird oft behauptet, daß deshalb der ganze Fragenkomplex ideologischer Natur sei, worauf später noch näher eingegangen werden soll. Zunächst ist hier dazu zu bemer-

---

[12] Diese Auffassung vertreten zum Beispiel H. D. Lasswell und A. Kaplan, 1950. Sie ist in subtilerer Form von A. Brecht, 1959, vorgetragen worden und wird oft von Vertretern der sogenannten Verhaltensmethode propagiert.

[13] Lasswell und Kaplan, op. cit., S. 3, Fn. 1.

[14] In meinem Artikel „Political Philosophy and the Science of Politics“ in Approaches to the Study of Politics (Hrsg. Roland Young) habe ich versucht, diese Aussage zu belegen, indem ich neuere Schriften von drei Philosophen mit der politischen Wissenschaft in Beziehung gesetzt und auf die Bedeutung ihrer Schlußfolgerungen hingewiesen habe. Vgl. auch George E. G. Catlin, 1957; K. Mannheim, 1953, Teil III, S. 97 ff.; ebenso Leo Strauss, 1959, S. 25—27.

ken, daß solch ideologische Verhaftung der Politik kein Grund ist, politische Philosophie als für die Wissenschaft von der Politik irrelevant abzutun; viel eher beweist sie ihre Bedeutung. Denn politische Ideologien sind auf Handlung ausgerichtete politische Gedankensysteme. Ob die in einer Ideologie zum Tragen kommenden Ideen wahr sind, ist zwar eine wichtige Frage, und die Bemühung um ihre Beantwortung wird nie aufhören. Denn solche Antworten sind von großer Dringlichkeit nicht nur für die, die eine bestimmte Ideologie für zutreffend halten, sondern auch für die, die sie ablehnen. Vor allem aber muß vielfach der Ideologiekritik entgegengehalten werden, daß eine Aussage nicht deshalb falsch zu sein braucht, weil sie zu einer Ideologie gehört. Das scheint offensichtlich, wird aber oft vergessen. So mag es wohl richtig sein, daß Platons Philosophie aus der ideologischen Perspektive der Athenischen Aristokratenpartei heraus entstanden ist, wie er es selbst in seinem Siebten Brief andeutet. Das beweist aber nicht, daß sie ein Irrtum ist. Jeder philosophische Ansatz kann Teil einer Ideologie werden oder sein; denn dies liegt in ihrem Wesen begründet. Moderne positivistische Richtungen unterscheiden sich in dieser Beziehung nicht von anderen Philosophien, noch werden sie damit zu „Mythen", noch „ähneln sie deshalb Lügen", wie Karl Mannheim von allen Ideologien behauptet hat[15]. Es zeigt sich also, daß die potentiell ideologischen Inhalte politischer Philosophie die Bedeutung derselben für die politische Wissenschaft nicht vermindern, sondern eher noch erhöhen.

Allgemein gesprochen bleibt aber richtig, daß dies ideologische Potential jeder politischen Aussage, sei sie nun philosophischer oder wissenschaftlicher Natur, die Bedeutung der Frage nach ihrem Wahrheitsgehalt vermehrt. Im politischen Bereich wird diese Frage oft pragmatisch oder funktional verstanden, mit anderen Worten, sie wird als Frage nach dem Nutzeffekt aufgefaßt. Aber der Frage nach dem Wahrheitsgehalt in einem letzten Sinn kann so nicht ausgewichen werden, soll das ideologische Potential in seiner Besonderheit eingesehen werden. Es ist nämlich die Ideologie, die Ideen im Hinblick auf ihre Nützlichkeit verwertet, während sich die Wissenschaft bemüht, über diese Nützlichkeitsfrage hinaus festzustellen, ob etwas wahr ist, d. h. eben mit der Frage danach, ob eine Aussage auch einer Tatsache, d. h. also einem autoritativen Bericht, entspricht — ein Verfahren, das nur in unendlicher Annäherung an den bereits im Strudel der Vergangenheit entschwundenen wirklichen Vorgang ein Bild von diesem zu entwerfen hoffen kann. Der Grad an

[15] Mannheim, 1936, S. 238. Vgl. auch Young (Hrsg.), 1958, S. 185 ff.

Entsprechung von Aussage und Vorgang ist immer erneut Gegenstand der Auseinandersetzung, die wie gesagt über die jeweilige Gültigkeit der verschiedenen Argumente im Rahmen der gültigen methodischen Maximen eine Entscheidung sucht. Daher denn auch die Wahrheit eine Frage des Grades ist und bleibt.

Aus der Notwendigkeit, bei der Suche nach der Wahrheit die Endlichkeit aller gefundenen Wahrheit im Gegensatz zu der Unendlichkeit der zu findenden anzuerkennen, folgt nicht, daß deshalb alle Wahrheit nur relativ sei, wie von denen gesagt wird, die alle Philosophie, und besonders politische Philosophie, *nur* als Ideologie verstanden wissen wollen. Selbst wenn man behauptet: *Sum, ergo cogito* anstatt mit Descartes *Cogito, ergo sum* zum Ausgangspunkt philosophischer Überlegungen zu machen, selbst dann gibt es Aussagen über politische Zusammenhänge, wie etwa die Athenische Demokratie oder auch Demokratie im allgemeinen, die wahrer sind wie andere. Deshalb ist klar, daß der Maßstab des „wahr-oder falsch?", der für alle wissenschaftliche Arbeit ausschlaggebend ist, letzten Endes durch die Bezugnahme auf das, was autoritativ ist, die politische Wissenschaft mit politischer Philosophie verknüpft, genauso wie es für alle anderen Wissenschaften für ihre Abhängigkeit von der Philosophie analog gilt. Dieser Thematik kann man sich nicht durch Verweise auf eine rein pragmatische oder funktionale Prüfung, d. h. durch die Frage danach, ob eine Aussage erwünschte Folgen habe, entziehen. Die Gründe dafür sind nicht schwer einzusehen. Denn auf der einen Seite erfordert eine solche pragmatische Prüfung selber wieder die Nachprüfung ihres Wahrheitsgehalts, und zum anderen ergibt sich aus der komplexen Natur politischer Situationsanalysen eine so vielschichtige Unvorhersehbarkeit, daß man aus dem Erfolg einer Maßnahme in der Vergangenheit nicht auf ihren Erfolg in der Zukunft schließen kann. So können denn Fragen der politischen Theorie wie der Praxis nur beantwortet werden, wenn man das verfügbare Material in seiner ganzen Breite und Fülle erarbeitet, und dazu gehört eben auch die philosophische Seite der Problematik.

So kann man denn zusammenfassend sagen, daß politische Wissenschaft und Philosophie eng miteinander verknüpft sind, und daß wie andere Wissenschaften, so auch sie nur in enger Verbindung mit der Philosophie betrieben werden kann. Das braucht hier nun nicht im Einzelnen weiter verfolgt zu werden; jede ernstzunehmende Arbeit zeigt es. Überblickt man die sterilen Kontroversen über die Rolle der Philosophie in der politischen Wissenschaft, so kann man feststellen, daß die Argumente gegen ihre Berücksichtigung denen analog sind, die gegen die Rolle der Theorie vorgebracht werden. Es sei daran erinnert, daß ganz allgemein und immer wieder festzustellen ist, daß der mit einem Sonderbereich vertraute dazu neigt, demjenigen, der sich mit einem größeren Bereich befaßt, vorzuwerfen, er berücksichtige nicht genug Einzelheiten. So verachtet zumeist der Praktiker der Politik den Wissenschaftler und erklärt ihn für einen „reinen Theoretiker", womit er natürlich meint, daß seine Aussagen irreführend oder falsch seien. Der wissenschaftliche Spezialist seinerseits stellt alle allgemeine Theorie in Frage, als unzulässige Verallgemeinerungen des ihm selber anvertrauten Sachgebiets. Der Theoretiker wiederum lehnt sich, wenn er eine Systematisierung der Einzelwissenschaft der Politik anstrebt, gegen den Philosophen auf, von dem er behauptet, er behandle nur ideologische Fragen, die auf Werturteilen beruhen, die subjektiv und fragwürdig seien. Alle aber sagen, was sie sagen, mit dem Anspruch auf Wahrheit aus, und so können sie ihre Behauptungen nur dann aufrecht erhalten, wenn sie sich dieser philosophischen Grundfrage stellen.

Nun kann aber diese Frage immer nur unter Bezugnahme auf menschliche Erfahrung beantwortet werden. Man sollte daher im Falle der Wissenschaft von der Politik zunächst fragen: was für eine Art von Erfahrung ist politische Erfahrung? Denn da alle wissenschaftlichen Einsichten und Kenntnisse auf Erfahrung irgendwelcher Art beruhen und beruhen müssen, so ist diese Frage unvermeidlich. Wie bereits erwähnt, kann Erfahrung aber nicht auf Sinneswahrnehmung eingeschränkt werden, wie das die Sensualisten getan haben. Fühlen und Wollen sowie schöpferische Neuerung sind, wie wir gesehen haben, Teil menschlicher Erfahrung, ebenso wie des Menschen intellektuelle und geistige Arbeit. In den Naturwissenschaften ist die Erfahrung der Sinne in Verbindung mit den Verstandeskräften die wichtigste Quelle wahren Wissens[16]. Das ist offensichtlich in der Politik nicht der Fall. Was ist dann aber die Erfahrungsgrundlage einer Wissenschaft von der Politik?

Es wäre sehr viel leichter, diese Frage klar zu beantworten, wenn die verschiedenen Arten menschlicher Erfahrung ein logisch lückenloses Ganzes bildeten[17]. Dies ist aber nicht der Fall, und alle Versuche, die ver-

---

[16] Das ist vor einiger Zeit von Michael Polanyi, einem führenden Naturwissenschaftler, sorgfältig untersucht worden, dessen Buch „Personal Knowledge", 1958, ein wichtiger Beitrag zu dieser Frage ist. Siehe dazu meinen Bericht in Natural Law Forum, 1962, S. 132—148.

[17] Michael Oakeshott, 1933; E. Husserl, 1913.

schiedenen Arten von Erfahrung über einen Leisten zu schlagen, haben dazu geführt, wie oben gezeigt, daß ein Teil menschlicher Erfahrung geleugnet beziehungsweise hinwegargumentiert wird. Beide, Idealisten und Materialisten, haben vor allem auch versucht, dem Unvorhergesehenen und Unvorhersehbaren, dem Chaotischen und Verwirrenden auf diese Weise zu entrinnen. John Dewey hat in einer glänzenden Überschau dieser immer wieder unternommenen Versuche, an die Stelle des Unbeständigen das Beständige, an die Stelle des Wandelbaren das Unwandelbare, an die Stelle des Werdens das Sein zu setzen, diese Bemühung als *den* philosophischen Irrweg bezeichnet. Dieser Grundirrtum, so führt er aus, enthält die Formel für die Art, „wie Denker das Ungewisse und Unfertige als einen unwürdigen Zustand des nicht-realen Seins abgetan haben, um zugleich das Gewisse und Fertige systematisch als das wahre Sein zu preisen"[18]. Und er fügt hinzu, daß es eine in der Geschichte der Philosophie vielfach zu beobachtende Tendenz sei, Einheit, Dauer, Ewigkeit, Vollkommenheit und Rationalität als in einen Zusammenhang gehörend darzustellen, und andrerseits Vielfalt, Veränderung und Zeitlichkeit mit Halbheit, Mangelhaftigkeit, Sinnenlust und Verlangen als untereinander verknüpft zu beschreiben. Demgegenüber hebt Dewey hervor, daß das Denken ein fortlaufender Prozeß der Umgestaltung der Welt der erfahrenen Dinge in der Zeit und nicht ein Sprung aus dieser Welt in eine solche von zeitlosen Gegenständen ist.

Aber es ist dies nicht alles, was dazu zu sagen erforderlich ist. Denn das Denken ist seinerseits eine Art des sich selbst und die Welt Erfahrens. Es besteht kein zwingender Grund, warum diese Art der Erfahrung allen anderen Arten übergeordnet werden müßte. Aber man kann sie auch nicht verwerfen, wie es die Irrationalisten tun, die sie als der Achtung nicht wert ansehen. Gedanke, Logik und Vernunft sind ein Erfahrungszusammenhang, eine Art von Grunderfahrung, wie sie die Situation des Menschen als Person gegen andere Personen abgrenzt. Aber welche Beziehung besitzt sie zu den anderen Arten von Erfahrung? Was sind diese anderen Arten des Erlebens? Es scheint deren im wesentlichen drei zu geben: (1) Sinneswahrnehmung oder Beobachtung eines Außen, (2) Wählen zwischen Alternativen des Handelns, auch Wollen genannt, und (3) Schaffung von etwas ganz Neuem, also Erzeugen, Erfinden oder Entdecken. Wenn man nun diese Arten von Grunderfahrung mit der Erfahrung des Denkens konfrontiert, so zeigt sich, daß

[18] John Dewey, 1929, S. 52 (das obige Zitat wurde von mir übersetzt).

jede dieser Erfahrungsarten für sich genommen *logische* Prinzipien voraussetzt, die *logisch* im Widerspruch miteinander stehen. So führt die Erfahrung des Beobachtens, d. h. einer Abfolge von Sinneseindrücken, auf das Prinzip von Ursache und Wirkung, das man daher auch als logische Hypothese verstehen kann, die die verschiedenen Beobachtungen miteinander verknüpft und sie zu einer Kette von Erfahrungen zusammenfaßt. Hume hat bekanntlich die hypothetische Natur des Gesetzes von Ursache und Wirkung dargelegt, und Kant hat daraufhin gezeigt, wie wichtig dieses Gesetz für alles geordnete Nachdenken über Sinneseindrücke ist. Es ist bekannt, daß Kant die Ansicht vertreten hat, es sei unmöglich, über Sinneserfahrung nachzudenken, ohne die Kategorie der Ursache vorauszusetzen. Diese Aussage gilt ebensosehr für abgeleitete Gebiete der Erfahrung wie die Geschichte, denn diese präsentiert sich jemandem, der über sie nachdenken will, als eine Abfolge von Berichten über Ereignisse, die sich angeblich abgespielt haben, die aber nie wieder von den Sinnen wahrgenommen werden können. Wenn man die Hypothese der Verursachung verallgemeinert, d. h. wenn alle Gegenstände und Ereignisse durch ihnen vorausgehende Gegenstände und Ereignisse erklärt werden[19], so führt das philosophisch gesprochen zu einem Determinismus; denn eine Welt, in der äußere Ursachen alles beherrschen, ist eine deterministische[20]. In ihren politischen Folgen ähnelt eine solche Anschauung gewissen religiösen Einstellungen. Der in ihr enthaltene Fatalismus hat paradoxerweise einen radikalen Aktivismus zur Folge, insbesondere wenn die, die an ihn glauben, sich selbst als die auserwählten Instrumente einer Grundursache verstehen, wie es die Gläubigen im frühen Islam, im Calvinismus und im Marxismus tun.

Die Erfahrung des Wählens zwischen alternativen Möglichkeiten des Handelns, d. h. die Erfahrung, eine Entscheidung in einer Lage, die unvorhersehbare Aspekte enthält, zu fällen, ist bestimmt ebensosehr Grunderfahrung wie es die Beobachtung der Welt ist. Denkt man darüber nach, so folgt aus ihr die Hypothese der Freiheit. Denn es ist unmöglich, eine Willensentscheidung zu vollziehen, wenn man nicht voraussetzt, daß man so oder auch anders handeln kann. Daß solche Freiheit des Wählens hypothetisch sei, hat zuerst Hobbes mit voller Schärfe

---

[19] In gewissem Sinne „ist jede Existenz ein Ereignis" („every existence is an event"), wie Dewey geschrieben hat (op. cit., S. 71); aber es ist nützlich, besonders in der Dimension der Politik, zwischen Gegenständen und Ereignissen zu unterscheiden.

[20] Robert MacIver, 1942.

ausgesprochen. Aber auch hier gelang es Kant, die skeptische Schlußfolgerung durch den Beweis abzuschwächen, daß diese Hypothese für einen handelnden Menschen notwendig ist, und zwar in einem logischen Sinne ebenso notwendig wie die Hypothese der Verursachung für einen Beobachter. Beide Grunderfahrungen setzen mit anderen Worten ein Prinzip voraus, mit Hilfe dessen man sie verstehen kann. Auch die Hypothese der Freiheit kann nun verallgemeinert werden, obwohl sie zumeist auf menschliche Wesen beschränkt bleibt (es sei denn, auch göttliche Wesen gehören mit zu der fraglichen Weltanschauung). Verallgemeinert man sie, so führt sie zu einem Indeterminismus. Eine nichtdeterministische Welt ist dadurch gekennzeichnet, daß in ihr freie Menschen entscheiden, was sie in den verschiedenen Lagen, in die sie geraten, tun sollen. Auch diese Anschauung ist einer religiösen Ausdrucksweise verwandt; viele der großen Religionen einschließlich des Christentums haben damit gerungen, sie sich zu eigen zu machen, um auf diese Weise eine Begründung dafür zu finden, daß man Menschen für ihre gesellschaftliche und politische Handlungsweise verantwortlich macht. Stoizismus, Humanismus und Liberalismus sind sich darin einig, daß sie eine solche Annahme in den Mittelpunkt ihrer Weltanschauung stellen, was zur Folge hat, daß sie die Änderung und Reform der Umwelt anstreben.

Monistische philosophische Systeme kann man daher in zwei Gruppen aufteilen. Es gibt solche, die die Hypothese der Freiheit entweder verwerfen oder sie zu einer Art menschlicher Selbsttäuschung werden lassen. Es sind dies die deterministischen Systeme, die entweder die Grunderfahrung der Sinneseindrücke und ihrer Beobachtung oder, im Historismus, die aus solcher Beobachtung hergeleiteten Berichte hervorheben. Zum anderen gibt es Systeme, die, wenn sie die Hypothese von Ursache und Wirkung nicht ganz verwerfen, sie doch auf ein gesondertes Reich der Natur einschränken und dieses als eine Welt der Illusion deuten. Solche Systeme sind voluntaristisch und auf der Grunderfahrung von Wählen und Wollen aufgebaut.

Aber man kann auch das Dilemma, das der inhärente logische Widerspruch dieser beiden Grunderfahrungen aufgibt, auf sich beruhen lassen, denn es besteht die Möglichkeit, unter Verzicht auf den Monismus zwei streng voneinander getrennte Welten zu konstruieren, die Welt der Normen und die Welt der Sachen. Das war bekanntlich die Lösung Kants, aber auch anderer, die dualistische Systeme errichtet haben. Diese forderten dann allerdings eine Art von Verbindung, um sie erneut zusammenzufügen. Alle diese Versuche sind aber im Grunde nicht überzeugend, wenn man die Erfahrung als Ausgangspunkt wählt. Daher denn alle diese Standpunkte für eine empirische Philosophie in einem gewissen Sinne philosophisch inadäquat erscheinen, denn sowohl die genannten monistischen wie die dualistischen Systeme leiden darunter, daß eine der Grunderfahrungen, Beobachten, Wählen oder Denken hinwegargumentiert wird, um dadurch Kohärenz und Widerspruchslosigkeit zu erzielen. Diese Feststellung trifft zu, obwohl ja die vierte Grunderfahrung noch gar nicht berücksichtigt ist, nämlich jene Erfahrung der Neuschöpfung, die allen Menschen vertraut ist im Akt der Zeugung, die aber auch zahlreiche andere Formen der Neuerung im Bereich von Produktion, Erfindung und Entdeckung annimmt. Die politische Bedeutung solcher Neuerung ist sehr groß[21]. Hier sei nur angemerkt, daß solche Neuerung noch offensichtlicher mit den Voraussetzungen eines deterministischen Universums im Widerspruch steht. Daher denn schöpferische Tätigkeit schon immer angeführt worden ist, um die Einwände gegen eine Vernachlässigung der Freiheit zu entkräften[22].

Aus dem Gesagten geht hervor, daß menschliche Erfahrung nicht logisch in sich widerspruchslos gemacht werden kann. Der Mensch findet sich in eine Lage hineingestellt, die er vielseitig erfährt; denn sie besteht aus mehreren Komponenten, von denen die einen ursächlich determiniert, andere frei gewählte Alternativen, noch andere frei erfundene Änderungen und Neuerungen sind. Alle diese spiegeln sich nach den Gesetzen der Logik im Denken der Menschen. Eine radikale Philosophie der Erfahrung sieht sich gezwungen, diese Vielgestalt der Gegebenheiten zu akzeptieren und mit ihnen zu leben, ohne sie hinwegzuinterpretieren. Solch eine empirische Philosophie erscheint daher als eine allgemeine Ansicht von Welt und Mensch, die alles in menschlicher Grunderfahrung Gegebene als Ausgangspunkt anerkennt und nicht eine dieser vier Grunderfahrungen über die anderen erhebt. Und da diese Grunderfahrungen logische Folgen haben, die miteinander im Widerstreit stehen, so ergibt sich, daß die Welt und die menschliche Existenz von Grund auf problematisch oder, wie es auch heißt, dialektisch sind. Die Auseinandersetzungen, die sich aus solchen Widersprüchen ergeben, gehören mit zur menschlichen Erfahrung. Sie sind in sie „hineingebaut", was wiederum bedeutet, daß ihre Dialektik ebenfalls in sie hineingebaut ist.

---

[21] Eine ausführlichere Darstellung findet sich in Friedrich, 1963, Kap. 21.

[22] Siehe dazu Felix E. Oppenheim, 1961; Mortimer J. Adler, 1961, und Friedrich, 1963, Kap. 20.

Probleme sind das Sein erster Ordnung und nicht abgeleitet von funktionalen Bezügen, wie so oft im Pragmatismus behauptet[23]. „Die Welt ist ein Schauplatz der Gefahr ... Seuche, Hungersnot, Mißernte, Krankheit, Tod und Niederlage sind jederzeit zu erwarten, aber ebenso sind es Überfluß, Stärke, Sieg, Lied und Fest." Eine Philosophie der Erfahrung kann daher auch eine Philosophie des Problems genannt werden, vorausgesetzt, daß das Wort Problem in seinem ursprünglichen griechischen Sinn verstanden wird als etwas, das einem in den Weg geworfen wird wie ein roadblock. Die immer wieder sich stellende Frage ist, wie alle menschliche Erfahrung in ihrer vielschichtigen Sinnhaftigkeit fruchtbar gemacht werden kann für ein fortschreitendes Verständnis eines bestimmten Erfahrungsbereichs und seiner Probleme. Ein solcher Pluralismus ist der Stempel der Echtheit einer Philosophie der Erfahrung. Er hat besonderen Erkenntniswert im Bereich der Politik.

Damit ist die Einleitung zu diesen Prolegomena gegeben. Es wird sich im folgenden darum handeln, zunächst den Menschen als politische Person zu skizzieren, dann die miteinander verknüpften Probleme von Funktion, Zweck und Wert und insbesondere das Problem der Wertfreiheit zu behandeln; aufzuzeigen, daß ein enger Zusammenhang zwischen Institution, Entscheidung und Politik besteht und daß es sich daher nicht darum handeln kann, in der Politischen Wissenschaft entweder das eine oder das andere in den Vordergrund zu stellen, ist die nächste Aufgabe. Daran schließt sich eine Erörterung über die Funktion von Ideen und Ideologien in der Politik sowie über den politischen Mythos, seine Symbole und die utopische Ordnung. In einem weiteren Kapitel wird die Bedeutung der Religion und des Rituals für die Politik untersucht. Diese Untersuchung bildet die Voraussetzung für eine Analyse des rationalen Verhaltens in der Politik und den damit verwandten Problemen des politischen Stils. Daraus wieder ergeben sich die Prolegomena einer Organisationstheorie, die in eine Betrachtung der politischen Gemeinschaft und ihrer Dimensionen ausmündet. Damit sind die philosophischen Grundlagen einer Politischen Wissenschaft umrissen, wie sie ein kriti-

---

[23] Dewey, 1929, bes. S. 99 ff., 122 f. und 223 ff. scheint mit solchen funktionalen Begriffen zu argumentieren. Aber in seinen 1925 und 1926 veröffentlichten Werken verleiht er den Problemen einen einfachen existentiellen Status; er betont außerdem, daß die kulturellen Phänomene die gefährlichen und unsicheren Merkmale des Seins zum Bewußtsein bringen. Ich würde auch Geburt und die Vereinigung der Geschlechter hinzurechnen. Die funktionale Auffassung ist seither von verschiedenen Denkern entwickelt worden; siehe Anatol Rapoport, 1953.

scher Realismus und Empirismus fordert. Es ist nicht möglich, im Rahmen dieser Darlegungen diese Philosophie des kritischen Realismus über das Gesagte hinaus zu verdeutlichen. Daß diese Ausführungen aber zeigen, wie die Beziehung zwischen politischer Erfahrung und politischem Denken zu verstehen ist, sollte hiermit einigermaßen einsichtig geworden sein.

Zweites Kapitel

Der Mensch als politische Person

Die *Politik* des Aristoteles beginnt mit einer Reihe von Feststellungen über die Gemeinschaft (Koinonia). Aristoteles stellt dort fest, daß die Polis die höchste Gemeinschaft, die herrscherliche Gemeinschaft ist, weil sie nach dem höchsten, dem vornehmsten Gut strebe. Die Diskussion ist in der Politik seither nicht abgerissen über die Frage, ob das Kollektiv als eine primäre Gegebenheit des politischen Lebens und der politischen Forschung anzusehen sei. Der Staat als Polis ist damit zum Schwerpunkt einer solchen Betrachtung geworden, und man hat die Macht als das wichtigste Kennzeichen des Staates angesehen. Aber der Individualismus und seine politische Lehre, der Liberalismus, haben diese Anschauung verworfen und darauf bestanden, daß das menschliche Einzelwesen, das Individuum, die Person zunächst da sei und daß man daher die Gemeinschaft und den Staat aus ihnen, aus den Grundbestandteilen aufbauen müßte. Hobbes war der erste wichtige politische Denker, der in dieser Perspektive seine Darlegungen über den Staat mit einer langen Ausführung über den Menschen begann. Er hat viele Nachfolger gefunden[1].

Da unser Wissen aus Vor- und Frühgeschichte keinerlei Anhaltspunkte für einen außerhalb der Gemeinschaft lebenden Menschen gibt, ja, da sogar viele der großen Affen (Primaten) in Gemeinschaften leben[2], muß man diese Annahme des klassischen Liberalismus als unhaltbar betrachten. Es ist ebensowenig möglich, den Menschen ohne Bezugnahme auf die politische Gemeinschaft zu definieren wie man die politische Gemeinschaft ohne den Menschen definieren kann. Alles uns zur Verfügung stehende Beweismaterial stützt die Ansicht, die sich an den Namen des Aristoteles knüpft, daß der Mensch ein „politisches Wesen" im Sinne

---

1 H. D. Lasswell und A. Kaplan, 1950; S. 3 ff.; George E. G. Catlin, 1927, S. 141 ff.

2 Wolfgang Köhler, 1963, S. 202 ff.; C. R. Carpenter, 1934 und 1941; Robert M. und Ada W. Yerkes, 1935; S. Zuckermann, 1932 und 1933.

eines Gemeinschaftswesens ist, das nur aus dem Zusammenhang seiner Beziehungen zu anderen ähnlichen Wesen heraus verstanden werden kann[3]. Dabei soll hier gleich anfangs betont werden, daß es uns bei der Bemühung um eine Schilderung des Wesens des Menschen nicht darum zu tun ist, ihn im Sinne einer großen Tradition von den Tieren zu unterscheiden, und zwar dies deshalb nicht, weil wir einmal nicht genug über die Tiere wissen und weil zum anderen der Mensch viele Eigenschaften mit Tieren gemeinsam hat. Das Aufzeigen einer Gestalt ist nicht Abgrenzung gegen andere verwandte Gestalten[4].

Eine Darstellung der Politik auf Grund einer Gesamtansicht der menschlichen Natur muß von der Grundgegebenheit aller politischen Erfahrung ausgehen, nämlich der Gemeinschaft. Diese Erfahrung enthält ein Paradox, das im Verlauf der Zeit in der Dialektik des politischen Denkens deutlich geworden ist. Dabei sei vermerkt, daß der Ausdruck der Dialektik hier und auch sonst im ursprünglichen griechischen Sinne, der von dem Wort *Dialegesthai,* d. h. sich zu unterhalten und sich auseinanderzusetzen, abgeleitet ist und nicht im Hegelschen oder Marxistischen Sinne gebraucht wird. Denn bei letzteren bedeutet Dialektik eine Eigenschaft der Geschichte oder der Gesellschaft. Dialektik ist in Worten verkörpert und nicht in Dingen, auch nicht in denen, mit denen es die Politik zu tun hat. Der Ausdruck dialektischer Materialismus ist daher ein Selbstwiderspruch, eine contradictio in adjecto[5]. Nach dieser Besinnung auf das Wesen echter Dialektik kann nunmehr ausgesagt werden, daß die Dialektik des politischen Denkens seit langem mit dem Paradoxon gerungen hat, daß das Leben in der Gemeinschaft ein allgemeiner Wesenszug der menschlichen Natur zu sein scheint, während diese Gemeinschaften zugleich die größten Unterschiede aufweisen und daher diese Möglichkeit anderer gemeinsamer Wesenszüge des Menschen in der Politik ausgeschlossen scheint.

Seit langer Zeit tobt der Kampf um die Bedeutung der Umwelt für die Entwicklung des Menschen, ein Kampf, auf den wir nicht näher eingehen können. Umwelt bedeutet hier natürlich sowohl das soziale wie das physische Milieu, in dem Menschen leben und sterben. Die die Be-

---

[3] „zoon" bedeutet Lebewesen. Wenn daher Aristoteles von einem „zoon politikon" spricht, so will er damit sagen, daß es sich um ein in einer Polisgemeinschaft lebendes Wesen handelt.

[4] K. Koffka, 1935.

[5] K. Popper, 1945, Bd. II, Kap. 5; 1957; A. G. Meyer, 1954, Kap. 3.

deutung der Umwelt betonenden Lehren erklären nun, daß das politische und gesellschaftliche Milieu so wirkungsvoll in der Determinierung menschlichen Verhaltens sei, daß „es ein hoffnungsloses Unterfangen wäre, zu versuchen, eine zureichende Wissenschaft von der Politik auf der Grundlage angeblich beständiger Faktoren der menschlichen Natur aufzubauen"[6]. Diese Umweltstheoretiker leugnen nicht notwendigerweise, daß es solche gemeinsamen Wesenszüge gibt, wie etwa den erwähnten des Lebens in politischen Gemeinschaften, aber sie leugnen, daß diese nachweislich allgemeinen Züge hinreichen, „um die enormen Variationen im politischen Verhalten zu erklären . . ."[7]. Es handelt sich bei dieser Art der Gedankenführung um ein non sequitur. Kein vernünftiger Vertreter der Auffassung, daß es eine allgemeine Menschennatur gibt, würde behaupten wollen, daß die allen Menschen gemeinsamen Wesenszüge geeignet seien, „die enormen Variationen" zu erklären. Vielmehr würde er nur darauf bestehen, daß er die auffälligen Gemeinsamkeiten erklären kann, die die Grundlage für die Variationen abgeben. So verstanden ist die Beweisführung der Vertreter der Ansicht, daß es eine allgemeine Natur des Menschen gibt, schlüssiger, denn wie wäre eine Variation zu erklären, wenn nicht etwas da ist, das „variiert" wird.

Neuerdings ist eine auffällige Wiederbelebung des Gedankens einer allgemein menschlichen Natur zu beobachten. Er wird nicht nur durch die der menschlichen Lage inhärente Logik, sondern auch durch die Grunderfahrung der gegenseitigen Abhängigkeit (Interdependenz) von Mensch und Gemeinschaft nahegelegt. Im philosophischen Bereich hat diese Entwicklung zu einer neuen „Anthropologie" geführt[8]. Eine solche Anthropologie wird einmal durch empirische ethnologische Untersuchungen gestützt, obwohl die Mehrzahl der Ethnologen zum Relativismus neigt[9]. Auch im Bereich der Rechtsphilosophie ist eine Renaissance des Naturrechts im Gange, die durch das Emporkommen des Totalitarismus gefördert worden ist[10]. Schließlich hat auch die moderne psychologische

---

[6] Lasswell und Kaplan, op. cit., S. 5 (eigene Übersetzung des obigen Zitats).

[7] ibid.

[8] Max Scheler, 1923; Alfred Weber, 1953, bes. Kap. 1; Karl Jaspers, 1947, S. 212 ff. und 1949, S. 306 ff.; Hannah Arendt, 1958, bes. S. 22 f.; John Wild, 1953, Kap. 4, 7 und 8; F. S. C. Northrop, 1959, Kap. 7—9.

[9] Clyde Kluckhohn, 1949, S. 2 („What common ground is there?") und *passim;* Loren Eiseley, 1946 (Modern Library ed.), bes. S. 79—126; Teilhard de Chardin, 1959; M. Mead, 1949, Kap. 3—7 und *passim.*

[10] Friedrich, 1955, bes. Kap. 19; Charles G. Haines, 1930, *passim;* A. P.

Forschung trotz der großen Vielfalt an Theorien der Frage des allgemein Menschlichen als dem Substrat psychischer Vorgänge erneut zunehmende Aufmerksamkeit zugewandt[11]. Alle diese Wiederentdeckungen und Wiederbelebungen sind natürlich zum Teil eine Antwort auf die politische Situation, in der sich die Welt heute befindet. Die sich abzeichnende Weltordnung, die sich in einem immer engeren Kontakt und Zusammenwirken zwischen Menschen der verschiedensten Kulturen ankündigt, fordert den heutigen Menschen geradezu auf, nach einem gemeinsamen Menschenbild zu suchen. Ein Panhumanismus zeichnet sich ab als das Menschenbild und die Ideologie dessen, was alle Menschen gemeinsam haben. Der Gedanke einer universellen Erklärung der Menschenrechte, wie sie die Vereinten Nationen versucht haben, beruht hierauf[12].

Doch ist zu fragen, ob das, was die Menschen gemeinsam haben, als Grundlage für eine politische Theorie dienen kann. Die klassische Naturrechtslehre, wie sie bei Plato und Aristoteles angedeutet ist und von den Stoikern entwickelt wurde, betont bekanntlich die Vernunft als die gemeinsame Grundlage und leitet von dieser Vernunft gewisse elementare Regeln des Gemeinschaftsverhältnisses ab. Diese Regeln sind in der berühmten Triade des römischen Rechts umrissen: Juste vivere, neminem laedere, suum cuique tribuere. In dieser Fassung sind Normen des Verhaltens gegeben, von denen man behaupten kann, daß sie das Verhalten vieler Menschen beschreiben. Denn der Mensch in der Gemeinschaft lebt bis zu einem gewissen Grade, wie es hier ausgesagt wird, nämlich rechtschaffen, ohne andere zu schädigen und jedem das Seine gebend. Es hat immer Menschen gegeben, die sich ganz im Sinne dieser Normen verhalten haben, aber alle Menschen verletzen gelegentlich diese Normen. Deshalb kann man sie trotz allem nicht als allgemeingültige Beschreibung menschlichen Verhaltens bezeichnen.

Die Geschichte des politischen Denkens ist voll von Meinungen über die Menschennatur. Zumeist sind diese mehr oder weniger spekulativer Art. Um nur einige Beispiele zu nennen: Plato will den Eros zum Universalmotiv machen. Hobbes dachte sich den Menschen vornehmlich von

---

d'Entrèves, 1951; Erik Wolf, 1955; Lon L. Fuller, 1940; Heinrich A. Rommen, 1947; Hans Welzel, 1951; dagegen Kelsen, 1953. Siehe auch Annales de Philosophie Politique, Bd. III, 1959, „Le Droit Naturel".

11 Teilhard de Chardin, 1959; Gordon W. Allport, 1960, bes. Teil I.

12 Friedrich, 1942; Kap. 10; William Ernest Hocking, 1959, Kap. 4, und 1956, S. 182 ff. Bezüglich des Letzteren siehe A. N. Holcombe, 1948.

der Furcht vor dem gewaltsamen Tode und dem sich daraus ergebenden rastlosen Streben nach Macht und Besitz bestimmt. Hume glaubte, menschliches Verhalten sei durch Gewohnheit und Nutzen, die emotional verwurzelt sind, gestaltet. Rousseau schließlich wollte die „Sympathie" und andere Gefühlsregungen zum Mittelpunkt der Erklärung politischen Verhaltens machen. Wenn man diese verschiedenen Anschauungen und ihre Folgerungen für die politische Theorie erwägt, so wird deutlich, daß der ihnen allen gemeinsame Fehler der ist, daß sie die menschliche Natur auf ein einziges Prinzip zurückführen und versuchen, die politische Gemeinschaft im Sinne dieses einen Prinzips zu deuten. Jeder solche Versuch ist zum Scheitern verurteilt; denn neben dem allen Menschen gemeinsamen Leben in Gemeinschaften, das bereits hervorgehoben wurde, lassen sich vier weitere Eigenschaften feststellen: Plastizität und Anpassungsfähigkeit, Zweckhaftigkeit, Selbsterfahrung und Mitteilsamkeit mit Hilfe der Sprache. Alle diese Eigenschaften können als in der ursprünglichen Vorstellung von der Vernunft mit inbegriffen verstanden werden, denn keine dieser Eigenschaften ist ohne den Gebrauch der Vernunft vorzustellen. Auf die hiermit zusammenhängende Frage des Rationalismus soll aber hier nicht näher eingegangen werden[13].

Die zweite allgemein menschliche Eigenschaft ist also die Plastizität der menschlichen Natur in der Reaktion auf unterschiedliche Lagen. Die allen Menschen gemeinsame Natur ist aber natürlich nicht verwirklicht, sondern besteht nur potentiell. Alle diese verschiedenen Eigenschaften, die man herausgelöst und besonders betont hat[14], spielen ihre Rolle, und zwar in endlos sich ändernden Kombinationen. Seine Plastizität und die sich aus ihr ergebende Anpassungsfähigkeit bedeuten, daß der Mensch ständig neue Wege findet, um mit neuen Lagen fertigzuwerden — scheinbare Sackgassen, die als fruchtbare Ausgangspunkte für neue Richtungen des Handelns dienen. Diese Fähigkeit, die verschiedenen Eigenschaften seiner Natur in verschiedenen Lagen unterschiedlich einzusetzen, zeigt sich überall im Bereich des Politischen.

Situationen und die Antwort auf sie sind daher ein wichtiger Gegenstand politischer Analyse zu allen Zeiten und unter allen Bedingungen. Der Mensch ist situiert, in eine Lage hineingestellt oder, wie man heute zu sagen pflegt, „geortet". Er hat einen Ort, er befindet sich in einer

---

[13] Siehe hierzu Friedrich, 1963, S. 40.

[14] Talcott Parsons, 1951, S. 32—33 bezeichnet Plastizität und Empfindungsvermögen als „biologische Eigenschaften" oder „Merkmale" („biological properties"; „characteristics").

Situation dann, wenn die konkreten Aspekte seiner Umwelt und insbesondere seiner politischen Umwelt sinnvoll auf sein Verhalten, auf die Handlungen, die er vollziehen will, auf die Gedanken, die er zu denken unternimmt, auf die Gefühle, die er empfindet, bezogen sind. Es genügt nicht, nur von Handlungen zu sprechen, wenn man eine Situation verdeutlichen will[15]. Denn die sinnvolle Bezogenheit schließt Gedanken und Gefühle ebensosehr ein wie Handlungen und manchmal mehr als solche. Die politische Lage oder Situation der Vereinigten Staaten in der Welt ist wahrscheinlich ebenso sinnvoll auf die Gedanken und Gefühle der Amerikaner wie auf ihre Handlungen bezogen. Denn es kann eine Reaktion auf eine Situation ein Gedanke oder ein Gefühl sein und nicht eine Handlung, und es ist falsch, solche Reaktionen in der politischen Analyse zu vernachlässigen. Denn es ist die Spannweite und die Vielgestalt von Gedanken und Gefühlen, die die Plastizität des Menschen in der Gemeinschaft auszeichnet. Und da jede Reaktion auf eine Situation eine neue Situation schafft, die von der vorhergehenden durch das differenziert wird, was die Reaktion hinzugefügt hat, so ergibt sich die Grundformel: $s(1) + r = s(2)$ oder allgemeiner $s(a) + r = s(b)$ Die unendliche Vielgestalt und Verschiedenheit aller politischen Beziehungen ist letztlich auf die Grundgegebenheit menschlicher Natur zurückzuführen[16].

Die dritte Grundeigenschaft des Menschen als Menschen ist die Spannweite seiner Zweckhaftigkeit. Das ist oft betont worden, wenn man versucht hat, homo sapiens von seinen nächsten Verwandten im Tierreich, den großen Affen (Primaten) zu unterscheiden. Dabei kommt es auf die Spannweite an, denn auch die Primaten haben Zwecke, aber diese sind sehr beschränkt. Die Spannweite menschlicher Zielsetzung dagegen ist sehr groß, und seine Fähigkeit, einen Zweck oder Vorsatz über lange Zeiträume hin, ja, über die eigene Lebenszeit hinaus zu verfolgen, ist sehr wichtig. Sie beruht auf dem menschlichen Gedächtnis. Das Gedächtnis ist bekanntlich eine der wichtigsten Eigentümlichkeiten des Menschen, durch die er instand gesetzt wird, Vorgänge und Erfahrungen der Vergangenheit zu erinnern, und zwar von den einfachsten bis zu den verwickeltesten, von der Speise, die man gegessen hat bis zu Gedanken und Träumen. Der mit einem Gedächtnis ausgestattete Mensch kann so wenig ohne Zweck leben wie er ohne Antwort auf die Umwelt und ohne Gemeinschaft existieren kann. Dieses „Mitzwecksein" ist die Grundlage

---

[15] Lasswell und Kaplan, op. cit., S. 4—5.

[16] Stuart Hampshire, 1959, Kap. 1.

allen Denkens. Man braucht sich nicht der zynischen Auffassung des Hobbes anzuschließen, daß alles Denken nur Berechnen ist (Reason is but reckoning), um zu erkennen, daß diese enge Verknüpfung von Zwecksetzung und Vernunft die Grundlage für einen großen Teil des Naturrechts abgegeben hat.

Die verschiedenen Zwecke sind natürlich sehr unterschiedlich. Sie schließen die physischen und materiellen Bedürfnisse ein, wie Essen, Kleidung und Behausung, aber selbst diese elementaren Erfordernisse menschlichen Lebens sind in einer erstaunlichen Vielzahl individueller Gruppenpräferenzen gestaltet, die vom Klima und anderen Faktoren, zu zahlreich, um sie hier aufzuzählen, bestimmt sind (Sprossen der Zwecke). Die gleiche Differenzierung findet man im Bereich des Sexualverhaltens[17]. Es ist daher kaum verwunderlich, daß auch der Bereich des Politischen einen ähnlichen Reichtum der Zwecke und der ihnen entsprechenden Verhaltensweisen aufweist. Wenn Affen so unterschiedlich in Temperament und Neigung sein können wie Schimpansen und Orang-Utans[18], dann braucht man sich über entsprechende Unterschiede zwischen menschlichen Gruppen nicht zu wundern. Es ist deshalb nicht möglich, den Menschen empirisch im Sinne eines Einzelzweckes, sei es nun Macht, Ordnung oder Freiheit, zu beschreiben. Auch solche Aperçus wie Goethes „Der Hunger und die Liebe erhalten das Weltgetriebe" sind nicht geeignet, diese Frage zu beantworten. Nicht Einheit und Einförmigkeit der Zwecksetzung, sondern Vielgestalt und Wandelbarkeit der Zwecksetzung sind der gemeinsame Wesenszug des Menschen. Er erweist sich auch hier in einem grundlegenden Sinn als ein vielgestaltiges (plurales) Wesen.

Diese dem Menschen eigentümliche Pluralität der Zwecke ist neuerdings in soziologischen Studien zu einer Lehre von den „Rollen" ausgestaltet worden. Man hat zu Recht in diesem Zusammenhang bemerkt und empirisch dargestellt, daß jeder Mensch eine Vielzahl solcher Rollen zu spielen hat[19]. Es ist offensichtlich, daß ein Mensch durch die Rolle, die er spielt, seine Funktion verwirklicht, daher denn sowohl Rolle wie

---

[17] M. Mead, 1949, S. 51—160, gibt einen guten allgemeinen Überblick.

[18] Ernest A. Hooton, 1940, S. 3—51.

[19] Über Rollen und ihre Bedeutung in der Gesellschaft siehe Parsons, op. cit. Er bezeichnet die Rolle als „das, was ein Handelnder in seinen Beziehungen zu anderen Personen tut, im Rahmen ihrer funktionalen Bedeutung für das Sozialsystem" („what an actor does in his relations with others in the context of functional significance for the social system"; S. 25).

Funktion nur im Hinblick auf einen Zweck sinnvoll sind. Verhaltensforschung über Rolle und Funktion sind letztlich teleologisch orientiert. Daraus ergibt sich, daß die urtümliche Zweckhaftigkeit des Lebens es uns verbietet, in der Wissenschaft vom Menschen den teleologischen Gesichtspunkt zu vernachlässigen[20]. Auch besteht kein Grund, das Organische und das Zweckhafte als antithetisch zu betrachten, wie es so oft geschehen ist; denn das Zweckhafte ist Teil des menschlichen *Organon*, und beide sind notwendige Teile jener Analyse politischer Phänomene[21]. Der Wunsch, die Zwecke aus der wissenschaftlichen Untersuchung zu verbannen, muß aus einer Zeitlage verstanden werden, in der die Naturwissenschaft darum rang, sich von spekulativen Ketten zu befreien, die jenseits aller empirischen Gegebenheiten aus einer Offenbarung abgeleitet waren. Auch in der Wissenschaft vom Menschen hinderten Vorstellungen und Begriffe, wie sie im Naturrecht enthalten sind, die objektive Untersuchung zu beobachtender Zusammenhänge und Tatsachen. Aber wenn empirische Forschung selber das ständige Vorhandensein von Zwecken enthüllt, dann ist es wissenschaftlicher Einsicht zuwider, weiterhin darauf zu bestehen, daß die Erforschung des Menschen und insbesondere die politische Forschung ohne beständige Bezugnahme auf die Zwecke menschlicher Handlungen vorangetragen werden kann. Diese Aussage bezieht sich nicht nur auf vergangene Zwecke, sondern auch auf gegenwärtige und zukünftige. Eine wertfreie politische Wissenschaft ist daher ein Widerspruch, eine contradictio in adjecto; denn wenn sie wertfrei ist, ist sie nicht länger Wissenschaft.

An diesem Punkt müssen wir uns der menschlichen Grunderfahrung zuwenden, die diese Zweckhaftigkeit beleuchtet. Diese Grunderfahrung ist die Erfahrung des Selbst[22]. Das Selbst ist ein Etwas „in" einem Menschen, von dem angenommen wird, daß es während seines ganzen Lebens bestehen bleibt, daß es ihm eine Kontinuität verleiht. Während er heranwächst, reift, altert und dahingeht, ist er stets er selbst. Es ist im wahrsten Sinne des Wortes das Bleibende in der Erscheinungen Flucht.

---

[20] Dorothy M. Emmet, 1958, S. 103 ff.

[21] W. Y. Elliott's Begriff einer „ko-organischen" (co-organic) Natur ist trotz seiner falschen Antithese von Organischem und Zweckhaftem (organic and purposive) grundsätzlich richtig, weil er diese Dichotomie zu überwinden sucht. Meiner Ansicht nach ist aber der Ausdruck „Funktion" (function) in Verbindung mit „Zweck" (purpose) ein geeignetes Mittel für die politische Analyse. Siehe Elliott, 1928, Kap. 12.

[22] G. H. Mead, 1934; Allport, op. cit., Kap. 1 und 2.

Dieses Selbst wird von jedem Selbst als mit sich selbst identisch erfahren, und zwar trotz aller Wandlung und Entwicklung, die es durchmacht. Jeder Mensch ist genau gesprochen nur dieses eine Selbst, das er selbst ist. Aber er schreibt eine ähnliche Erfahrung anderen Menschen zu und postuliert damit die Einförmigkeit, die ihn mit anderen Menschen zur Menschheit vereint. Jedoch ist es nur das ein-Selbst-sein, das er dem anderen zuschreibt und nicht die Eigentümlichkeit des eigenen Selbst. Diese Eigentümlichkeit erfährt er im Gegenteil als unterschiedlich, ja einzigartig, nie vorher oder nachher wiederholbar. Denn dieses Selbst ist das Selbst hier und jetzt in all seiner reichen Freiheit der Möglichkeiten, das Ich, das eine nur und seine Eigenschaften. Aber dieses Selbst braucht andere Selbste, die Dus, weil sie ihm gleich sind und weil er sich selbst nicht als verschieden erfahren kann, außer in einer Gemeinschaft mit anderen, die ihn wiederum als den anderen, als das Du erfahren, und da die anderen verschieden sind, so verlangt die Gemeinschaft Anpassung und setzt gemeinsame Zwecke voraus. Solche gemeinsamen Zwecke einer Gemeinschaft von Selbsten können nie voll und ganz gemeinsam sein, eben deshalb, weil die Selbste voneinander getrennt und abgeschieden sind. Der Kernpunkt dieser Gemeinsamkeit, der Zweck ist jedoch zugleich die Tatsache, daß nur eine solche Gemeinschaft einem menschlichen Wesen gestattet, ein Selbst zu werden[23].

Das sich Vereinigen menschlicher Wesen in Gemeinschaften und die Erfahrung des Selbst in dem Gegenüber mit anderen ist ohne Mitteilung unvorstellbar. Die Vervollkommnung der Mitteilung aber ist die Sprache. In jeder irgendwie an Vollkommenheit heranreichenden Art setzt politische Gemeinschaft daher eine Sprache voraus, und wir können die Fertigkeit, durch Worte in Verbindung zu treten, sich einander mitzuteilen, als die fünfte Grundeigenschaft des Menschen bezeichnen, die mit den vier anderen eng verknüpft ist.

Es ist keine menschliche Gemeinschaft bekannt, die nicht eine geordnete Sprache bessesen hätte[24]. Man hat daher von Zeit zu Zeit die Sprache, als logos verstanden, zu dem einzigen unterscheidenden Merkmal des Menschen machen wollen. Sie ist aber nur eines von ihnen. Sie liefert Symbole, deren Funktion es ist, den erfolgreichen Austausch, d. h. die Kom-

---

[23] Rosenstock-Huessy, 1956, *passim*. Die pathetische Sprache, in die R.-H. seine Gedanken gern kleidet, sollte einen nicht hindern, die Bedeutung seiner Einsichten anzuerkennen.

[24] Siehe den Artikel von Edward Sapir über die Sprache in „Encyclopaedia of the Social Sciences", 1933 und Vossler, 1925, Kap. 1 und 3.

munikation zum Mitmenschen zu vermitteln. Dieser Symbolismus beinhaltet einmal Zeichen für Dinge als Gegebenheiten der Erfahrung, die den Sprecher und den Zuhörer vereint. Daneben enthält dieser Symbolismus aber auch Zeichen für Gefühle, Gedanken und andere im Inneren des Menschen sich abspielende Prozesse, bei denen die Mitteilung daher auf Empathie, Sympathie und analoge Vergleiche von Sprecher und Zuhörer angewiesen ist. Alle Sprache bedeutet Zuhören ebensosehr wie Sprechen. Das Ohr ist fast so sehr Organ der Sprache wie die Zunge und der Gaumen, obwohl letztere gewöhnlich und verständlicherweise von der Sprachwissenschaft betont werden[25].

Die Sprache ist in die Kultur eingebettet, wie die Kultur in die Sprache. Sie sind siamesische Zwillinge, sie können nicht ohne einander leben. Diese sehr wichtige Seite allen Sprachverständnisses wird gelegentlich übertrieben, nämlich dann, wenn behauptet wird, daß eine Sprache fähig sei, alle Sinnbezüge und Bedeutungen einer Kultur zum Ausdruck zu bringen. Das ist nicht zutreffend. Keine Sprache besitzt diese Fähigkeit. Alle Sprachen sind dem Reichtum und der Vielgestaltigkeit menschlicher Erfahrung nicht gewachsen, und in allen Sprachen ist eine ständige Bemühung um größere Ausdrucksfähigkeit zu beobachten. Die Bedeutung der Dichtkunst im Gemeinschaftsleben und insbesondere in der Politik beruht auf dieser Tatsache.

Die Sprache setzt daher der Gemeinschaft auch Grenzen. Man hat mit Recht gesagt, daß „wir die in der Sprache implizierten Vorstellungen bekämpfen müssen, wenn unsere wissenschaftliche Erfahrung wächst“[26]. Aber nicht nur wissenschaftliche Erfahrung wächst, auch politische, rechtliche und gesellschaftliche tut es, und viele politische Konfliktsituationen sind das Ergebnis sprachlicher Mängel und Lücken, weshalb man mit Recht von einer Tyrannei des Wortes gesprochen hat[27]. Diese Schwierig-

---

[25] Vossler, op. cit., Kap. 2; Rosenstock-Huessy, 1956, S. 140 ff.

[26] Sapir, op. cit., S. 157. Diese wahre Feststellung hat besonders schwerwiegende Folgen für eine politische Wissenschaft, die diesen Namen verdient; eine solche Wissenschaft ist ständig in Gefahr, von den Ideen und Ideologien der politischen Gemeinschaft verfälscht zu werden. Es kann jedoch nicht darum gehen, daß der Forscher die Werte ausklammert, sondern nur darum, daß er sie verdeutlicht, ja sie in den Mittelpunkt seiner Forschungen stellt — eine besondere Form von Objektivität, die sich der eigenen Subjektivität bewußt ist und sie dadurch überwindet.

[27] Stuart Chase, The Tyranny of Words, 1938, das eine allgemeinverständliche Darstellung einiger Erkenntnisse der modernen Semantik gibt; zu diesem Gebiet siehe das klassische Werk von C. K. Ogden und I. A. Richards, 1923.

keit entspringt zum Teil aus der gegenseitigen Durchdringung von Sprache und Erfahrung; denn diese hat Menschen zu allen Zeiten veranlaßt, fälschlich Worte für Dinge zu halten und nach einem „Wesen“ der Wirklichkeit in Worten zu suchen. Die Sprache ist nicht etwas vom Verhalten Abgesondertes oder etwas der unmittelbaren Erfahrung parallel Laufendes, sondern sie durchdringen sich gegenseitig. Deshalb ist, wie Professor Sapir seinerzeit bemerkt hat, „für den normalen Menschen jede Erfahrung, ob wirklich oder nur möglich, mit Verbalismus gesättigt“[28]. Deshalb können Sprachsymbole als Ersatz für die Wirklichkeit dienen, der sie einst entsprochen haben, die aber nun gar nicht mehr vorhanden ist.

Die Sprache verschafft dem Menschen die Mittel, sich nicht nur im Raum, sondern auch in der Zeit mitzuteilen. Sie verknüpft die Gegenwart mit der Vergangenheit und der Zukunft. Die menschliche Kultur mit ihrer großen, aus der Vergangenheit aufgespeicherten Erfahrung würde unmöglich sein, wenn solches Wissen und solche Erfahrung nicht von einer Generation zur anderen übermittelt werden könnten. Insbesondere sind politische Institutionen ein Ergebnis solch mitgeteilter Erfahrung, die diskutiert worden ist, über die man sich auseinandergesetzt hat und die schließlich in besonderen Verhaltensweisen und den ihnen entsprechenden Sprachsymbolen ihren Niederschlag gefunden hat. Ja, man kann sagen, daß die Zeit erst durch die Sprache ins menschliche Bewußtsein tritt, weil sie politisch tätige Personen in den Stand setzt, nicht nur miteinander in Gedankenaustausch zu treten, sondern auch mit der Vergangenheit und der Zukunft[29]. Die Beziehung der Sprache zu Nationalität und Rasse ist in neuerer Zeit eine wichtige Waffe der Politik geworden und geblieben. Der Nationalismus behauptet eine notwendige und enge Verbindung der beiden. Der sorgfältigen Kritik solcher Vorstellungen durch Anthropologen und Sprachwissenschaftler ist es bisher nicht gelungen, die Leidenschaften zu bändigen, die sich an derartige

[28] Sapir, loc. cit.

[29] Burkes berühmte Sätze, mit denen er in einer Rede über die Verfassung vom 7. Mai 1782 (Works, Kap. 7, S. 91—104) die Begriffe „prescription“ und „presumption“ erläuterte, zielen im Grunde auf diesen Punkt, obwohl die besondere Rolle der Sprache nur impliziert und nicht ausdrücklich erwähnt wird. Nach unserer Analyse war Burke der Gefangene der Sprache der Vergangenheit, wie sie in den ihm bekannten Institutionen verkörpert war. Daher konnte er behaupten, daß „the species is wise, and ... as a species, it almost always acts right“. Diese Gedanken drücken Burkes historisierte Version der Rousseauschen Vorstellung vom allgemeinen Willen aus.

Behauptungen knüpfen. Der Grund dafür ist im Wesen der Politik begründet. Die Verbindung von Sprache, Nationalität und Rasse mag sehr fragwürdig sein, und alles uns zur Verfügung stehende Beweismaterial deutet darauf hin. Nicht fragwürdig ist dagegen, daß eine gemeinsame Sprache ein wichtiges Bindeglied aller politischen Gemeinschaften bildet. Die erheblichen Anstrengungen, die man gemacht hat, um Einwanderer nach Amerika durch Erlernung des Englischen zu amerikanisieren, und die analogen Bemühungen, die Finnen zu russifizieren, die Tiroler zu italienisieren und neue Nationen wie Irland und Israel durch die Wiederbelebung einer alten Sprache zusammenzuschweißen, sind vielfach erfolgreich. Sie beruhen eben auf einer echten politischen Einsicht, die allerdings oft dieses eine Element der Gemeinschaftsbildung überschätzt. Ganz gegensätzlich verläuft die gegenwärtige Entwicklung in Indien. Dort ist eine zunehmende sprachliche Aufspaltung zu beobachten, da die vielen unterschiedlichen Kulturen Indiens sich zunehmend gegen eine Vorherrschaft der Hindu sprechenden Minderheit auflehnen und sich ihr zu entziehen bemüht sind. Dies bedeutet eine schwere Gefahr für den Zusammenhalt des Landes und bildet daher einen Gegenstand heftiger Auseinandersetzungen. Diese sind aber zugleich ein Zeichen für die Vitalität demokratischen Gemeinschaftslebens[30].

Die Sprache besitzt aber daneben eine ausgesprochene Bedeutung für die Entwicklung der Persönlichkeit. Jedermann findet im Stil seines Sprechens vielleicht unmittelbarer Ausdruck als irgendwie sonst. Deshalb müssen Politiker Redner (speakers) sein. Ihre Art, sich ihren Genossen mitzuteilen, ruft Gefühle, Gedanken und andere Ausdrucksarten des Selbstverständnisses hervor, die diese Genossen in einer ständig erneuerten Gemeinschaft zusammenfassen. Die Gegenseitigkeit echter Gemeinschaft wird hier sehr deutlich sichtbar. Sowohl Führer wie Geführte hören zu und sprechen, und indem sie das eine tun, tun sie auch das andere. Daß alles sich Anpassen an neue Lagen stets sprachliche Erneuerung mitbeinhaltet hat, ist bereits angedeutet worden. Es ist nicht nötig, darüber jetzt noch nähere Ausführungen zu machen, da diese Zusammenhänge im Verlauf unserer Untersuchung immer wieder zur Sprache kommen[31].

---

[30] Siehe S. S. Harrison, 1957; Karl Deutsch, 1953. Über Föderalismus siehe in diesem Zusammenhang Friedrich, 1963, Kap. 32.

[31] Es mag auch auf Otto Jesperson, 1922 und 1949; Herbert N. Shenton, Sapir und Jesperson, 1931; Joseph Vendryes, 1921; K. Vossler, 1925; Uriel Weinreich, 1953; Norbert Wiener, 1950, Kap. 4 und 5, und Alfred C. Woolner, 1938, hingewiesen sein.

Wir halten an, um das, was bisher gesagt wurde, zusammenzufassen. Der Mensch ist ein in Gemeinschaften lebendes Wesen, unendlich anpassungsfähig, das Zwecke hat, die seine Gemeinschaftsfunktionen verdeutlichen, das sich als Selbst erfährt und das sich sich selber und anderen durch Sprache mitteilt. In einem gewissen Sinne waren alle diese Eigenschaften von Aristoteles gemeint, als er den Menschen ein politisches Wesen nannte, denn die *Polis* gestattete alle diese Bekundungen des menschlichen Seins. Aber da im Laufe der Zeit das Wort politisch einesteils erweitert, andernteils eingeengt worden ist[32], so ist es nötig, diese Grundeigenschaften des Menschseins ausdrücklich festzustellen.

Damit kommen wir zu der Frage, wann und unter welchen Bedingungen man einen Menschen eine Person nennen kann. „Persona" bedeutet bekanntlich ursprünglich die Maske, wie sie im Theater und Gericht getragen wurde. Die Person war daher angetan, alle Aspekte ihres Selbst zu verbergen, die nicht zu der Rolle gehörten, die sie zu spielen hatte. Im heutigen Verständnis hat der Begriff der Person genau die gegenteilige Bedeutung; er bezeichnet nämlich die Totalität der Rollen, die ein einzelner zu spielen hat. Der Begriff der Person soll die Tatsache verdeutlichen, daß es trotz der Vielzahl von Zwecken, Rollen und Funktionen eines Menschen eine Einheit gibt. Dabei wird die Gesamtheit der Eigenschaften, die er in Erfüllung seiner verschiedenen Rollen betätigt, als die Persönlichkeit einer Person bezeichnet[33]. Diese Einheit wird von dem Einzelmenschen erfahren, und es ist diese Erfahrung, die ein Selbst

---

[32] Erweitert dadurch, daß es auf alle Arten von Ordnungen, nicht nur auf die *polis*, angewandt worden ist; eingeengt dadurch, daß es nur auf den Teil der Ordnung angewandt wird, der mit dem Ordnen dieser Ordnung zu tun hat. Siehe Friedrich, 1963, Kap. 9 ff.

[33] W. Stern, 1923 (2. Ausg.); Gordon W. Allport, 1937, Kap. 2, bes. S. 48: „Persönlichkeit ist das, was ein Mensch wirklich ist" („personality is — what a man really is"). Diese kurze Definition erläutert Allport wie folgt: „Eine Persönlichkeit entsteht durch die dynamische Organisation derjenigen psychisch-physischen Systeme im Einzelnen, die seine einzigartige Anpassungsfähigkeit an die Umwelt bestimmen." Er bezeichnet diese Definition als die Synthese heutigen psychologischen Sprachgebrauchs. Im Verlauf der weiteren Erläuterung der Begriffe dieser Definition, die auf einem allgemeinen Überblick über die verschiedenen philosophischen, juristischen und sozialwissenschaftlichen Definitionen beruhen, wird deutlich, daß sie mit der im Text gegebenen einfacheren Definition eng verwandt ist. Insbesondere die „psychisch-physischen Systeme" werden später als „Eigenschaften" bezeichnet. Vgl. auch den schematischen Überblick über alle Definitionen auf S. 49.

zu einer Person macht[34]. Nur wenn eine Gemeinschaft aus solchen Personen gebildet wird, entsteht eine politische Gemeinschaft im engeren Sinne. Denn nur solche Personen können ihre Beziehungen wirklich ordnen, indem sie sich gegenseitig ihre Zwecke mitteilen, sich aneinander anpassen und damit auch zu einer Rollenverteilung (Arbeitsteilung) vor allem im öffentlichen Bereich kommen. So werden sie zur „Öffentlichkeit".

Beim Ordnen ihrer Beziehungen und beim Herausarbeiten ihrer Rollen und Funktionen in der politischen Gemeinschaft hat der Mensch eine Unterscheidung zwischen Herrschern und Beherrschten entwickelt, die in vielerlei Lehren ihren Ausdruck gefunden hat. Es ist immer wieder behauptet worden, daß eine bestimmte Minderheit auf Grund ihrer besonderen Eigenschaften dazu ausersehen sei, die Herrschaft auszuüben, wobei dann die eine Lehre göttliche Berufung, eine andere besondere geistige Fähigkeiten, eine dritte Reichtum oder Abstammung von Menschen mit diesen Qualitäten als Grund für solchen Herrschaftsanspruch vertreten hat. Im Gegensatz hierzu hat man in neuerer Zeit oft die Ansicht ausgesprochen, daß die Fähigkeit, an der Herrschaft teilzunehmen, so weit verbreitet ist, daß man alle daran beteiligen sollte. Dieser Gedanke ist der Kern des amerikanischen Glaubens an den common man. Der common man ist nicht etwa der Durchschnittsmensch, sondern der Gemeinschaftsmensch oder wenn man will, jedermann, sofern er sich an der Gemeinschaft beteiligt. Die Vorstellung des common man enthält demnach eine normative Komponente, ein Leitbild des verantwortungsvollen Bürgers einer freiheitlichen Gemeinschaft. Daher ist es z. B. möglich, von einem so ungewöhnlichen Manne wie Abraham Lincoln als der Verkörperung des common man zu sprechen[35]. Übrigens zeigt sich bei Lincoln sehr deutlich die religiöse Grundlage dieser Vorstellung; in seinen Reden und Schriften wird das Volk, also auch die einfachen Menschen, wenn sie sich in einer Mehrheit äußern, als dafür befähigt angesprochen, auch dem bedeutendsten Staatsmann die Richtung zu wei-

[34] Max Scheler, A, 1916, S. 243: „die unmittelbare miterlebte Einheit des Erlebens — nicht ein nur gedachtes Ding hinter und außer dem unmittelbar Erlebten", romantisiert diese wichtige Erkenntnis, weil er von „erleben" statt von „erfahren" spricht und die Erfahrung dadurch zu einer rein subjektiven Kategorie macht. Denn eben dadurch, daß das Selbst durch die Erfahrung seiner Einheit ein „Ding hinter und außer dem unmittelbar Erlebten" wird, wird es zu einer „Person".

[35] Friedrich, 1942, *passim;* diese kurzen Ausführungen sind der Kern dieses Buches, nicht in ideologischer, aber in ontologischer Perspektive.

sen, da sie die Stimme Gottes, durchaus im Sinne jenes alten Spruchs von der vox populi als der vox Dei, sind[36]. Der wahre Sinn solcher Aussagen ist nicht, daß jedermann gleich geeignet ist, die Herrschaft auszuüben, oder selbst dazu, die Regierung zu kritisieren, sondern daß man nicht wissen kann, wer im Volk besonders geeignet und auch gewillt ist, an der Herrschaftsausübung mit Erfolg teilzunehmen.

Es ist offensichtlich, daß solche Teilnahme auf zwei ganz verschiedenen Ebenen erfolgen kann, nämlich einmal auf der Ebene der tatsächlichen Wahrnehmung der Geschäfte einer Regierung und zum anderen in der Form der *Kontrolle* einer solchen Geschäftsführung. In der praktischen Anwendung hat dann die Wahl dazu gedient, diejenigen ausfindig zu machen und zu bestimmen, die aktiv, also auf der ersten Ebene, die Teilnahme des Volkes verwirklichen; aber Sinn hat das nur, wenn dahinter der Glaube an die Möglichkeit erfolgreicher Beteiligung der übrigen Bürger auf der zweiten Ebene steht. Dieser Glaube ist eine säkularisierte Form des judao-christlichen Glaubens an den Menschen, der ja auch unter den vielen, die gerufen sind, die wenigen anerkennt, die erwählt sind, und zwar ohne Rücksicht auf äußere Eigenschaften, wie Klugheit, Reichtum und ähnliches mehr; gerade die einfachsten Menschen sind vielfach „Gott wohlgefällig". Ganz analog wird im Glauben an das Volk angenommen — und das gilt sogar für die totalitäre Verbildung demokratischer Haltung —, daß ein Mensch einfachster Herkunft, wie z. B. Lincoln, dazu berufen und besonders befähigt sein kann, die Herrschaft auszuüben, und daß die meisten zumindest seine Wahl vollziehen und seine Amtsführung beurteilen können. Während jedoch die Grundlagen des religiösen Glaubens an den Menschen ganz und gar transzendent sind und auf Offenbarung zurückgehen, kann der säkulare Glaube, der die Demokratie trägt, empirisch geprüft und seine Ergebnisse wissenschaftlicher Forschung unterworfen werden.

Eine derartige Prüfung zeigt, daß man deshalb nicht voraussagen kann, wer die zur Regierung erforderlichen Eigenschaften besitzt, weil diese in Bezug stehen zu den oben dargelegten fünf Grundeigenschaften des Menschen. Das trifft sowohl auf die eigentliche Führung wie auf die Kontrolle zu. Dabei unterscheiden sich die Menschen, was die fünf Grundeigenschaften — Geselligkeit, Anpassungsfähigkeit, Zweckhaftigkeit, Selbstverständnis und Mitteilungsfähigkeit — angeht, sehr stark

---

[36] Siehe dazu das Buch von W. J. Wolf, 1959, bes. S. 150. Es gibt dafür natürlich Vorläufer im Mittelalter, deren Ansichten von der Kirche unterstützt wurden. Vgl. Gierke, 1880, S. 143 ff.

voneinander. Erfahrungsgemäß trifft dies sogar innerhalb von Familien noch weitgehend zu. Und keine der in der Vergangenheit als Grundlage für eine „natürliche" Elite der Herrschaft behaupteten Qualitäten berechtigt dazu, zu behaupten, daß herrscherliche Eigenschaften irgendwie eindeutig und stetig in einer bestimmten Gruppe auftreten.

Man könnte daher sagen, daß auch ohne einen eigentlichen Glauben an den common man deshalb eine Vermutung dafür spricht, daß die politische Gemeinschaft noch am ehesten „auf ihre Kosten kommt", wenn man sie so anordnet, daß die Aktivierung potentieller politischer Talente ermöglicht wird. Das haben gerade auch die totalitären Diktaturen bei dem Aufbau ihrer Ein-Parteienherrschaft und insbesondere bei der Auswahl der Kader in der herrschenden Partei berücksichtigt. Allerdings ist hier die Gefahr der Verbürokratisierung, der Verbeamtung ganz besonders groß; die gelegentlichen Berichte aus der Praxis dieser Herrschaftsordnungen, wie etwa Djilas', zeigen das sehr deutlich[37]. Der Apparatschik ist inzwischen schon fast sprichwörtlich geworden, und die immer wieder eintretenden großen Krisen mit ihren Säuberungsaktionen sind dafür bezeichnend[38]. Daß bei derartiger Gestaltung des politischen Lebens die Person des Menschen in Gefahr gerät, vernichtet zu werden, das haben Schriftsteller wie Kafka, Koestler und Orwell sehr klar geschildert.

Aber auch in der freiheitlichen Demokratie europäisch-amerikanischer Prägung hat sich das Bild des common man stark gewandelt[39]. Denn die ursprünglich radikal-rationalistische Fassung der Überzeugung vom common man ist einer realistisch abwägenden Auffassung gewichen. Dieser nüchternen Betrachtung ist es einmal zu verdanken, daß man nicht mehr, wie einst zur Zeit der französischen und amerikanischen Revolution, von der Unfehlbarkeit des Volkes schwärmt. Diese Vorstellung der Unfehlbarkeit, die allerdings auch heute noch bei Diskussionen über Mehrheitsentscheidungen eine gewisse Rolle spielt, ist wohl ursprünglich als Antithese zu der für die herrschenden Eliten in Anspruch genommenen Unfehlbarkeit zu erklären. Die im Absolutismus für den Herrscher behauptete Unfehlbarkeit („the king can do no wrong") wurde dann auch für die Beamten — den Staat — in Anspruch genommen.

---

[37] M. Djilas, 1958.

[38] Siehe Zbigniew Brzezinski, 1956.

[39] Siehe Friedrich, Demokratie als Herrschafts- und Lebensform, 1959, Kap. IV.

Eine derartige Unfehlbarkeit ist in Wirklichkeit ganz unvertretbar, und zwar für das Volk ebensosehr wie für einen erblichen Monarchen und seine Beamten. Man kann aber auch auf diesen Anspruch verzichten. Denn die Urteile, die im politischen Bereich gefällt werden müssen, sind gar nicht so rationaler Natur wie das vielfach angenommen wird. Das Einsichtigste, was über diesen Gegenstand gesagt worden ist, findet sich bei Aristoteles. Er hat diese Problematik der Urteile in der Politik insbesondere in seiner Rhetorik behandelt, und zwar gerade im Hinblick auf die in vielen griechischen Stadtstaaten, vor allem aber in Athen übliche Beteiligung der Bürger am politischen Entscheidungsprozeß. Aristoteles behandelt diese Frage sehr pragmatisch. Er geht davon aus, daß sich viele politische Urteile einer rationalen Behandlung entziehen, und zwar aus dem Wesen der Sache heraus. Diese Urteile beziehen sich nämlich, wie Aristoteles klar sagt, auf die Zukunft, und Urteile darüber sind einer rationalen Beweisführung nicht zugänglich. Sie sind an Bedingungen geknüpft, deren Eintreten nicht mit Sicherheit vorausgesagt werden kann. Man muß schätzen, werten, abwägen, vermuten. Hieraus ergibt sich ein sehr wichtiges Argument für die Beteiligung der Mehrheit an solchen Entscheidungen. Wenn nämlich Entscheidungen zu treffen sind, die auf Urteilen beruhen, die einer rationalen Beweisführung nicht fähig sind, so ist es aus psychologischen Gründen erwünscht, diejenigen, die von den Folgen einer solchen Entscheidung betroffen werden, auch an der Entscheidung zu beteiligen, damit, wenn sich herausstellen sollte, daß ein Fehlurteil getroffen wurde, die Betroffenen nicht als passiv Unbeteiligte nur zu negativer Kritik neigen, sondern zur Mitverantwortung an einer Abhilfe bereit sind.

Neben der nicht erforderlichen Unfehlbarkeit ist bei der ursprünglichen Auffassung nicht hinreichend berücksichtigt worden, daß die Urteile im politischen Bereich auch insofern von einer besonderen Art sind als sie keine subtilen Wertungen voraussetzen. Die Kritiker der Beteiligung des Volkes an der politischen Willensbildung haben, vor allem im neunzehnten Jahrhundert — man denke an Carlyle und Ruskin[40] —, vielfach hervorgehoben, daß die meisten Menschen wenig Geschmack besitzen. Aber die Urteile, die für Gemeinschaftsentscheidungen erforderlich sind, setzen gar keine Werturteile dieser Art voraus. Das eben Gesagte gilt nicht nur für ästhetische Fragen, sondern ebensosehr für Religion, Wissenschaft und andere Bereiche „höheren Menschentums“. Das ist nicht zu verstehen als Aussage gegen die Bedeutung der Sachkennt-

[40] Siehe B. E. Lippincott, 1938.

nis und die damit zusammenhängende objektive Verantwortung. Technisches Können und sachliche Erfahrung werden durch ein verantwortliches Berufsbeamtentum sichergestellt, dessen Gewicht der Bürger durchaus anerkennt. Auch dafür bedarf es keiner Geschmacksurteile.

Positiv ergibt sich hieraus, daß die Entscheidungen, die im politischen Bereich auf Grund von nüchternen Nützlichkeitsurteilen zu treffen sind, an für die Gemeinschaft gültigen Werten und Interessen ausgerichtet sind. Und damit kommen wir zu einer dritten Feststellung, die besagt, daß der Glaube an den Gemeinschaftsmenschen nicht erfordert, daß das Urteil des Einzelnen richtig, wichtig oder bedeutsam ist, sondern daß es sich um Kollektivurteile und Kollektiventscheidungen handelt. Es ist ein Mißverständnis, anzunehmen, daß dieser Glaube voraussetze, daß ausgesagt wird, der Droschkenkutscher Müller verstände mindestens ebensoviel von Außenpolitik wie der Ordinarius für Geschichte. Sondern was behauptet wird, ist, daß ein Kollektivurteil und die auf ihm fußende Entscheidung den Erfordernissen der Gemeinschaft mit größerer Wahrscheinlichkeit entspricht als das Urteil irgendeines Experten[41]. Warum hat diese Aussage einen Sinn? Deshalb, weil eine solche Entscheidung nicht herauszulösen ist aus den Wertungen, die eine Gemeinschaft verkörpern und tragen. Was als richtig wirkt, kann nur deshalb richtig wirken, weil die Menschen, auf die es wirkt, selber diejenigen sind, die die Werturteile fällen, von denen her die Folgen einer solchen Entscheidung beurteilt werden.

Zusammenfassend ergibt sich, daß das für die an der Person und ihrer Würde orientierte Politik entscheidend wichtige Leitbild des Gemeinschaftsmenschen durchaus haltbar ist, wenn es in herber Selbstbeschränkung so gefaßt wird, daß ein Gemeinschaftsmensch weder als unfehlbar verstanden noch als Einzelner gesehen wird. Die rationalistische Utopie eines immer vernünftig handelnden Menschen wird aufgegeben zugunsten eines schlichteren Menschenbildes nachbarschaftlicher Gemeinsamkeit und Mitleidensbereitschaft. Der common man ist vertrauenswürdig, weil er, kollektiv gesehen, ein Mensch mit Charakter ist. Hört er auf, dies zu sein, wird aus dem Gemeinschaftsmenschen der Massenmensch, so taucht die Gefahr auf, daß er aus Angst und Wirre vor einem totalitären Anspruch abdankt. Es gehört mit zu der Tragik dieses Jahrhunderts, daß in der Industriegesellschaft so viele diesem Schicksal erliegen. Die Sorge darum hat schon in der Frühzeit des Verfassungsstaats Männer wie

---

[41] Aristoteles, Politik.

Thomas Jefferson bewegt; sie hat einen Philosophen wie John Dewey erkennen lassen, daß die Öffentlichkeit nur in echter Gemeinschaft möglich ist. Die hier sich stellenden Fragen sollen in den nachfolgenden Kapiteln einer näheren Prüfung unterzogen werden; sie sind die Prolegomena, die philosophischen Voraussetzungen für jede zukünftige Politische Wissenschaft.

Drittes Kapitel

Funktion, Zweck und Wert

Es ist noch niemals eine politische Analyse unternommen worden, ohne daß dabei auch das Wertproblem berührt worden wäre. Zwar ist zuweilen der Versuch gemacht worden, unter Berufung auf die Wissenschaft, die Objektivität und ähnliche Kriterien, eine „wertfreie" Methode zu erarbeiten. Vom logischen Standpunkt aus sind solche Thesen jedoch ein Widerspruch in sich selbst, da sie ihre Norm, sei es die Wissenschaft, die Objektivität oder was immer sonst, zum *höchsten* Wert erklären, dem alle übrigen Werte unterzuordnen sind. Normalerweise wird außerdem natürlich keinerlei Beweis für eine derartige Behauptung erbracht. Ja oft erscheint diese Berufung auf die „Wertfreiheit" nicht einmal als eine Behauptung, sondern wird als „Selbstverständlichkeit" behandelt[1]. Wie bei der vorausgegangenen Erörterung der menschlichen Person geschildert, ist andererseits die Grundtatsache der Politik aber die, daß die Menschen ihrem Leben, ihrem Leben in der Gemeinschaft im Gegensatz zu ihrer rein physischen Existenz, den größten Wert beimessen. Es *ist* für viele das höchste Gut im objektiven Sinne des empirischen *Seins* und die Voraussetzung jeder anderen politischen oder sonstigen Erfahrung[2].

Der Wertbegriff ist unter so verschiedenen Gesichtspunkten erörtert worden, daß seine Bedeutung häufig durch eingebaute Widersprüche verdunkelt wird. Der Wert ist eine der Gegebenheiten, denen sich der Mensch und insbesondere der politische Mensch gegenübersieht. Diese Gegebenheit wird vom Betrachter als objektive Tatsache erfahren und löst in ihm ein Gefühl der Anerkennung dieser jeweiligen Gegebenheit

---

[1] Den neuesten und gedankenreichsten Versuch, eine solche wertfreie Methode zu erarbeiten, hat Arnold Brecht, 1959, unternommen. Er begründet sein Eintreten für einen Wertrelativismus mit den Erfordernissen der Wissenschaft, wie er sie versteht. Siehe insbes. S. 117 ff., 135 ff. und 261 ff. Eine andere Auffassung, die der des Verfassers entspricht, vertritt Joseph Wood Krutch, 1959, Kap. 10.

[2] Eine eingehendere Erörterung des *summum bonum* findet sich in Friedrich, 1963, S. 61.

aus, die sich zu folgendem Urteil verdichtet: Dieses *A* sollte sein. Die drei Dimensionen der Situation, die dieses „sollte sein" umfaßt, sollten streng auseinandergehalten werden: die Gegebenheit in der gegenständlichen Welt, die den Wert „enthält" oder ihn „darstellt", der Wunsch oder Wille oder eine ähnliche Reaktion, die im Betrachter der Gegebenheit ausgelöst wird, und das Urteil, das er angesichts beider formuliert. Wir werden nacheinander jede dieser Dimensionen behandeln, wobei die zweite aus einer kurzen Betrachtung von Funktion und Zweck (einschließlich des Interesses) besteht. Einleitend muß zunächst eine weit verbreitete Unsicherheit über den Ausdruck „sollte sein" beseitigt werden, die durch das Vorhandensein zweier Arten von Werturteilen entsteht. Es gibt zwei Hauptarten dieser „sollte sein"-Urteile. Sie können durch den Satz: ‚A *hat* einen Wert oder *besitzt* einen Wert' oder durch den Satz ‚A' *ist* ein Wert' ausgedrückt werden. Wenn Soziologen beispielsweise vom Wertsystem einer bestimmten Gesellschaft, wie dem der Navahos, sprechen, machen sie oftmals nicht deutlich, ob sie das eine oder das andere oder aber beides meinen. Und recht häufig meinen sie sogar noch etwas anderes: nämlich die Wert*urteile* der Navahos, entweder in der ersten oder in der zweiten Form. Die Aussage, A besitze einen Wert, bedeutet gewöhnlich, daß dieses A in Beziehung zu einem B steht, daß es dazu dienen kann, B zu schützen, B zu erhalten usw.; man könnte es als „Instrumentalwert" bezeichnen. Die Aussage, daß ‚A' ein Wert *ist*, bedeutet normalerweise, daß A' eine Eigenschaft ist, die, wenn sie bei Gegenständen auftritt, die Menschen dazu veranlaßt, diese Gegenstände vorzuziehen, obwohl andere Gegenstände ihnen ähnlich sind. Diesen Wertbegriff können wir als „inhärenten Wert" bezeichnen[3].

Es ist wichtig, festzustellen, daß diese beiden Wertarten sich nicht gegenseitig ausschließen, das heißt, die beiden Begriffe sind nicht dichotomisch. Jedes A, das einen Wert hat, z. B. einen Preis, und somit als Mittel dient, um Geld zu erbringen, kann auch die Eigenschaft A' besitzen, die seinen inhärenten Wert ausmacht. Wirtschaftswissenschaftler haben sich seit langem mit diesem Unterschied von inhärentem und instrumentalem Wert beschäftigt, und sie haben den letzteren „Marktwert" oder „Tauschwert"[4] genannt. So könnte die Venus von Milo einen Wert

---

[3] Zwar werden gelegentlich auch andere Begriffe, wie etwa „objektiv" und „materiell" verwendet; sie stiften jedoch leicht Verwirrung wegen des wertenden Beigeschmacks, der ihnen anhaftet.

[4] Siehe dazu O. H. Taylor, 1960, S. 101 ff., 188 ff., 264 ff., 325 ff., 344 ff., 450 ff. Vgl. auch Gunnar Myrdal, 1953 und 1963, Kap. 2, 4 und 6.

von einer Million Dollar *haben,* weil sie tatsächlich sehr schön *ist.* In allen diesen Fällen stehen die beiden Wertarten in Beziehung zueinander, sind aber nicht identisch und sollten nicht miteinander verwechselt werden.

Gleich wirtschaftlichen Phänomenen weisen auch politische Phänomene sowohl einen inhärenten als auch einen Instrumentalwert auf. So kann beispielsweise ein Plan für Boston vernünftig sein, d. h. durchführbar und auf wahren Fakten beruhend, was seinen inhärenten Wert ausmachen würde; aber er könnte auch einen Preis von 5000 Dollar einbringen oder nicht, Einfluß auf den Gesetzgeber ausüben oder nicht, die öffentliche Meinung in Bewegung bringen oder nicht, und dies wären dann die Instrumentalwerte eines solchen Planes. Die Beziehungen und möglichen Konflikte zwischen inhärenten und Instrumentalwerten sind das Kernproblem aller politischen Phänomene, und man kann diese Phänomene nicht „kennen", ohne zugleich diese Werte in Betracht zu ziehen. Es genügt indessen nicht, sich nur mit den Instrumentalwerten zu befassen; den inhärenten Werten muß die politische Forschung zumindest die gleiche Aufmerksamkeit widmen. Eine ausschließliche Betrachtung der Instrumentalwerte führt zu einem Wertrelativismus, wohingegen eine zu starke Betonung der inhärenten Werte einen Wertdogmatismus (oder Wertabsolutismus) begünstigt. Die Prolegomena einer politischen Wissenschaft, wie sie hier entwickelt werden, suchen beide Irrtümer zu vermeiden und bemühen sich, durch eine Erforschung des Instrumentalwertes den inhärenten Wert zu erklären, in der Erkenntnis, daß die Erforschung des Instrumentalwertes das Verständnis für den inhärenten Wert verändern kann.

Sowohl der inhärente Wert als auch der Instrumentalwert *sind da.* Es sind keine subjektive Artefakten, die den Gegebenheiten nur sozusagen angedichtet sind und die daher von Menschen, die sie ganz unabhängig von jedem solchen Wert erkennen, mit einem Wert versehen oder ausgestattet werden. Werte zu erfahren ist ebenso eine Grunderfahrung wie die, Gegebenheiten als wertfrei zu erkennen[5]. Mit anderen Worten, Werte sind Tatsachen. Das Ich, das diese Werte erfährt, erfährt

---

[5] Siehe den Artikel von R. S. Hartman, 1958. Nach Hartmans Klassifizierung würde die hier angewandte Methode als „kognitivistisch" („cognitivist") eingestuft: ich bin nicht sicher, ob sie „naturalistisch" oder „nicht-naturalistisch" ist — auf jeden Fall ist sie „empirisch". Meine Auffassung kommt der von Recaséns Siches, 1948, vertretenen sehr nahe, ist aber von Nicolai Hartman beeinflußt.

sie als außerhalb seiner selbst befindlich und als inhärent *in* und instrumental *für* objektive Gegebenheiten. Die Dichotomie von Fakten im Gegensatz zu Werten, durch die der Begriff „Faktum“ auf bestimmte Arten von Fakten, insbesondere auf die Gegebenheiten der physischen Natur, beschränkt wird, ist durch die Entdeckungen der modernen Physik seit Newton hinfällig geworden. Nichts *ist da* in einem anderen Sinne als dem, daß es als daseiend erfahren wird. Das oft angeführte Argument von dem Geist, der zwar „wahrgenommen“ wird, den es aber nicht gibt, beruht auf einem Trugschluß; denn die Feststellung, daß alles was *da ist,* in dem Sinne *da ist,* daß es als *daseiend erfahren* wird, besagt nicht, daß alles, was als *daseiend* erfahren wird, auch tatsächlich *da ist**. Die Erfahrung kann täuschen, und sie täuscht tatsächlich oft Diese offenkundige Beobachtung trifft auf alle Arten der Erfahrung zu, und die Werterfahrung unterscheidet sich in dieser Beziehung von anderen Arten der Erfahrung durchaus nicht. Daß etwas Wertloses für wertvoll gehalten werden kann, läßt sich damit vergleichen, daß man etwas irrtümlich für gerade hält, wie das z. B. bei der bekannten optischen Täuschung mit dem gebrochenen Stab in einem Wasserglas der Fall ist.

Das objekt-ähnliche Vorhandensein von Werten, dem sich das Werterfahrende Ich als einer zu erfahrenden Größe gegenübersieht, kann allerdings nicht als Beweis für die Behauptung herangezogen werden, daß Werte absolut, unveränderlich und ewig sind, wie Plato lehrte[6]. Denn alles, was der Mensch als existent erfährt, erfährt er auch als dem Wandel unterworfen. „Unveränderlich“, „ewig“, und „absolut“ sind Begriffe, denen nichts in der Erfahrungswelt des Menschen entspricht. Es sind einfache Negationen der tatsächlichen Erfahrungsvorgänge von Wandel, Vergänglichkeit und bedingter Wirklichkeit. Man kann sie auch als „statistische Projektionen“ ansehen, und zwar als Projektionen der Erfahrung konkreter Gegebenheiten, die sich sehr wenig verändern, lange Zeit bestehen oder die doch verhältnismäßig unabhängig sind. Wie alle anderen Dinge sind auch Werte dem Wandel unterworfen, aber sie werden in diesem Wandlungsprozeß vergegenständlicht. Überdies nehmen

---

* Elementarer Trugschluß; denn daß jedes A gleich B ist, besagt nicht, daß jedes B gleich A ist.

[6] Diese Betonung der unveränderlichen und ewigen Eigenschaft der Werte (Ideen) durch Plato steht in seltsamem Gegensatz zu seiner Lehre von der Unsterblichkeit der Seele, die er eben deshalb für unsterblich hält, weil sie sich fortwährend verändert; s. „Phaedrus“, S. 245.

Werte in historischer Perspektive eine scheinbar unveränderliche, ewige, unabhängige Eigenschaft an, wie alle Dinge, die einmal gewesen sind und die sich, da sie ja vergangen sind, nicht mehr verändern können.

Die obigen Überlegungen zeigen, warum Werte nicht „ideal" im Sinne eines Gegensatzes zu „real" sind. Diese ideale Eigenschaft ist vor allem den inhärenten Werten zugeschrieben worden[7]. Werte, so hat man behauptet, werden niemals „realisiert". Aber diese Behauptung bezieht sich auf etwas anderes als auf die angeblich „ideale" Beschaffenheit der Werte. Der Wert ist eine besondere Dimension des Seins: er ist die Dimension des „Sein sollens". Dieses „Sein sollen" kann aktualisiert werden oder nicht; bei ethischen oder rechtlichen Normen wird es häufig nicht aktualisiert. Dieses Fehlen der Realität ist aber keine inhärente Eigenschaft des Wertes oder der Norm. Die Schönheit von Rembrandts „Nachtwache" ist vollkommen wirklich, sie *ist da*. Wenn gesagt wird, sie stelle einen Wert dar, so „bedeutet" eine solche Aussage unter anderem, daß sie „dasein sollte". Das Gebot „Du sollst nicht töten" impliziert, daß „das Leben wertvoll ist", daß „das Leben dasein sollte". Es bleibt selbst dann ein Wert, wenn niemand getötet wird, und das Gebot daher vollkommen aktualisiert wird; das Leben bleibt aber als „Wert" ebenso bestehen wie wenn viele getötet würden.

Weil Werte real sind, weil sie *da sind*, weil das Ich mit ihnen konfrontiert wird, ist die Werterfahrung eine universale Erscheinung. Wenn auch einige Werte nur von einigen Menschen erfahren werden, so werden doch die Grundwerte von den meisten Menschen erfahren. Andere Grundgegebenheiten, wie z. B. Farben, Formen und Töne, lassen sich zum Vergleich heranziehen. Die Grundfarben, -formen und -töne — rot, weiß und grün; Gerade, Dreieck und Viereck oder die Tonleiter — werden ja gerade deshalb als grundlegend bezeichnet, weil sie nahezu universal erfahren werden. Das trifft zu, obwohl es Farbenblinde und andere abnormale Menschen gibt.

Daß es gelegentlich wertblinde Personen gibt, braucht uns also nicht ungebührlich zu beunruhigen. Die Tatsache, daß sie nicht einmal in der Lage sind, die Grundwerte zu erfahren, sollte eher Anlaß sein, das objektive Vorhandensein von Werten zu bestätigen als es in Frage zu stellen. Der Beweis für die Echtheit einer Erfahrung liegt darin, daß es diese Erfahrung auch *nicht geben kann*.

---

[7] N. Hartmann, 1926, bes. S. 135—140.

Ehe wir diese Analyse weiterführen und zu einer Art Schlußfolgerung gelangen können, müssen die Begriffe Funktion und Zweck eingehender untersucht werden. Wir haben bereits festgestellt, daß eine Vielheit von Zwecken zu den grundlegenden Eigenschaften des Menschen gehört. Dieser Pluralität der Zwecke entspricht eine Pluralität der Funktionen, die bezogen ist auf die Rolle des Menschen in der Gemeinschaft. Diese Pluralität der Funktionen, Rollen und Zwecke (oder Ziele) ist organisiert in dem Ich, das *sich selbst* erfährt, indem es mit *anderen* Ichs konfrontiert wird. Aber so wie die einzelnen Charaktereigenschaften organisiert werden müssen, um zu einem Ich und damit zu einer Persönlichkeit zu werden, müssen auch die einzelnen Ichs organisiert werden, um eine Gemeinschaft zu begründen. Eine solche Organisation wird jedoch nur durch das Organisieren der Funktionen möglich, und dieses kann nur erreicht werden, indem die zweckbezogenen Rollen der Personen innerhalb der Gemeinschaft in Betracht gezogen werden. Da indessen eine Gemeinschaft kein Ich ist[8], ist es wohl eindeutiger, von den Zielen zu sprechen, auf die die Rollen dieser Personen bezogen sind. Ihre wechselseitige Funktionsbezogenheit begründet die Gemeinschaft, indem ihre Ziele verwirklicht werden.

Funktionen müssen in jedem „System" in wechselseitiger Beziehung stehen. Sie sind daher nicht nur Funktionen an sich, die ganz bestimmte Aufgaben erfüllen, sondern sie sind außerdem Funktionen untereinander, in jenem besonderen Sinne, den die Mathematik entwickelt hat. Und tatsächlich muß die Formel für jedes System so geschrieben werden, daß jeder wesentliche Teil als Funktion eines jeden anderen Teils betrachtet werden kann. Dies ist die Voraussetzung für die Funktionsfähigkeit eines jeden Systems (siehe Einleitung). An dieser Stelle wollen wir *annehmen*, daß das gleiche auch auf die politische Gemeinschaft zutrifft (eine ausführlichere Darstellung findet sich in Kapitel 8). Wäre es nicht der Fall, dann wäre die politische Gemeinschaft vermutlich kein System, sondern ein Konglomerat. Von diesen lebenswichtigen Funktionen ist die des „Regierens" am anerkanntesten. Regieren ist jedoch ein zu allgemeiner Begriff, um eine Rollenspezifizierung zu ermöglichen; er muß aufgeteilt werden in (1) das Aufstellen von Regeln, (2) das Schlichten von Streitigkeiten, (3) das Ergreifen von Maßnahmen. In keiner der politisch organisierten Gemeinschaften, die der modernen Wissenschaft oder Geschichte bekannt sind, fehlen diese drei Rollen oder Funktionen. Sie kön-

[8] Einen guten Überblick über die in der Vergangenheit vertretenen entgegengesetzten Auffassungen gibt Robert MacIver, 1947. Siehe auch unten, Kap. 9.

nen zu Recht als Regierungsfunktionen bezeichnet werden. Sie müssen nicht unbedingt in einer Hand konzentriert sein, und in der Tat kommt eine solche Konzentration nur selten vor, außer in einigen der kleinsten Gemeinschaften. Jede dieser Funktionen wird jedoch von einer oder mehreren dafür bestimmten Personen ausgeübt, die, was immer sie sonst sein mögen, die Rolle spielen, die die Funktion erfordert. In den höheren Entwicklungsstadien einer politischen Ordnung wird jede dieser Rollen es erforderlich machen, die Möglichkeiten zu verringern oder auszuschalten, unter denen eine Person, die sie spielt, darüber hinaus noch viele andere Rollen spielt, obwohl unpolitische „Freizeit"-Rollen wie die eines Familienvaters noch möglich sind.

Wenn somit die Funktionen verstanden werden als die Tätigkeit von Personen, die bestimmte Rollen in der Gemeinschaft spielen, dann erklärt das, warum ein solches System irrtümlicherweise als mechanisch angesehen wird. Diese mechanische Auffassung kommt in dem Begriff der „Gleichgewichtsanalyse" zum Ausdruck. Ihr berühmtester Vertreter war Pareto. Er hat Gleichgewicht als einen Zustand, der, sobald er künstlich gestört wird, dazu „neige", in seinen vorherigen Zustand zurückzukehren, definiert. Trotz vieler Verfeinerungen dieser Anschauung ist die Paretos doch der Ausgangspunkt all dieser Analysen geblieben, und zwar mit Recht, da sie sich auf das klassische Modell der Mechanik stützt; Pareto war auf Grund seiner früheren technischen Studien zu ihm gelangt[9]. Sein Modell wurde den Problemen der Biologie geschickt angepaßt, da sie es ja auch mit „Systemen" zu tun hat, die aus Teilen bestehen, die bestimmte Funktionen haben, aber solche, die nicht in Beziehung zu einem bewußten Zweck oder Ziel stehen. Sie „dienen" einem Zweck, aber sie entschließen sich nicht für einen solchen. Wir verlangen kein organisches im Gegensatz zu einem mechanischen Modell, möchten

---

[9] Pareto, 1935, § 2067: „The real state, be it static or dynamic, of the system is determined by its conditions. Let us imagine that some modification in its form is induced artificially. ... At once a reaction will take place, tending to restore the changing form to its original state as modified by normal change". Dorothy M. *Emmet*, 1958, S. 72 ff. teilt meine kritische Einstellung gegenüber den fragwürdigen Analogien, die benutzt werden, um ein solches mechanisches Modell auf die politische Gemeinschaft anzuwenden. Talcott *Parsons* andererseits verwendet entsprechend seiner Auffassung von „Mechanismus" den Gleichgewichtsbegriff, den er als „empirically observed pattern-constancies of a boundary-maintaining system" („empirisch wahrgenommene strukturelle Beständigkeit eines Grenzen-erhaltenden Systems") bezeichnet (1951, S. 483).

aber betonen, daß es unvermeidlich ist, in den Begriff der Funktion selbst auch den Zweck (ein bewußtes Ziel) einzubeziehen. Um ein konkretes Beispiel zu nennen: die Rolle des Schiedsrichters in jeder Gemeinschaft ist, wie wir feststellten, als solche wesentlich für das System. Aber jede Entscheidung eines solchen Richters, die ein Verhalten betrifft, das ihm zur Beurteilung und Entscheidung vorgelegt wird, ist auf einen bewußten Zweck ausgerichtet, einschließlich der Zwecke, die ihm die bestehenden Gesetze liefern. Er „entscheidet", was das System „aufrechterhält" und ob auf ein spezielles abweichendes Verhalten mit besonderen Strafmaßnahmen reagiert werden sollte, z. B. mit Gefängnis oder Todesstrafe. Was eine „wünschenswerte Veränderung" ist, ist eine Frage, die ein Richter nur durch eine Entscheidung darüber, was „unerwünschte Veränderung" ist, beantworten kann. Bezeichnenderweise ist das Ergebnis um so unsicherer, je größer die Bedrohung ist. Der Grund hierfür ist naheliegend. Da Funktionen von bewußten Personen und nicht von unbewußten „Organen" ausgeübt werden, wird jede Bedrohung mit einer Gegenreaktion beantwortet, zu der eine entschiedene „Politik" gehört (Kapitel 4). In politischen Systemen auftretende Veränderungen werden von Personen gestaltet, die ganz unterschiedliche Vorstellungen von Recht, Ordnung, Freiheit und anderen Werten haben, die in einer bestimmten Situation eine Rolle spielen. Begriffe wie „Grenzen-erhaltende" Systeme[10] helfen da überhaupt nicht weiter. Selbst im konkreten Fall einer wirklichen Bedrohung der „Grenzen" werden die Personen, die die Lage meistern, eine Politik betreiben, die in Übereinstimmung mit dem Gesamtkomplex voneinander abhängiger Werte ist, denen sie sich verpflichtet fühlen. Das kann man heutzutage in Indien beobachten, und in Deutschland hatte man vor zwanzig Jahren die gleiche Lage[11]. Demzufolge müßte der Gleichgewichtsbegriff so weit und vage gefaßt werden, daß er überhaupt keinem nützlichen analytischen Zweck mehr dienen könnte. An seine Stelle tritt in der politischen Analyse der Ord-

[10] Parsons, loc. cit.

[11] Professor Emmet bemerkt sehr richtig: „I doubt whether it is possible to describe the adjustments which take place as though they were simply due to social institutions working as if they were automatic mechanisms, without supplementing this analysis in functional terms with a study of how some effort of conscious policy making guided by notions of desirable change may give a new direction to social life; in other words, recognizing that some of the things which are happening will need to be described in terms not of function but of purpose" (1958, S. 75). Unsere obigen Ausführungen zeigen, daß wir weitergehen, da Funktion und Zweck in einer politischen Ordnung nicht zu trennen sind; sie sind „siamesische Zwillinge".

nungsbegriff. Der Begriff der Ordnung kann nur in Beziehung zum Zweck (Ziel) erläutert werden, und der Zweck wiederum erlangt Bedeutung nur durch seinen Bezug zu Werten. In diesem Zusammenhang wird noch einmal die enge Verknüpfung von Wert, Zweck und Funktion sichtbar. Ehe ich mich aber erneut dem Wertbegriff zuwende, muß ein weiteres Problem erörtert werden.

Obwohl es eine Vielfalt gemeinschaftlicher Zwecke gibt und obwohl die unendliche Plastizität des Menschen die Entstehung einer großen Zahl unterschiedlicher Kulturen begünstigt hat, können doch bestimmte immer wiederkehrende Zwecke oder Aufgaben beobachtet und empirisch nachgewiesen werden. Vor vielen Jahren bereits habe ich auf Grund vergleichender Analysen dargestellt, welches diese Aufgaben für die großen Staaten des abendländischen Kulturkreises sind[12]. Es gibt vier solch immer wiederkehrende Ziele: (1) die Sicherheit und territoriale Expansion, (2) die Verminderung äußerer Spannungen, (3) den Wohlstand und (4) die Verminderung innerer Spannungen. Dieses Ergebnis ist nie ernsthaft in Frage gestellt worden[13]. Dabei kommt es nicht auf die Worte an. Und hier ist auch nicht der Ort, um sich eingehender mit diesen Fragen zu befassen. Es mag genügen, einige kurze erläuternde Bemerkungen zu machen. Die erste und die zweite Aufgabe sind in gewissem Maße voneinander abhängig (interdependent), da eine Minderung der äußeren Spannungen die Sicherheit erhöht und durch größere Sicherheit die Verminderung äußerer Spannungen weniger dringend wird. Um dies an einem konkreten Beispiel zu zeigen: ein Land, das, wie die Vereinigten Staaten im 19. Jahrhundert, die Möglichkeit ständiger territorialer Expansion hat, ohne dabei ernstzunehmenden äußeren Spannungen ausgesetzt zu sein, kann sich eine isolationistische Politik erlauben, das heißt eine Politik, die der Verminderung äußerer Spannungen verhältnismäßig geringe Aufmerksamkeit schenkt. Es könnte dagegen eingewandt werden, daß die territoriale Expansion keine Hauptaufgabe des modernen Staates sei. Ohne Zweifel wird diese nicht offen eingestanden. Eine realistische Einschätzung des tatsächlichen Verhaltens der Staaten wird aller-

---

[12] Sie lassen sich in abstrakterer Form auf zwei reduzieren: 1. die Verminderung von Hindernissen und 2. die Vermehrung der Mittel (vgl. Karl Deutsch); es erscheint jedoch zweifelhaft, ob sie in dieser Form unter einem funktionalen Gesichtspunkt sehr nützlich sind.

[13] Richard C. Snyder, H. W. Bruck und B. Sapin, 1954, S. 50, behaupten, daß keine Analyse der „Aufgaben“ („objectives“) vorgenommen worden sei; sie „definieren“ eine Aufgabe als „essentially an ‚image‘ of a ‚future state of affairs‘ — a ‚set of conditions‘ to be fulfilled or a ‚set of specifications. . . ‘“.

dings ergeben, daß das Sicherheitsproblem nicht von der Frage zu trennen ist, wer das angrenzende Gebiet kontrolliert, wie gut dies auch durch ideologische Argumente verschleiert sein mag. Daher kämpfen ja auch die Vereinigten Staaten und die Sowjetunion heute um Gebiete wie Korea, Berlin und Kuba mit Ideologien, während es früher einfach Eroberung hieß. „Die Reiche der Zukunft sind die Reiche des Geistes", diesen Ausspruch prägte der alte Imperialist Churchill bei einer denkwürdigen Gelegenheit im Jahre 1944, und die späteren Ereignisse haben ihm ohne Frage recht gegeben.

Das dritte und das vierte Ziel sind ebenfalls miteinander verknüpft. Denn der Wohlstand (das wirtschaftliche Wohlergehen) wird durch interne Spannungen gefährdet, während gleichzeitig diese Spannungen durch wachsenden Wohlstand vermindert werden und umgekehrt. Diese wechselseitige Abhängigkeit wird durch Streiks verdeutlicht, besonders wenn sie auf lebenswichtigen Sektoren stattfinden, wie im Transportwesen, auf dem Dienstleistungssektor und in der Metallindustrie. Da die gesamte Wirtschaft durch eine Arbeitsniederlegung in diesen Schlüsselindustrien sofort in Mitleidenschaft gezogen wird, beeinträchtigen solche Spannungen den Wohlstand spürbar. Aus diesem Grund ist der Staat häufig mobilisiert worden, um diese Spannungen im Interesse des Wohlstands zu verringern, und um den Wohlstand zu steigern, damit die Spannungen verringert würden. Versuche, dem Staat diese Rolle streitig zu machen, haben nur Verwirrung zur Folge. Wer solche Versuche ins Werk setzt, versteht den eigentlichen Zweck der politischen Gemeinschaft nicht.

Zwei weitere Fragen verdienen es jedoch, mit Bezug auf diese „Grundziele oder Aufgaben" der politischen Gemeinschaft aufgeworfen zu werden. Einmal geht es um die Frage der relativen Bedeutung oder Dringlichkeit dieser Aufgaben: Gibt es eine empirisch gültige Rangordnung, nach der wir sie einordnen müßten? Und zweitens: sind dies alle empirisch feststellbaren Hauptaufgaben oder gibt es noch andere? Wir werden auf die letztere Frage zuerst eingehen, da die Beantwortung der zweiten Frage die der ersten mitbestimmt. Politische Denker haben wiederholt das Vorhandensein anderer Aufgaben behauptet, die von großen Bewegungen unterstützt worden sind. Dabei handelt es sich nicht um *Grundwerte* wie Gerechtigkeit, Freiheit usw., die, wie oben bereits ausgeführt, von *Zwecken* oder *Aufgaben* unterschieden werden müssen. Wie aber liegt es bei dem Ziel, eine Nation politisch zu organisieren? Ist dies nicht eine überall angestrebte Aufgabe gewesen? Darauf ist zu antworten, daß es sich hier um eine Aufgabe handelt, die zu einem bestimmten Zeitpunkt in der Geschichte auftritt, die jedoch über sehr lange Zeiträume hinweg, in denen politische Gemeinschaften die vier anderen Ziele immer verfolgt haben, nicht feststellbar ist. Man kann sie daher nicht als „grundlegend“ bezeichnen. Die Nationbildung kann auch als Aufgabe wieder verschwinden. Hinter dieser „historischen“ Aufgabe, eine Nation zu bilden, verbirgt sich jedoch ein umfassenderer Zweck, der, wie die Anthropologie zeigt[14], praktisch immer und überall anzutreffen und für den die moderne Nation nur ein Beispiel ist. Man könnte ihn als die Organisation einer Kultur bezeichnen. Eine solche Kultur darf nicht als etwas gesehen werden, das sich nur „ereignet“ wie die natürliche Auslese, sondern sie ist etwas, dessen Organisation und Erhaltung das Ziel aller ist, aber vor allem die Aufgabe der führenden Elite einer politischen Gemeinschaft. Wird Kultur verstanden als letztlich auf Ideen und den ihnen zugeordneten Werten aufgebaut[15], dann läuft die These, die Ordnung einer politischen Gemeinschaft auf Grund ihrer Kultur gehöre zu den Hauptaufgaben des Staates, auf die Aussage hinaus, daß die Handlungen der politischen Gemeinschaft von ihren Werturteilen geprägt werden. Das ist eine allgemeine Aussage, die über den Begriff der Aufgabe hinausgeht, und wir werden weiter unten bei der Behandlung der Werturteile noch darauf zurückkommen. Hier mag die Feststellung genügen, daß die Organisation einer Kultur keine spezifische Aufgabe einer politischen Gemeinschaft ist.

Die zweite Frage, ob es eine bestimmte Rangordnung der Grundziele gebe, ist von politischen Denkern eingehend erörtert worden. Unter dem Gesichtspunkt, daß es Analogien zur Individualpsychologie gebe, oder auf Grund anderer Erwägungen, sind insbesondere Sicherheit und Wohl-

---

[14] Die Vieldeutigkeit des Begriffes „Kultur“ wird von A. L. Kroeber und Clyde Kluckhohn, 1952, hervorgehoben, die auf Grund einer kritischen Untersuchung vieler Auffassungen und Definitionen zu der Ansicht gelangen „now formulated by most social scientists approximately as follows: Culture consits of patterns, explicit and implicit, of and for behavior acquired and transmitted by symbols, constituting the distinctive achievement of human groups, including their embodiments in artifacts; the essential core of culture consists of traditional (i. e., historically derived and selected) ideas and especially their attached values; culture systems may, on the one hand, be considered as products of action, on the other as conditioning elements of further action“ (S. 181). Siehe auch Edward B. Tyler, 1871, S. 1; Clark Wissler, 1923, S. 1—2: „entire sweep of individual activities is the basic phenomenon. ...“; Ruth Benedict, 1934.

[15] S. Kroeber und Kluckhohn, loc. cit.

stand als die wesentlichsten Ziele bezeichnet worden (z. B. von Hobbes). Wo die Förderung der Kultur zu den Hauptaufgaben gezählt wurde, ist sie oft als der vornehmliche Zweck bezeichnet worden (von Plato, Aristoteles und ihrer Tradition). Denn empirisch gesehen ist das gute Leben das Leben einer bestimmten Art von Gemeinschaft zu einer bestimmten Zeit, wie beispielsweise der griechischen *Polis*. In Wirklichkeit ist, wie wir soeben gezeigt haben, die Kultur keine Hauptaufgabe der politischen Ordnung als solcher. Und selbst wenn sie es wäre, würde sie historisch gesehen nicht vor Sicherheit oder Wohlstand oder gar vor der Verminderung innerer und äußerer Spannungen rangieren, außer an bestimmten Höhepunkten kultureller Entwicklung. Die Plastizität des Menschen macht fortwährend Anpassungen erforderlich, sobald Sicherheit oder Wohlstand sie nahelegen.

Die eben erörterte Frage ist bedauerlicherweise in der Geschichte der Politik wiederholt mit dem Problem einer Rangordnung der Werte, d. h. der Frage nach dem „höchsten Gut" — *summum bonum* — in Zusammenhang gebracht worden, was auf Plato und Aristoteles zurückgeht. Während für Plato die Idee oder das *Eidos* des Guten das höchste Gut ist, ist es für Aristoteles das menschliche Glück. Die christliche Tradition ist im allgemeinen Aristoteles gefolgt, sicher seit Thomas von Aquin. Aber in dieser Tradition hat der Glücksbegriff eine transzendente Umwandlung erfahren; es gibt nun ein Paradies, in dem die Menschen in ewiger Gemeinschaft mit Gott leben. Seit der Renaissance sind viele säkulare Werte als das *höchste Gut* des Menschen bezeichnet worden. Machiavelli sah im Staat, als einem Kunstwerk, die höchste Leistung des Menschen und daher den höchsten Wert[16]. Hobbes, der Erzindividualist, erklärte die Selbsterhaltung zum höchsten Gut, wobei er unter dem „Selbst" den physischen Körper verstand[17]. Seine Auffassung wurde von Locke akzeptiert und umgewandelt, der den Begriff des Selbst so weit faßte, daß er auch die nichtphysischen Aspekte einschließlich verschiedener Werte mitumfaßte — wodurch das Argument, soweit nicht ein Widerspruch in sich selbst, bis zu einem gewissen Grade tautologisch wurde. Auch in neuester Zeit haben Theoretiker der Politik sehr gegensätzliche Auffassungen über das höchste Gut vertreten. Arnold Brecht

---

[16] Siehe Friedrich, 1961 (I), Kap. 1 und die dort aufgeführte Literatur.

[17] Hobbes verwarf zwar ausdrücklich die Vorstellung von einem „höchsten Gut", sie ist aber enthalten in seinem „ersten natürlichen Gesetz" („first law of nature"). Siehe „Leviathan", Kap. XI.

hat sich mit ihnen auseinandergesetzt[18]. Er vertritt, in Übereinstimmung mit seinem Wertrelativismus, die Ansicht, daß jeder dieser Theoretiker zwar mehr oder weniger eindrucksvolle Argumente für seine eigene Auffassung vorbringe, daß aber keiner von ihnen bisher wissenschaftlich habe „beweisen" können, daß der von ihm vertretene Wert *der* Wert sei. Daher sei es, selbst wenn es einen höchsten Wert gebe, unwahrscheinlich, daß er sich empirisch durch mitteilbare Beweise werde nachweisen lassen. Wir hoffen, im Verlauf unserer Darstellung noch zeigen zu können, warum dieses Argument nicht schlüssig ist, wollen aber an dieser Stelle nur bemerken, daß die empirischen Tatsachen zeigen, daß verschiedene Personen Verschiedenes als höchstes Gut bewerten, und daß sogar dieselbe Person Verschiedenem zu verschiedenen Zeiten den höchsten Wert beimißt. Diese Tatsachen legen die Schlußfolgerung nahe, daß es für den in einer politischen Gemeinschaft organisierten Menschen keine universal gültige Rangordnung, keine Hierarchie der Werte gibt. Der Mensch weigert sich, „sich zu entscheiden" und zieht es vor, „sich durchzuwursteln". Er tut dies unter gleichzeitiger Verfolgung einer Vielzahl von Zielen, deren Rangordnung ständig der sich ändernden Lage angepaßt wird. Im Laufe der Geschichte hat es Gemeinschaften gegeben, die um des Wohlstands willen die Sicherheit aufs Spiel gesetzt haben oder umgekehrt; aus Mangel an Diplomatie und entsprechender Verminderung der äußeren Spannungen haben sie ihre Sicherheit gefährdet; andere wieder haben es versäumt, die Spannungen im Innern zu verringern und haben dadurch ihren Wohlstand zerstört. Aber auch die umgekehrten Situationen kommen vor, und jeder, der mit dem historischen Schicksal politischer Gemeinschaften vertraut ist, kann leicht Beispiele für alle diese Konflikte anführen. Der politische Rationalist mag, wie Machiavelli, diese „Leichtlebigkeit" beklagen; ist er gewillt, die Dinge zu sehen, wie sie sind, so wird er zugeben müssen, daß der Mensch augenscheinlich bereit ist, mit einer Vielzahl von Zwecken und Zielen zu leben und die Folgen davon zu tragen, wenn er auch dabei häufig hoffen mag, zwei Fliegen mit einer Klappe schlagen zu können.

Da dem so ist, rückt die Frage der Wert*urteile* im Unterschied zu dem ontologischen Problem, was ein Wert ist, in den Mittelpunkt. Wir haben oben festgestellt, daß ein Wert entweder inhärent oder instrumental ist, das heißt, ein A, das einen Wert hat, ist entweder ein Wert an-sich oder es ist gut *für* etwas anderes, das Wert besitzt. Die Urteile bestimmter

---

[18] Arnold Brecht, 1959, Kap. 8.

Personen darüber, daß es diese Tatsachen gibt, müssen von den Tatsachen selbst unterschieden werden[19]. Wir sprechen ganz mit Absicht von Tatsachen. Denn wie oben gezeigt wurde, ist es nötig, sich gleich zu Beginn einer Erörterung von Werturteilen nochmals klarzumachen, daß Werte eine bestimmte Art von Tatsachen sind, daß sie ebenso wirklich und ebenso hart und unerbittlich sind wie jede andere Tatsache. Sie sind Tatsachen in dem Sinne, daß sie als daseiend erfahren werden. Mit anderen Worten, die Werte existieren, unabhängig davon, ob jemand da ist, der sie erkennen kann oder nicht. Die Venus von Milo verliert nicht ihre Schönheit und damit ihren Wert an sich, nur weil Horden von Barbaren, die diese Schönheit nicht zu erkennen vermögen, in den Tempel einbrechen, in dem sie verehrt wurde. Eine moralisch gute Handlung ist gut, unabhängig davon, ob Personen da sind, um sie zu würdigen. Aber selbst wenn diese These in Bezug auf den Wert an sich akzeptiert wird, wie steht es dann mit dem Instrumentalwert? Wie steht es mit einem Haus in einer verlassenen Stadt — besitzt es noch einen Instrumentalwert? Die Frage ist zu bejahen, denn wenn man den Wert eines Hauses darin sieht, daß es dazu dient, bewohnt zu werden, dann bleibt diese faktische Beziehung von A (Haus) zu B (Wohngelegenheit) bestehen, auch wenn sie zeitweilig nicht verwirklicht wird. Es gibt allerdings auch eine Art von Instrumentalwerten, die vergänglich ist, nämlich der „Tauschwert“, und das ist auch keineswegs verwunderlich. Der Tauschwert ist diejenige Eigenschaft eines Gegenstandes, die es ermöglicht, N Geldeinheiten für ihn einzutauschen. Wenn kein Geld vorhanden ist oder wenn niemand bereit ist, für den Gegenstand A Geld zu zahlen, hat dieser offensichtlich keinen Wert. Diese Feststellung braucht nicht auf einen in Geld ausdrückbaren Tauschwert beschränkt zu werden. Denn es trifft ganz allgemein zu, ja es ist nichts anderes als die logische Folgerung daraus, daß A für B brauchbar ist und daß daher das Verschwinden oder die Entwertung B's den Wert A's beeinträchtigt. Im mathematischen Sinn ist A eine Funktion von B. Wirtschaftswissenschaftler haben bisweilen diese offenkundige Tatsache verallgemeinert und behauptet, daß alle Werte relativ seien; aber relativ sind lediglich bestimmte Instrumentalwerte — das heißt, sie sind bezogen auf den Wert des Dinges, zu dem sie definitionsgemäß in Beziehung stehen.

An dieser Stelle ist die Beziehung zwischen Werten und Interessen zu untersuchen. Wenn der Wert als „irgendein Gegenstand irgendeines

[19] Michael Oakeshott (1959) dagegen bezeichnet alle Tatsachen als „Bilder“ („images“) und die Sprache als das Symbol dieser Bilder.

Interesses" (R. B. Perry) verstanden wird, dann gibt es keinen Grund dafür, zwischen „Werten" und „Interessen" zu unterscheiden, wenn von Personen, Gruppen und Gemeinschaften die Rede ist, es sei denn, man macht sich die Auffassung zu eigen, die die Wirklichkeit der Werte betont. Das Interesse wäre dann die subjektive Dimension, die in dem ursprünglichen lateinischen Wort *interesse* (dazwischen sein, teilnehmen an, in etwas verwickelt sein) anklingt. Das Interesse verbindet die Person, Gruppe oder Gemeinschaft mit dem Wert. Im allgemeinen Sprachgebrauch wird zwischen beiden Begriffen kein klarer Unterschied gemacht. So wird der Wert „Gerechtigkeit", an dem die Menschen interessiert sind, häufig auch als „Interesse" bezeichnet; und das gleiche trifft auf das Wort „Nahrung" zu. Tatsächlich könnte es Gegenstände geben, die Werte verkörpern, und es gibt dann Personen, die wegen eines solchen Wertes an diesen Gegenständen interessiert sind. Wenn daher Werte als „Gegenstände des Interesses" angesehen werden, kann man sagen, daß jeder Gegenstand einen potentiellen Wert hat, ebenso wie er potentiell von den Sinnen wahrgenommen werden kann oder drittens auf andere Gegenstände einwirken kann. Es ist übertrieben zu behaupten, der Wert sei „jener besondere Charakter eines Gegenstandes, der darin besteht, daß Interesse an ihm genommen wird", wie das Perry seinerzeit getan hat[20]. Eine solche Auffassung macht sowohl den Wert als auch das Interesse zu psychologischen Begriffen. Die Folge davon ist, daß der Wert von dem Wertenden abhängig gemacht wird; wir haben bereits darauf hingewiesen, daß die Schönheit der Venus von Milo nicht davon abhängt, ob jemand da ist, der sie betrachtet und bewundert, und das gleiche trifft auf die Heiligkeit des Lebens des Buddha zu. Die Aufgabe des Wertenden ist es, den Wert zu entdecken, nicht, ihn zu schaffen oder zu erstellen. Anders liegt es beim Interesse. Interesse entsteht, wenn ein Wertender die Neigung entwickelt, bezüglich eines Gegenstandes tätig zu werden, der eine Wertdimension besitzt. Es mag sein, daß es ihm nur darum zu tun ist, ein Kunstwerk wiederzusehen, oder er kann den Wunsch haben, es zu besitzen oder ein ihm ähnliches zu schaffen, entweder als Nachahmung oder als Neuschöpfung; immer aber ist beim Interesse eine Person, Gruppe oder Gemeinschaft an dem Wert eines Gegenstandes „interessiert". Daher schafft das Interesse auch einen Zweck, ein Ziel, eine Aufgabe, und dadurch entsteht eine Funktion.

---

[20] Interessante Ausführungen dazu macht Charles L. Stevenson, 1944, S. 268—271. Die angeführten Stellen von Perry finden sich in seinem 1926 erschienenen Werk, S. 126.

Bei Sozialwissenschaftlern besteht eine verbreitete Neigung, nicht nur einen scharfen, sondern einen absoluten Unterschied zwischen Werturteilen und Existenzurteilen zu machen, wobei sie sich auf so große Autoritäten wie Kant stützen. Ja ganze Systeme, wie z. B. Kelsens „reine" Rechtslehre, bauen auf der These auf, daß diese beiden Arten des Urteils sich so stark voneinander unterscheiden, daß sie verschiedene „Reiche" begründen und man daher nicht von einem Existenzurteil auf ein Werturteil schließen könne[21]. Und doch wird alles politische Werten von diesen Existenzurteilen geformt und geprägt. Sobald die Demokratie nicht funktioniert (ein Existenzurteil), sagt man, sie sei schlecht und wert, zerstört zu werden (ein Werturteil). Umgekehrt heißt es, da die Demokratie die politische Ordnung freier Menschen und die Freiheit ein unschätzbarer Wert sei, die Demokratie werde funktionieren, sofern wir nur hart genug arbeiten usw. Wer so argumentiert, mag in Bezug auf die tatsächlichen Gegebenheiten oder die „Werte" oder bezüglich beider im Irrtum sein, aber es steht außer Frage, daß er vom einen auf das andere schließt und das mit Recht.

Der Grund dafür ist naheliegend. Der Satz „dieser Tisch ist gut" gilt als ein Werturteil. „Dieser Tisch ist hölzern" gilt dagegen als ein Existenzurteil. Das Hilfsverb „ist" erscheint in beiden Aussagen und verleiht ihnen ihre gemeinsame Form; es hat sich jedoch eingebürgert, zu betonen, daß es sich hier um zwei verschiedene Arten von Aussagen handle, und in einem begrenzten Sinne ist das auch der Fall. Aber dieser Unterschied wird durch die allgemeinen Begriffe „Werturteil" und „Existenzurteil" nur wiederholt und nicht geklärt. Sie beziehen sich auf verschiedene Arten von Fakten oder konkrete Gegebenheiten. Das eine Urteil besagt, daß der Tisch einen inhärenten Wert hat, das andere, daß er aus einer Holzart hergestellt ist. Nach dem Aristotelischen Schema der *Aitiai* (Ursachen), womit im heutigen Sinn eher Bezugssysteme als Ursachen gemeint sind, bezieht sich das erste Urteil auf eine Zweck-aitia, das zweite auf eine materielle *Aitia*[22].

---

[21] Siehe Hans Kelsen, 1945, Introd., S. 40 ff., 110 ff. und S. 375 ff. Schon die Bezeichnung, die Kelsen seiner Theorie gab, hätte als Warnung dienen müssen. Denn wenige Worte sind so eindeutig wertbezogen wie „rein". Wer möchte schon unrein sein? Kelsen widerspricht sich hier offenbar selbst; denn er schließt bei seiner Theorie von den „Tatsachen" auf ihren Wert, d. h. auf ihre „Reinheit". Zu einer neueren Untersuchung siehe Julius Ebbinghaus, A, 1961.

[22] Eine Untersuchung der Lehre des Aristoteles von den *Aitiai* in Beziehung zu seiner politischen Philosophie gibt Richard McKeon, A, 1941. Zur Bedeutung der *Aitiai* für seine Rechtslehre siehe auch Friedrich, 1955.

Nach Aristoteles gibt es noch zwei weitere Urteile, dasjenige, das den Hersteller eines Dinges betrifft (Wirkursache) und dasjenige, das die Form oder Gestalt eines Dinges betrifft (formales Bezugssystem). Es gibt gute Gründe dafür, zwischen diesen verschiedenen Arten von Urteilen zu unterscheiden, aber es ist mehr als zweifelhaft, ob, weil Gegebenheiten im Rahmen dieser verschiedenen Bezugssysteme auf verschiedene Weise erörtert werden können, diese verschiedenen Urteile zu voneinander ganz unabhängigen Seinswelten in Beziehung gesetzt werden sollten. Vielmehr betreffen sie verschiedene Aspekte einer einzigen Welt, nicht integrale Bezüge verschiedener Welten. In gewisser Weise wäre der Unterschied klarer, wenn man die beiden Arten von Urteilen nicht als „Wert"- und „Existenz"-Urteile bezeichnen würde; denn Werturteile sind eine Art von Existenzurteilen: sie stellen fest, daß ein Wert existiert; daher denn Existenzurteile Werturteile sein können oder nicht. Wenn man sich aber dieser Einschränkung bewußt bleibt, dann mag es hingehen, den Begriff des Existenzurteils als auf nicht-wertende Urteile beschränkt zu gebrauchen, und somit die Diskussion im Rahmen einer Gegenüberstellung von Wert- und Existenzurteilen zu führen.

Angesichts des bisher Gesagten kann nunmehr als Hauptthese festgehalten werden, daß Werturteile und Existenzurteile miteinander verknüpft sind und daß sie ineinander verwandelt werden können. So würde beispielsweise eine Untersuchung der Behauptung „X besitzt den Wert Y" ergeben, daß hier eine Verbindung mit einem oder mehreren Existenzurteilen vorliegt. Der Satz „Die Monogamie ist gut" kann also in Verbindung gebracht werden mit existentiellen Behauptungen wie „Wo die Monogamie besteht, sorgen sich die Eltern sehr um ihre Kinder", „Kinder brauchen die Sorge ihrer Eltern zu ihrer Entwicklung" usw. Solche Aussagen treffen zu, ganz gleich, ob der behauptete Wert moralischer, ästhetischer oder anderer Art ist. Aber wie wir zu Anfang bei der Definition des „Wertes" ausgeführt haben, bedeutet die Feststellung „Die Monogamie ist gut" insbesondere „Die Monogamie ist der Polygamie vorzuziehen". Wird ein solch spezielles Präferenzurteil untersucht, so zeigt sich, daß die Gesamtheit der Werte sowie die Folgen utilitaristischer Art und ähnliches im Spiele ist, die solche Präferenzen im Menschen entstehen lassen. Eine solche Analyse führt zu Schlußfolgerungen der Art, daß etwas vorgezogen werden sollte; daß es besser wäre, wenn etwas vorgezogen würde usw. Daraus folgt, daß jede politische Wissenschaft notwendigerweise wertorientiert ist. Der Sinn politischer Studien liegt darin, festzustellen, warum die Menschen bestimmte Situationen, Institutionen und Prozesse anderen vorziehen und warum sie dies tun sollten. Weit davon entfernt, „wertfrei“ zu sein, besteht die Hauptaufgabe der politischen Wissenschaft darin, sich mit Werten unter Heranziehung aller Gegebenheiten zu beschäftigen. Sie sucht zu ergründen, wie die Demokratie oder die totalitäre Diktatur funktionieren und erwartet, damit Gründe zu liefern, weshalb die eine der anderen vorzuziehen ist. Das trifft gleichermaßen auf die Einzelheiten der Politik zu wie auf den Makrokosmos institutioneller Ordnungen. Die Wissenschaft von der Politik sucht die Werte zu verdeutlichen, sie neu zu formulieren und wenn notwendig zu verändern, weil sich auf Grund politischer Erfahrungen neue Zusammenhänge ergeben haben. Diese müssen beurteilt werden. Für Max Weber, der glaubte, eine wertfreie Soziologie begründet zu haben, waren zwei Werte entscheidend, soweit sein Werk für die politische Wissenschaft Bedeutung hat, nämlich der Wert einer freien, parlamentarischen Demokratie und der Wert einer gut arbeitenden Bürokratie. Man kann auch verallgemeinernd sagen: die Werte Freiheit und Efficiency. Außerdem war er ein leidenschaftlicher Nationalist. Daneben beschäftigten ihn auch die entsprechenden Unwerte und ebenso der Unwert der Sozialordnung, die der Marxismus propagiert. Man kann große Teile seines Werkes überhaupt nur verstehen, wenn man berücksichtigt, wie sehr für ihn diese Wertfragen im Mittelpunkt standen. Ähnlich liegt es bei Pareto. Für ihn war der Wert einer konkurrenzfähigen freien Marktwirtschaft und der ihr entsprechenden liberalen politischen Ordnung ausschlaggebend; das ergibt sich aus gewissen Anmerkungen in seinen Werken. Damit ist natürlich noch keineswegs bewiesen, daß diese Autoren recht oder unrecht hatten. Gleichwohl beruhte die *Aktualität* ihrer Arbeiten auf der Wertorientierung; nur sie machte ihr Werk für ihre Zeitgenossen interessant.

In den letzten Jahren hat die Ausrichtung der politischen und sozialen Forschung an den Werten in zunehmendem Maße Anerkennung erfahren. So betont z. B. Gunnar Myrdal in seiner bedeutenden Arbeit über die Stellung des Negers in der heutigen amerikanischen Gesellschaft, daß die Frage „Wie *sollte* die Stellung des Negers sein?“ ebenso wichtig sei wie die Untersuchung seiner tatsächlichen Lage. Er meint, daß diese beiden Fragen aufs engste miteinander verknüpft seien; die wissenschaftliche Forschung sollte von beiden bestimmt werden. Es gibt eine sehr erhebliche Anzahl weiterer Werke auf den verschiedenen Gebieten der Sozialwissenschaften, die man als Beispiele anführen könnte. Es ist zu fordern, daß Werte nicht nur klar ausgesprochen werden, sondern daß vielmehr die politik- und andere sozialwissenschaftliche Forschung dem Wertproblem zentrale Bedeutung beimesse. Die versteckte Suche nach

Werten muß deutlich gemacht werden; die Verfeinerung, Abwägung und Umwandlung von Werten muß als zentrale Aufgabe der politischen Wissenschaft und anderer Sozialwissenschaften erkannt werden[23].

Wenn gesagt wird, daß Werte nicht in Form von mitteilbarem Wissen bewiesen werden können, so lautet die Antwort hierauf, daß sich Werte in größerem Maße beweisen lassen als man gemeinhin glaubt. Sie können wahrscheinlich gemacht werden, und mehr als Wahrscheinlichkeit läßt sich heute bei fast aller wissenschaftlichen Arbeit nicht erreichen. Die Art von Aussage, zu der die politische Wissenschaft gelangen kann, ist die, daß, wenn wir alles uns Bekannte über das Funktionieren der Politik in Betracht ziehen, es sehr wahrscheinlich ist, daß in einer spezifischen Lage, der wir uns in einem konkreten Einzelfall gegenübersehen, die Institution A den Institutionen B, C oder anderen uns bekannten Institutionen vorzuziehen ist. Es wird zwar hiergegen gelegentlich der Einwand erhoben, daß dies kein Werturteil im „höheren" Sinne sei, sondern lediglich ein Urteil darüber, was im gegebenen Falle vorteilhaft sei, daß es sich nicht auf die Grundwerte beziehe, in denen das Wesen der Werturteile beschlossen sei. Wir hoffen indessen gezeigt zu haben, daß der inhärente Wert, wenn er in der Perspektive des Menschen, der den Wert wahrnehmen soll, betrachtet wird, im wesentlichen eine Präferenz (preferability) bedeutet. Andererseits lassen sich die Instrumentalwerte auf Werte an-sich zurückführen; damit wird dann ihr Wert „bewiesen".

Hier müssen wir uns noch abschließend mit einer anderen Frage beschäftigen, nämlich mit der Tatsache, daß, obwohl die Werte die primäre Aufgabe der politischen Wissenschaft sind, sie diese ihrer „Objektivität" nicht berauben[24]. Bedenkt man, wie ständig auf Objektivität Bezug genommen wird, dann ist es verwunderlich, wie selten der Begriff definiert oder erklärt wird. Objektivität erscheint in erster Linie als eine persönliche Eigenschaft des Forschers, durch die er sein Interesse ausschließlich dem „Objekt" seiner Forschungen widmet. Er läßt sich bei seiner Arbeit nicht von seinen persönlichen Vorurteilen oder vom Einfluß Außenstehender ablenken. Es ist offensichtlich, daß „Werte", da sie ja „Objekte" sind, eine solche Objektivität von Seiten dessen, der sie unter-

[23] Siehe A. Bergstraesser, 1961, insbes. Kap. 1.

[24] Nach Auffassung des dialektischen Materialismus ist Objektivität nur eine bürgerliche „Tugend", die eine fortschrittliche Gesellschaftswissenschaft vermeiden sollte. Die Verwicklungen, die sich hieraus ergeben, sind in sehr aufschlußreicher Weise von Barrington Moore, 1958, behandelt worden.

sucht, verlangen. Sobald sich Autoren, wie z. B. Max Weber, mit diesem Problem befassen, erklären sie für gewöhnlich, daß sie zwar eine solche objektive Erforschung der Werte befürworten, daß dies aber etwas anderes sei als wenn man seine eigenen Werturteile als einen Teil seiner Forschungsarbeit anerkenne. Ich lasse die Frage beiseite, wie das zu verstehen ist, das heißt welches denn die Werte sein sollen, denen gegenüber der Forscher keine eigene Wertposition hätte, es sei denn, Zeitpunkt und Ort der ihn beschäftigenden Frage wären sehr weit entfernt; aber selbst dann würde die Notwendigkeit, eine Auswahl zu treffen, sich auf die Werturteile auswirken[25]. Darüber hinaus gibt es das sehr viel wichtigere Problem der *Bemühung um die Werte*, die eine Art von Objektivität verlangt, die von der Schule der an Wertfreiheit glaubenden Forscher völlig außer acht gelassen wird. Soweit Werte ein Indiz für Präferenzen der Gemeinschaft sind, verschwendet der Forscher, der sich mit ihnen nicht befassen will, nur seine Zeit, denn er erforscht gerade das nicht, was erforscht werden sollte. Daß dies auch für den Naturwissenschaftler gilt, ist jüngst in überzeugender Form von einigen Naturwissenschaftlern vertreten worden[26].

Aus diesen Gedanken ist zu folgern, daß der „wertfreie" Standpunkt in Wirklichkeit selbst auf einem Werturteil beruht, nämlich dem, daß die Werte der Gemeinschaft für den Wissenschaftler irrelevant sind. Ein solcher Standpunkt ist weit von „Objektivität" entfernt. Er ist vielmehr so subjektiv, daß er schon an wissenschaftlichen Solipsismus grenzt. Der Politikwissenschaftler befindet sich in der Rolle des Wächters über die Werte der politischen Gemeinschaft, ob ihm das zusagt oder nicht. Die Ergebnisse seiner Arbeit haben zwangsläufig formenden Einfluß auf die Werte der Gemeinschaft. Er kann vor dieser Verantwortung nicht die Augen schließen. Wenn er nachweist, daß ein bestimmtes Verhalten mit Sicherheit ins Verderben führt, kann man nicht erwarten, daß die Gemeinschaft ein solches Ergebnis tatenlos hinnimmt. Es ist daher die zentrale Aufgabe aller Sozialwissenschaften, die Werte in den Mittelpunkt ihrer Forschungen zu stellen, ständig darum bemüht zu sein, sie im Zusammenhang mit den Konsequenzen ihrer Verwirklichung neu zu über-

---

[25] Ein interessantes Beispiel ist die seinerzeitige erregte Diskussion über die soziale Organisation in vorgeschichtlicher Zeit, insbesondere über das Matriarchat; als Beispiel aus neuerer Zeit könnte man die gegen die „Whigs" gerichtete Geschichtsschreibung in England sowie die Diskussion über die „gentry" anführen; siehe dazu Judith N. Shklar, A, 1959.

[26] Siehe Michael Polanyi, 1958, insbes. Kap. II, S. 6, Par. 2.

denken, sie und ihre unterschiedlichen Auswirkungen gegeneinander abzuwägen. Das soll nicht heißen, daß die Untersuchung kausaler Zusammenhänge nicht zuweilen sehr weit wegführen kann, zu Gegebenheiten, die mit dem zentralen Wertproblem kaum noch in Zusammenhang zu stehen scheinen. Aber selbst dann wird die Arbeit an Schärfe und Aktualität gewinnen, wenn man sich die Werte, auf die sich die jeweilige Arbeit bezieht, klar vor Augen hält. Denn dann werden die Probleme eine klare Zielrichtung besitzen.

Es bleibt noch ein Wort zu sagen über die eigentümliche intellektuelle Betätigung, die auf inhärente Werte, Werte an-sich, anzuwenden ist. Ethische Werturteile beziehen sich auf die Frage: Was muß ich tun? Aber es gibt andere Werturteile, bei denen eine so praktische Art der Fragestellung ganz unangebracht ist. Um es kurz zu sagen, Werte an-sich verlangen eine Interpretation, keine Demonstration, ein Deuten, kein Beweisen. Daher „erklären" Werturteile Zusammenhänge auf andere Weise wie Existenzurteile. Wenn man über die Schönheit eines berühmten Gemäldes sprechen soll, kann man auf ganz verschiedene Dinge hinweisen, wie z. B. auf die Harmonie der Farben, die Ausgewogenheit der Linien usw. Will man aber die Freiheit oder die Ordnung einer politischen Gemeinschaft erklären, dann kann man auf verschiedene vergleichbare Institutionen und Verhaltensformen hinweisen. Irgendwie wird jedoch immer ein Rest bleiben, der sich nicht mitteilen läßt, der es erforderlich macht, daß der, an den die Interpretation gerichtet ist, mit dem Werturteil übereinstimmt. Daher der alte Satz: De gustibus non est disputandum, über Werturteile soll man nicht streiten. Doch es liegt nahe, als Erwiderung zu fragen: Worüber streiten sich die Menschen, wenn nicht über Werturteile? Es lohnt sich nicht, sich über „Tatsachen" oder beweisbare Theoreme zu streiten. Warum ist es sowohl üblich als auch durchaus wünschenswert, sich über Werte zu streiten? Weil ein Wert seiner Natur nach nur durch Auslegung verdeutlicht werden kann. Am Ende einer solchen Diskussion gibt es keine Einigung, sondern gegenseitiges Verstehen. A weiß, was B meint, wenn er von Gerechtigkeit, Freiheit oder von anderen Werten spricht, auf denen die politische Gemeinschaft in ihren spezifischen Erscheinungsformen beruht.

Obwohl sie von großer Bedeutung sind, werden wir uns im Verlauf unserer Darstellung nicht streng an die scharfe Unterscheidung von Werten an-sich, Reaktionen auf Werte und Urteilen über Werte halten. Wenn in späteren Kapiteln aus dem Zusammenhang hervorgeht, daß die Rede nicht von Werten selbst, sondern von Reaktionen und Urteilen ist, wird der Begriff „Wert“ oft verwendet werden, obwohl Werturteile oder Wertreaktionen gemeint sind. Dies gilt besonders bei der wiederholt benutzten Formel: „Werte, Interessen und Überzeugungen“ der politischen Gemeinschaft. Es ist jedoch wichtig, sich zu vergegenwärtigen, daß diese „subjektiven“ Wertdimensionen einer objektiven Wertdimension entsprechen. Wie oben gezeigt wurde, beruht somit die politische Gemeinschaft auf objektiv vorhandenen Werten, obwohl für Beobachtungs- und Untersuchungszwecke die Urteile und Reaktionen der Mitglieder der Gemeinschaft für gewöhnlich primär als Beweismaterial in Frage kommen.

Viertes Kapitel

Der Zusammenhang von Institution, Entscheidung und Politik

Entscheidung, Politik und Institution gehören zu den umstrittensten Begriffen der politischen Wissenschaft. Die sogenannten Behavioristen haben die Institutionalisten angegriffen und erklärt, daß das, worauf es wirklich ankomme, Entscheidungen seien, und daß man untersuchen müsse, wie sie zustande kämen. Die Institutionalisten haben darauf erwidert, daß es nicht möglich sei, Entscheidungen zu analysieren oder zu verstehen, ohne den Institutionszusammenhang zu kennen. Diese Antithese ist irreführend. Sie ist entstanden aus dem übertriebenen Formalismus der Institutionsanalyse, und es ist daher zuzugeben, daß das Bestehen auf der Entscheidungsproblematik eine gesunde Reaktion war. Eine andere Reaktion dieser Art ist das Hervortreten der Politik (policy). Diese Betonung der Politik als eines Gesamtzusammenhanges von Entscheidungen, die auf ein konkretes Ziel gerichtet sind, bedeutet im Grunde ein Wiederaufleben des Kameralismus. Erst der rechtsstaatliche Liberalismus hat, bekanntlich im Gegensatz zum Kameralismus, die Rolle des Gesetzes in den Mittelpunkt der Betrachtung öffentlicher Angelegenheiten gestellt. Im Sinne des Kameralismus wird neuerdings vielerseits erneut behauptet, daß es nur auf Politik (policy) ankomme und daß die politische Wissenschaft vor allem die Wissenschaft von dem Gestalten konkreter Politiken sei*. In jüngster Zeit sind allerdings auch andere Sozialwissenschaften als Wissenschaften von der Politik, das heißt als ‚policy sciences', bezeichnet worden, und zwar deshalb, weil ihre Ergebnisse unzweifelhaft auch eine Bedeutung für die Politik be-

* Der englische Ausdruck „policy" bereitet bei der Übersetzung ins Deutsche deshalb große Schwierigkeiten, weil er vornehmlich in Zusammensetzungen wie „Agrarpolitik", „Außenpolitik" und ähnlichen Wortbildungen vorkommt; daher ist erst in allerneuester Zeit auch in Deutschland dieser Ausdruck im Plural in Anwendung gekommen.

sitzen[1]. Vom Standpunkt einer politischen Theorie, die das persönliche Element als Ausgangspunkt politischer Analyse betont, ist die Entscheidung der primäre politische Akt, mit der Einschränkung allerdings, daß man zu bedenken hat, daß Personen auch Gemeinschaftswesen sind. Denn dieses in-der-Gemeinschaft-leben bedeutet, daß der Mensch als Person zu den Institutionen in Beziehung steht, die die Gemeinschaft kennzeichnen, zu der er gehört. Daher denn die Institution die primäre Gegebenheit ist, innerhalb derer sich der Prozeß der Entscheidung und der Politik abspielt. Gewiß sind solche Institutionen ihrerseits vielfach das Ergebnis politischer Entscheidungen oder scheinen jedenfalls solche zu sein. Dieser Schein trügt oft, denn eine detailliertere Analyse zeigt, daß die ursprünglichen Entscheidungen durch spätere Praxis so stark gewandelt worden sind, daß die ursprüngliche Entscheidung für eine Realanalyse nur als Ausgangspunkt in Frage kommt. Natürlich ist auch diese Praxis ihrerseits wieder aus Entscheidungen niederer Ordnung zusammengesetzt. Aber es würde ein Fehler sein, zu glauben, daß dies notwendigerweise der Fall ist, insbesondere in Gesellschaften, die weniger am Recht und Gesetz orientiert sind wie die abendländische.

Eine politische Institution ist ein fest organisierter Zusammenhang von politischen Handlungsweisen, die im Rahmen eines politischen Systems eine Funktion und/oder einen Zweck haben. Man kann dies auch so ausdrücken, daß eine Institution eine relativ feste Zusammenfassung von Rollen darstellt[2]. Politische Institutionen haben den besonderen Sinn, Machtbeziehungen, wie sie in der Gemeinschaft bestehen, zu umreißen. Mit ihrer Hilfe werden die Werte, wie sie in Funktion und Zweck zum Ausdruck kommen, verwirklicht. Keine politische Gemeinschaft ist vorstellbar ohne politische Institutionen. Unter diesen ist die umfassendste

---

[1] Siehe Daniel Lerner und H. D. Lasswell (Hrsg.), 1951, bes. Kap. 1; siehe auch Friedrich, A, 1953, und Hugh Elsbree, A, 1960.

[2] Talcott Parsons, 1951, S. 39, definiert die politische Institution ähnlich; wenn er sie aber als ein „complex of institutionalized role integrates" bezeichnet, so bedeutet das eine *petitio principii*. Lasswell und Kaplan, 1950, bezeichnen eine Institution als ein „pattern composed of culture traits specialized to the shaping and distribution of a particular value", wobei ein Kulturmerkmal die „charakteristische Handlung einer Gruppe" ist. Danach wäre eine Institution ein Gefüge von Handlungen, wobei ein „Gefüge" („pattern") dann wohl ein „fest organisierter Zusammenhang" (a „stably organized syndrome") wäre, obwohl in dieser Untersuchung „pattern" nirgendwo definiert wird. Unsere Untersuchung von Funktion und Zweck (Kapitel 3) macht deutlich, wie nahe die übrige Definition durch ihre Betonung der Werte der unseren kommt.

der Herrschaftsapparat (government); weitere politische Institutionen sind die Parteien, die Interessengruppen, die Lokalverwaltungen und andere mehr. Selbst Mittel, wie sie für eine bestimmte Verfassungsordnung charakteristisch sind, z. B. das Taschenveto in den Vereinigten Staaten, das richterliche Prüfungsrecht oder der Debattenschluß können sinnvollerweise politische Institutionen genannt werden, denn sie alle sind fest organisierte Zusammenhänge politischer Handlungsweisen, die Funktion und Zweck im System haben und ausüben.

Politische Institutionen besitzen oft eine ihnen eigene Trägheit, die dazu führt, daß sie von einem politischen System ins andere übergehen. Der französische *Conseil d'Etat* oder das deutsche System der Lokalverwaltung sind gute Beispiele dafür. Aber solche ein System überlebende Institutionen sind die Ausnahme, nicht die Regel. Typischerweise sind Institutionen auf ein System bezogen und verschwinden mit dem politischen System, zu dem sie gehören. Oft kommt es auch vor, daß Institutionen nur scheinbar von einem System zum anderen übertragen werden, während sie in Wirklichkeit ihr Wesen ändern, weil sich ihre Funktionen und ihr Zweck geändert haben. So ist zum Beispiel die Partei in der totalitären Diktatur eine andere Institution als im demokratischen Verfassungsstaat[3], die Monarchie eine andere Institution im Absolutismus als im Konstitutionalismus. Manche dieser Wandlungen sind das Ergebnis bewußter Entscheidung, andere „ereignen" sich nur; mit anderen Worten, spezifische situationsbedingte Entscheidungen kumulieren sich und resultieren in der Wandlung[4]. Der Grund für diesen Gegensatz ist in Funktion und Zweck zu suchen. Wenn Funktion und Zweck von einem System zum anderen übertragen werden, wie es beim *Conseil d'Etat* der Fall gewesen ist, dann ist auch die Institution als solche in der Lage, den Systemwandel zu überdauern.

Bei Institutionen entsteht eben genau wie bei Personen das Problem der Identität. Zugegebenermaßen sind alle Institutionen wie alle Personen ständigen Änderungen unterworfen. Manche dieser Änderungen sind der Institution „inhärent", so insbesondere die Reifungsprozesse, die Institutionen wie andere von Leben erfüllte Wesen „natürlicher-

---

[3] Das wird zu Recht von Karl Löwenstein betont (1957, S. 11). Für Löwenstein ist die Ideologie die Hauptursache eines solchen Wandels. Es können aber außer den Ideologien auch noch andere Faktoren mitspielen.

[4] Siehe dazu den Artikel von Karlheinz Neunreither über den Bundesrat, 1959, der ein interessantes Beispiel dafür ist, wie diese beiden Faktoren ineinander übergehen.

weise" durchmachen. Andere Veränderungen sind durch äußere Faktoren bedingt. Auch hierfür gibt es viele Beispiele. Der amerikanische Senat hat sich geändert, als sich die Demokratisierung in Amerika durchsetzte, und so hat man ihn schließlich ausdrücklich geändert. Das britische Parlament hat sich geändert im Zuge einer zunehmenden Industrialisierung, die die Rolle der Exekutive und ihrer Führung verstärkt hat. Solche institutionelle Änderungen gehören zu den interessantesten und wichtigsten Erscheinungen, mit denen es die politische Wissenschaft zu tun hat. Aber da Forschung und Analyse Zeit erfordern, so bleibt das Verständnis für die Institutionen einer gegebenen Gesellschaft immer etwas hinter der Entwicklung zurück; Burke glaubte, es seien fünfzig Jahre. Der Abstand zwischen Theorie und Praxis dürfte heute kaum mehr so groß sein. Da die ständige Wandlung allgemein anerkannt ist, so handelt es sich bei der wissenschaftlichen Forschung vor allen Dingen darum, festzustellen, wann solche Veränderungen eine Größenordnung erreichen, die es uns gestattet, von einer anderen, einer neuen Institution zu sprechen. Ein solches Urteil kann aber nur im Hinblick auf Funktion und Zweck der gegebenen Institution im Systemzusammenhang gefällt werden. Wenn der Zweck ein neuer und anderer ist, und die Institution funktioniert in einer Weise, die von der früheren Praxis stark abweicht, dann ist der Fall klar; denn dann handelt es sich nur darum, diejenigen Handlungen zu untersuchen, die beobachtet werden können, und festzustellen, was ihre Funktion im System und ihr erklärter oder unerklärter Zweck ist. Oft ist diese Frage schwer zu beantworten, da es sich um qualitative Faktoren handelt, die von verschiedenen Forschern unterschiedlich beurteilt werden. Es gibt für diese Schwierigkeiten interessante Beispiele in der europäischen Parteigeschichte. So ist etwa die sozialdemokratische Partei der Bundesrepublik eine Fortsetzung der sozialdemokratischen Partei des Kaiserreiches und der Weimarer Republik. Es ist die gleiche Institution, aber die drei Parteien sind keineswegs identisch. Andererseits ist die Christlich-Demokratische Union keine Fortsetzung einer früheren Partei, sie ist eine neue Institution. Die Tatsache, daß beide Parteien einen Funktionswandel durchmachen, der sich daraus ergibt, daß die Politik der Bundesrepublik sich einem Zweiparteiensystem nähert, ändert dieses Urteil nicht. Aber was wäre zu sagen, wenn die sozialdemokratische Partei die entscheidenden Ziele des Sozialismus aufgäbe? Ist sie dann immer noch die gleiche Institution oder würde es nicht zutreffender sein zu sagen, daß sie eine neue Institution geworden ist, die dem gewandelten Funktionieren der deutschen politischen Ordnung besser angepaßt ist? Ähnliche Schwierigkeiten ergeben sich beim Vergleich von staatlichen

Institutionen. Wann soll man das richterliche Prüfungsrecht der Gesetzgebung gegenüber als eine politische Institution ansehen, die sich in der Größenordnung mit Parlamenten, Parteien und ähnlichem vergleichen läßt? Und sind die Einrichtungen in der französischen Fünften Republik, in der Bundesrepublik und in der Republik Italien, was das richterliche Prüfungsrecht angeht, die gleiche Institution, wie wir sie in den Vereinigten Staaten finden[5]? Institutionelle Analyse dieser Art ist weder einfach noch offensichtlich, sondern erfordert wissenschaftliches Unterscheidungsvermögen. Das zeigt sich besonders dann, wenn die Entscheidung über eine neue Verfassung gefällt werden soll. Denjenigen, die die Entscheidung in so komplizierten Prozessen zu fällen haben, fehlt oft selbst die Einsicht in die elementarsten Probleme. Die Berichte über viele Verfassungskonvente zeigen das deutlich. Es sollte aber beachtet werden, daß jede Verfassungsgebung, insbesondere in den sogenannten neuen Staaten, die sich von der Kolonialherrschaft und einem von solcher Herrschaft aufrechterhaltenen antiquierten politischen System befreit haben, von gesunden Bedenken getragen sein sollte darüber, wieweit die Übertragung von Institutionen aus einem Kulturzusammenhang in einen anderen möglich ist. Denn die Wahrscheinlichkeit spricht dafür, daß solche Einrichtungen sehr anders und nicht notwendigerweise gut funktionieren werden.

Die oben vorgetragenen Feststellungen betreffs politischer Institutionen haben uns hineingeführt in das Problem, wie Entscheidungen gefällt werden. Für viele ist, wie wir schon gesagt haben, das Fällen von Entscheidungen der eigentliche Kern der Politik; aber natürlich ist das Fällen von Entscheidungen nicht nur oder selbst hauptsächlich eine politische Tätigkeit. Wie Institutionen, so sind auch Entscheidungen eine Seite allen menschlichen Lebens, daher denn die politische Theorie und wissenschaftliche Analyse solcher Entscheidungen auf allgemeiner psychologischer und philosophischer Kenntnis aufbauen muß. Die Entscheidung ist ein Zentralbegriff der Philosophen existentialistischer Richtung. Sie sehen die Entscheidung als den eigentlichen Inhalt der Existenz. So schreibt Sartre: „Der Mensch existiert zunächst. Er begegnet sich selber, taucht in der Welt auf ... Was man gewöhnlich meinen Willen nennt, ist wahrscheinlich die Äußerung einer früheren und spontaneren Entscheidung ... Wenn wir sagen, daß ein Mensch sich selber wählt, so meinen wir damit, daß jeder von uns sich selber wählt; aber

---

[5] Siehe dazu Gottfried Dietze, 1960; Richard J. Barnet, A, 1959; Arthur T. von Mehren, A, 1954, und Edward McWhinney, A, 1957.

wir meinen damit auch, daß, indem er sich selber wählt, er alle Menschen wählt[6]." Diese unausweichliche Notwendigkeit, entscheiden zu müssen in jedem Augenblick seines Lebens, ist der eigentliche Sinn der menschlichen Freiheit und Verantwortung. Diese Anschauung ist oft von Schriftstellern über Politik und Recht vertreten worden, vielfach ohne klare Einsicht in ihre philosophischen Wurzeln. Einer der radikalsten dieser Schriftsteller schrieb einmal: „Souverän ist, wer über den Ausnahmezustand entscheidet[7]." Die Anhänger einer solchen dezisionistischen Betrachtungsweise neigen dazu, die Entscheidung als einen mehr oder minder willkürlichen Akt aufzufassen. Sie verstehen die Entscheidung nicht als eine Handlungsweise, der bestimmte Gründe, Prinzipien oder Normen zugrunde liegen, sondern sehen sie als eine „freie" Entscheidung in dem Sinne, daß sie nicht nur autonom, sondern auch „unabhängig von Recht und Gesetz" ist. Die Entscheidung steht am Beginn der menschlichen Existenz. Der Mensch kann nicht leben, ohne zu wählen, sich zu entscheiden und zu handeln. Auch ein Mensch, der sich der Kontemplation in ihrer extremsten Form verschreibt, wählt bewußt diese kontemplative Art der Betätigung — ja, die Entscheidung, die er zu treffen hat, gehört zu den schwierigsten Entscheidungen überhaupt. Beim Fällen von Entscheidungen geht es immer darum, eine Wahl zwischen alternativen Handlungsweisen zu treffen. Die Entscheidungsproblematik führt deshalb auf ein Gebiet, das man als „Aktionstheorie" und insbesondere als Theorie der „sozialen Aktion" bezeichnet hat[8].

Man kann sehr leicht das Element der *Entscheidung* bei bestimmten Handlungsweisen überbewerten. Dies gilt vor allem für in hohem Maße rationalisierte politische Ordnungen, wo viele Handlungen sich wiederholen oder sich anpassen, ohne daß dabei Entscheidungen gefällt werden. Anders ausgedrückt kann man sagen, daß das menschliche Verhalten in sehr vielen Fällen nicht auf freier Wahl beruht, sondern sozial bedingt ist. Die Tätigkeit des Menschen ist einem Strom vergleichbar, aus dem

---

[6] Jean-Paul Sartre, 1946, S. 21 ff. (eigene Übersetzung).

[7] Carl Schmitt, 1922, S. 9. Siehe dazu und zu dem ganzen Problem Krockow, 1958, S. 60 ff., und Peter Schneider, 1957.

[8] Damit hat sich besonders Talcott Parsons beschäftigt. Siehe insbesondere sein 1937 erschienenes Werk, in dem er die Arbeiten von Pareto, Max Weber und Durkheim unter diesem Gesichtspunkt einer kritischen Prüfung unterzogen hat, und sein Buch von 1951, in dem er in Zusammenarbeit mit mehreren anderen Gesellschaftswissenschaftlern aus verschiedenen Fachgebieten (ein Politikwissenschaftler war jedoch nicht beteiligt) nach seinen eigenen Worten „eine Theorie der sozialen Aktion" zu entwickeln versucht.

die Entscheidungen gleich Felsblöcken herausragen. Diese Analogie berücksichtigt allerdings die fortwährende Verflochtenheit von sozial bedingtem und frei gewähltem Handeln nicht. Die Anhänger des Determinismus vertreten natürlich die Auffassung, daß auch die frei gewählte Handlung sozial bedingt sei[9], was ja bis zu einem gewissen Grad auch zutrifft: derjenige, der eine Entscheidung fällt, orientiert sich an den vorhandenen Meinungen, Werten, Überzeugungen und an anderen Gegebenheiten seiner sozialen Umwelt. Schließlich aber wählt er zwischen verschiedenen möglichen Alternativen. Diese Wahl trifft er in einem komplizierten Prozeß, bei dem er Verpflichtungen und Prioritäten gegeneinander abwägt, wodurch sehr leicht der falsche Eindruck entsteht, es handle sich dabei um eine Intuition *aus dem Nichts*. In der dezisionistischen Literatur wird daher vielfach behauptet, daß das die Entscheidung auslösende Element in einer Entscheidung aus dem „Nichts" (nothing, néant) komme[10]. Das entspricht jedoch keineswegs den Tatsachen. Der Mensch wählt ja nicht nur zwischen bereits vorhandenen Alternativen, sondern er erfindet auch selbst neue hinzu. Er entscheidet sich für die Handlung, die seinen Wünschen am gemäßesten ist.

Wenn somit das menschliche Leben aus einer endlosen Kette von Entscheidungen besteht, dann überrascht es nicht, daß in dieser Perspektive auch die Politik vor allem als ein Gebiet erscheint, auf dem Entscheidungen gefällt werden. Die empirische Frage lautet, wie man zu diesen Entscheidungen gelangt. Offensichtlich läßt sich auf diese Frage zunächst keine leichte und allgemein gültige Antwort finden[11]. Ganz gewiß wird

---

[9] Zum Beispiel J. D. Bernal, 1949. Siehe auch Maurice Cranston, 1953, der die entgegengesetzte Ansicht vertritt, zugleich aber die Gedankenführung vertieft.

[10] Sartre, 1946; Jaspers, 1947, S. 450; Heidegger, 1927, S. 287; Schmitt, 1922, S. 31. Diese Betonung des „Nichts" ist vermutlich eine Folge des Zusammenbruchs der politischen Institutionen in Deutschland und Frankreich seit den dreißiger Jahren.

[11] Interessante Versuche in dieser Richtung haben Lasswell, A, 1955, und Snyder, Bruck und Sapin, 1954, unternommen. Die letzteren geben folgende Definition: „Decision-making is a process which results in the selection from a socially defined, limited number of problematical alternative projects (of?) one project intended to bring about the particular future state of affairs envisaged by the decision-makers" (S. 57). Die Verfasser geben dann eine ganze Reihe von Antworten, weil sie erkannt haben, daß eine politische Entscheidung „organisationsbedingt" ist, d. h. daß sie durch den Institutionszusammenhang bedingt wird. Siehe dazu Herbert Simon, 1947, 1957, S. 12 ff., und Kap. 10. Die obige Definition ist *zu* rationalistisch und teleologisch. Sie

die Entscheidung eines Parlaments, ein bestimmtes Gesetz zu verabschieden, auf eine andere Weise getroffen als die Entscheidung eines Ministers, ein Gesetz mit Hilfe bestimmter Maßnahmen durchzusetzen. Und die richterliche Entscheidung darüber, ob sich diese Durchsetzung mit den gesetzlichen Bestimmungen in Einklang befindet, wird wiederum anders getroffen. Hochentwickelte Rechtsordnungen haben genaue Regeln darüber entwickelt, wie diese Entscheidungen gefällt werden müssen. Und obwohl ein Element der Freiheit, ein Spielraum für persönliche Entscheidungen noch immer vorhanden ist, wird vieles von strengen Normen geregelt, wie sie sich in zivil-, straf- und verwaltungsrechtlichen Bestimmungen, in den parlamentarischen Verfahrensregeln und ähnlichem finden. Es ist möglich, daß alle diese Entscheidungen gemeinsame Züge aufweisen. Aber bevor wir diese Frage beantworten können, müssen wir zunächst die verschiedenen allgemeinen Typen von Entscheidungen untersuchen. Danach läßt sich bestimmen, ob ihnen ein gemeinsamer Kern eigen ist.

Sehr wichtige Erkenntnisse gewinnt man allerdings auch durch die genaue Analyse einer bestimmten Entscheidung. Dabei muß man sie so weit zurückverfolgen, wie es das verfügbare Beweismaterial erlaubt. Dieser Art von Entscheidungsanalyse sind natürlich durch den institutionellen und kulturellen Zusammenhang, in dem die Entscheidungen getroffen werden, Grenzen gesetzt. Das braucht allerdings den pädagogischen Wert einer solchen Entscheidungsanalyse oder bei sorgfältiger Spezifikation sogar ihren Wert für die wissenschaftliche Forschung nicht unbedingt zu schmälern. Der bedeutendste und aufschlußreichste Versuch in dieser Richtung ist auf dem Gebiet der amerikanischen Bundesverwaltung unternommen worden[12]. Aber auch in der Außenpolitik und auf anderen Gebieten sind bereits wichtige Untersuchungen dieser Art angestellt worden[13]. Es hat sich jedoch als äußerst schwierig erwiesen, aus diesen Fall-

---

läßt außerdem den wichtigen Gesichtspunkt außer acht, daß zunächst einmal ein *Problem* vorhanden sein muß, bevor eine Entscheidung überhaupt nötig wird. Entscheidungen werden häufig auch getroffen, ohne daß man „einen künftigen Zustand“ im Auge hat. Lasswell, A, 1955, loc. cit., S. 382—383, führt eine lange Liste mit 20 Fragen an, auf der erst die letzte den Institutionszusammenhang betrifft; er geht aus von der problematischen Situation, die die Entscheidung „herbeigeführt hat“ („precipitated“).

[12] Harold Stein (Hrsg.), 1952.

[13] Edgar S. Furniss, 1954, beispielsweise hat in einer interessanten Studie versucht, Entscheidungen mit dem Institutionszusammenhang in Beziehung zu setzen. Ältere Untersuchungen über Außenpolitik und Werke über die Ge-

studien allgemeine Schlußfolgerungen herzuleiten. Vielmehr zeigen diese detaillierten Einzeluntersuchungen, wie notwendig es ist, einen begrifflichen Rahmen zu entwickeln.

Allgemein gesprochen lassen sich drei Arten von politischen Entscheidungen unterscheiden, je nach der Methode, wie die Entscheidung „getroffen" wird. Einmal gibt es die Entscheidung eines einzelnen, der eine Frage ganz nach eigenem Ermessen entscheiden kann. Diese Form der Entscheidung kann man weiter untergliedern in Entscheidungen, bei denen Rat eingeholt wird und solche, bei denen das nicht der Fall ist. Diese individuellen Entscheidungen sind besonders charakteristisch (1) für den Verwaltungsfachmann und (2) für den Staatsbürger. Die meisten Bürger sind durchaus in der Lage, ohne besondere Beratung zu entscheiden, wem sie bei einer Wahl ihre Stimme geben, welche Alternative sie in einem Referendum wählen, ob sie ihrem Wahlkreisabgeordneten schreiben, um gegen eine von ihm eingenommene Haltung zu protestieren oder um ihn zu drängen, daß er eine bestimmte Haltung einnehmen soll, ob sie diese oder eine andere Zeitung abonnieren, ob sie eine Wahlversammlung besuchen oder ob sie lieber ein Buch über die Kandidaten lesen wollen. Das sind willkürlich ausgewählte Beispiele, bei denen der einzelne eine politische Entscheidung zu treffen hat. Ihnen entsprechen die Entscheidungen des Verwaltungsfachmannes, beispielsweise darüber, ob das Verhalten eines Untergebenen Anlaß zur Kritik bietet, welche Antwort auf eine Beschwerde gegeben werden soll, wie man einen Bericht an seinen Vorgesetzten abfaßt usw. Bei all diesen Entscheidungen kann zwar auch Rat eingeholt werden. Ob dies geschieht, ist jedoch Teil der Entscheidung des einzelnen, obgleich die Einholung eines solchen Rates in manchen Fällen durch Gewohnheit, Bürovorschriften oder auch durch verfassungsrechtliche Bestimmungen vorgeschrieben sein kann. Das gilt zum Beispiel für die amerikanische Verfassung, die vorschreibt, daß der Präsident gewisse hohe staatliche Beamte und Richter nur nach Beratung mit und Zustimmung von einer Mehrheit des Senats in ihr Amt berufen kann (advice and consent clause).

Aber auch hier wird die *Entscheidung* darüber, *ob* etwas vorgeschlagen wird und *was* vorgeschlagen wird, häufig getroffen, ohne daß zuvor ein Rat eingeholt wird. Und die Entscheidung darüber, ob er bezüglich

---

schichte der Diplomatie enthalten in der Regel einige „Fälle" außenpolitischer Entscheidungen, besonders, wenn es sich um ausführlichere Darstellungen handelt. Sie entbehren jedoch jedes begrifflichen Rahmens.

vorgesehener Maßnahmen Rat einholt, bleibt dem jeweiligen Amtsinhaber überlassen.

Die zweite Art von Entscheidungen wird durch gemeinsames Handeln einer Gruppe getroffen. Eine solche Entscheidung wird entweder einstimmig oder mit gewöhnlich vorgeschriebenem Mehrheitsbeschluß gefällt, nachdem die Gruppe mehr oder weniger ausführliche Beratungen geführt hat. Diese Art der Entscheidung findet sich bei Gerichtshöfen, Untersuchungsausschüssen, Parlamentsausschüssen und anderen Organisationen, die unter Ausschluß der Öffentlichkeit arbeiten. Die Vertreter der Minderheit haben zumeist die Möglichkeit, ihre abweichenden Ansichten darzulegen und ihre Haltung zu begründen. Diese Art der Entscheidung, die man als Gruppenentscheidung bezeichnen kann, besitzt eine größere Autorität. Sie wird gewöhnlich bei wichtigeren Angelegenheiten verwandt. In der Justiz sind daher bei höheren Gerichten Gruppenentscheidungen üblich; diese entscheiden über die schweren Fälle oder auch über Berufungen, während an niederen Gerichten die Entscheidung von einem einzelnen Richter gefällt wird.

Ein typisches Beispiel für die dritte Art von Entscheidungen ist die Annahme eines Gesetzes durch eine gesetzgebende Körperschaft. Hier geht der Entscheidung eine ausführliche Diskussion voraus, die zum großen Teil öffentlich geführt wird. Auch die nachfolgende Entscheidung wird häufig unter Teilnahme der Öffentlichkeit in Form einer Abstimmung getroffen. Stadtverordnetenversammlungen und Parteikongresse liefern weitere Beispiele für solche Entscheidungen. Entscheidungen dieser Art genießen zumeist große Autorität und bleiben für längere Zeit gültig, da schon der Entscheidungsprozeß selbst einer häufigen Änderung dieser Entscheidungen im Wege steht[14]. Sie eignen sich besonders für die Gesetzgebung und für andere langfristige politische Entscheidungen, für die die Zustimmung der Öffentlichkeit wichtig ist. Man kann sie als *öffentliche Entscheidung* bezeichnen. Sie wird typischerweise nach ausführlichen und festen Verfahrensregeln gefällt, die zwar auch bei Gruppenentscheidungen zur Anwendung kommen können, bei diesen aber leicht zu verletzen sind. Jedes moderne Parlament besitzt seine eigene Geschäftsordnung, und die Tätigkeit dieser Körperschaften wird von diesen Verfahrensregeln geformt. Sie bilden sich im Verlauf der institu-

[14] Wie lange Entscheidungen wirksam bleiben, hängt jedoch auch vom System ab; demzufolge können Entscheidungen Einzelner in einem System sehr lange wirksam sein, während sich in einem anderen sogar Gesetze als nicht dauerhaft erweisen können.

tionellen Entwicklung der parlamentarischen Körperschaft heraus[15]. Der Prozeß der Entscheidung kann jedoch auf andere Gruppen oder gar auf Einzelpersonen übertragen werden. Der Grund dafür liegt darin, daß der „formale“ Prozeß sich mit Beteiligung der Öffentlichkeit vollzieht, wodurch es schwierig oder gar unmöglich wird, zu einer Entscheidung zu gelangen. Daher kann und wird es oft dazu kommen, daß die eigentlichen Entscheidungen in internen Parteiversammlungen oder in noch exklusiveren parteiinternen Gremien hinter verschlossenen Türen gefällt werden[16].

Die drei Arten von Entscheidungen, einmal von Einzelpersonen, ob privat oder öffentlich, zum anderen Gruppen- und öffentliche Entscheidungen haben, obwohl sie bezüglich der Art, wie verfahren wird, und bezüglich ihres Anwendungsbereichs sehr große Unterschiede aufweisen, doch bestimmte gemeinsame Merkmale, die den Kern der Entscheidungsproblematik ausmachen. Bei allen drei Formen geht es um die Entscheidung darüber, welches *Vorgehen* angesichts eines *Problems,* dem sich der die Entscheidung Fällende gegenübersieht, angemessen ist. Gäbe es ein solches Problem nicht, dann wäre keine Entscheidung nötig. Ein politisches Problem — wörtlich übersetzt etwas, das hingeworfen wird und einem den Weg versperrt (problema) —, kann institutionell bedingt sein oder sich als Folge von Umweltveränderungen stellen. In beiden Fällen ist es etwas, dem man sich nicht entziehen kann. Selbst die Weigerung, nach einer Lösung zu suchen, ist eine Entscheidung, da die Alternative des Nichthandelns ebenso real ist wie jede der möglichen Alternativen des Handelns.

Entscheidungen sind immer Entscheidungen zwischen *Alternativen.* Vielfach sind diese Alternativen nicht sehr genau umrissen. Aber in jedem Fall kann eine Entscheidung (oder eine Wahl) nur zwischen Alternativen getroffen werden. Dabei braucht es, wie manchmal behauptet wird, nicht nur zwei solcher Alternativen zu geben. Ohne Frage gehören aber solche Entscheidungen, wo nur die Wahl zwischen zwei Alternativen zur Diskussion steht, zu den schwierigsten Entscheidungen überhaupt. Hamlets Frage „Sein oder Nichtsein ...“ fordert nur die elementarste dieser Entscheidungen. Man kann solche Entscheidungen als *dichotomisch* bezeich-

---

[15] Ein eindrucksvolles Beispiel für eine solche Entwicklung liefert die Geschichte der Geschäftsordnung des britischen Parlaments; siehe dazu Josef Redlich, 1906. Vgl. auch Friedrich, 1953, S. 348 ff. und 367 ff.

[16] Was durch Einfluß geheimgehalten wird und warum, ist untersucht in Friedrich, 1963, Kap. 11.

nen. In der Politik veranschaulicht die Entscheidung zwischen Krieg und Frieden diese Dichotomie der Entscheidung in ihrer furchtbarsten und bittersten Unausweichlichkeit. Häufig aber werden Entscheidungen nur als dichotomisch hingestellt, während in Wirklichkeit mehrere Alternativen vorhanden sind. Auch bei einer Entscheidung über Krieg oder Frieden kann das der Fall sein. Der politisch handelnde Mensch wird sich immer davor hüten, ein Problem als eine Entscheidung erscheinen zu lassen, bei der es nur ein solches Entweder /Oder gibt. Der Ausruf „Gebt mir Freiheit oder gebt mir den Tod!" (lieber tot als rot) ist ein berühmtes Beispiel für diese Art von Rhetorik. In der rhetorischen Vereinfachung konkreter politischer Probleme ist die Gefahr, eine komplizierte Realität, in der es zahlreiche Alternativen gibt, fälschlicherweise als solch eine dichotomische Alternative zu sehen, sehr groß. Zur Verdeutlichung mag eine Straßensperre dienen. Hier scheint sich das Problem folgendermaßen zu stellen: entweder wir beseitigen sie oder wir kommen bei dem Versuch, sie zu durchrennen, um. In Wirklichkeit kann es mehrere mögliche Umwege geben, und damit mögliche alternative Reiserouten. Es ist sehr viel Romantik in dem Vokabular der Existentialisten, wenn sie behaupten, der Mensch werde in eine bestimmte Lage „hineingeworfen" und müsse dann zwischen „Sein" und „Nichtsein" „wählen". Die Angst, die durch eine derartige Wahl hervorgerufen wird, läßt sich gut veranschaulichen am Beispiel der einzigartigen Lage, in der sich ein Liebhaber befindet, der entweder seine Geliebte gewinnt oder zugrunde geht. Welche Haltung man auch im Bereich der persönlichen Beziehungen für richtig halten mag, die Politik hat es mit prosaischen Problemen zu tun, die eine gemäßigte und nüchterne Beurteilung erfordern. Bei den meisten politischen Entscheidungen stehen nicht nur zwei Alternativen zur Wahl. Und selbst in den Fällen, wo die Entscheidung scheinbar zu einer dichotomischen gemacht worden ist, zum Beispiel bei Wahlen, bei denen nur zwei Kandidaten präsentiert werden, gibt es noch die dritte Alternative, daß man keinen von beiden wählt, sondern sich mit der Entscheidung der übrigen Wähler abfindet. Nicht nur bei Gruppenentscheidungen und bei öffentlichen Entscheidungen, wo im allgemeinen eine möglichst umfangreiche Zahl von Alternativen angestrebt wird, sondern auch bei individuellen Entscheidungen, vor allem, wenn sie einen offiziellen Charakter tragen, ist die Suche nach möglichen Alternativen entscheidend wichtig für das Fällen richtiger Entscheidungen. Werden die Alternativen nicht hinreichend geklärt, dann besteht die Gefahr, daß die gefällte Entscheidung unzulänglich ist.

Und doch geht es bei jeder Abstimmung um ein Entweder/Oder. Durch ins Einzelne gehende Regeln, etwa darüber, wie ein Antrag eingebracht und unterstützt werden muß, sucht man dafür zu sorgen. Die Dichotomie ist aber oft nur scheinbar, und hinter ihr verbirgt sich, wie gesagt, eine ganze Anzahl von Alternativen. Die „Ja"- und „Nein"-Stimmen bei vielen Abstimmungen können diese Alternativen zwar in zwei Gruppen zusammenfassen (integrieren), aber sie können sie nicht beseitigen. Wenn eine Fakultät über den Antrag zu entscheiden hat, ob ein bestimmter Kandidat für eine Professur vorgeschlagen werden soll, dann werden nicht nur die Fakultätsmitglieder mit „Nein" stimmen, die den vorgeschlagenen Kandidaten nicht unterstützen, sondern auch solche, die für andere Kandidaten eintreten. Dennoch mögen sie durchaus bereit sein, den vorgeschlagenen Kandidaten zu unterstützen, sobald einmal feststeht, daß keiner der von ihnen gewünschten Kandidaten zur Verfügung steht — mit anderen Worten, daß sie nicht „wirkliche" Alternativ-Kandidaten sind. Diese Situation ist noch häufiger, wenn es um politische Alternativ-Entscheidungen geht. Um zu einer vollständigen Analyse dieser so entscheidend wichtigen Alternativentscheidungen zu gelangen, muß zunächst der Begriff der Politik im Sinne von „policy" genauer untersucht werden. Zunächst können wir einmal das über politische Entscheidungen bisher Gesagte dahingehend zusammenfassen, daß eine solche Entscheidung als Wahl einer von mehreren alternativen Möglichkeiten des Handelns oder Nichthandelns (courses of action or inaction) in einem bestimmten Situationszusammenhang zu definieren ist[17].

Der Begriff der „Politik" (policy) ist zu einem der magischen Zauberformeln geworden, wie er es bereits im 16. und 17. Jahrhundert war. Er hatte damals fast die gleiche Bedeutung wie heute. Man verstand unter Politik die vorsätzliche Handlungsweise (course of action) einer Person, einer Gruppe oder des Staates in einer gegebenen Situation. Die Aufgabe einer Politik (policy) ist es, die Hindernisse zu überwinden bzw. die Möglichkeiten einer solchen Situation zu nutzen, um ein Ziel zu erreichen oder Zwecke und Aufgaben zu verwirklichen. Wie bei den Entscheidungen im allgemeinen, so gibt es auch bei Politiken eine, die von Gruppen und eine, die von Einzelpersonen gemacht wird, obwohl man im allgemeinen die vorsätzliche Handlungsweise eines einzelnen

---

[17] Diese Definition unterscheidet sich in mehreren wichtigen Punkten von der oben in Fn. 11, angeführten, bei der die Analyse von vornherein durch eine subjektivistische Tendenz erschwert wird, die ihr Hauptaugenmerk darauf richtet, wie der die Entscheidung Fällende die Lage beurteilt.

nicht als „Politik" bezeichnet. Dagegen ist es üblich, den Begriff der Politik bei Gruppen, wie beispielsweise Firmen, Gewerkschaften oder Parteien zu verwenden. Und schließlich gibt es den Bereich der „öffentlichen" Politik, der der wichtigste ist, und der die vorsätzliche Handlungsweise des Staates oder einer seiner Institutionen umfaßt[18]. Uns beschäftigt hier natürlich in erster Linie dieser Bereich der staatlichen Politik, aber die Politiken anderer Gruppen verdienen ebenfalls sorgfältige Beachtung.

Für den Begriff der Politik (policy) ist es entscheidend, daß ein Ziel, ein Zweck oder eine Aufgabe vorhanden sein muß. Eben diese Zweckhaftigkeit der beabsichtigten Handlung macht es notwendig, daß auch Unberechenbares mit in Rechnung gestellt werden muß, wie plötzlich auftretender Widerstand und unbekannte Hindernisse, daneben aber auch die Unterstützung wohlgesinnter Personen und unerwartet günstige Umstände. Eine Politik ist keine von einem gedankenlosen und unbesonnenen Menschen vorgenommene zufällige Handlung. Sie ist vielmehr eine sorgfältig erwogene Bemühung, bei der das Für und Wider alternativer Handlungen gegeneinander abgewogen wird, um sich schließlich für diejenige Handlungsweise zu entscheiden, die die größte Wahrscheinlichkeit eines Erfolges für sich hat. Daher denn der Begriff einer Politik auf der Überzeugung beruht, daß es sehr wichtig ist, so viele Faktoren wie möglich zu *kennen*, die die beabsichtigte Handlung beeinflussen könnten. Im Bereich staatlicher Politik ist daher nicht nur eine genaue Kenntnis der technischen und sozialen Bedingungen erforderlich, sondern es ist auch eine genaue Kenntnis des Institutionszusammenhangs vonnöten, in dessen Rahmen eine bestimmte Politik betrieben werden soll. Kein vernünftiger Mensch würde es für eine gute Politik — oder überhaupt für eine Politik — halten, wenn jemand verlangte, daß der Präsident der Vereinigten Staaten Dinge tun solle, die ihm die Verfassung nicht gestattet, oder daß Gesetzesvorlagen beim Kongreß eingebracht werden sollten, die nach Lage der jeweiligen Parteikonstellation oder des Verfahrensrechts keine Aussicht auf Erfolg haben[19]. Es wird

---

[18] Der Begriff der „Handlungsweise" („course of action") wird untersucht in dem Buch von Snyder, Bruck und Sapin, 1954, S. 44 ff. Chester Barnards Aufzählung des Mißbrauches des „policy"-Begriffes, A, 1940, erledigt den Begriff nicht; die hier gegebene Definition wird in seiner Liste natürlich nicht aufgeführt. Siehe auch Friedrich, A, 1953, S. 271.

[19] Es könnte dagegen eingewendet werden, daß Beispiele wie das „National Recovery Act", das „Agricultural Adjustment Act" und das „Japanese Evacuation Act" von 1942 das Gegenteil nahelegen; es handelt sich jedoch dabei

also keine Politik ernsthaft in Erwägung gezogen, die verlangt, was jedermann als unmöglich bekannt ist. Tatsächlich werden indessen im Bereich der staatlichen Politik oft Handlungsweisen vorgeschlagen und auch akzeptiert, einfach deshalb, weil nicht *bekannt* ist, daß die geplante Handlung den natürlichen oder den menschlichen Gegebenheiten zuwiderläuft. Diese Gegebenheiten sind oft einigen wenigen bekannt, aber ihre Kenntnis kommt nicht zur Geltung, wenn sie an der Beratung über die Politik keinen Anteil haben oder wenn ihre Ansichten kein Gehör finden. Wirtschaftswissenschaftler müssen oft die Erfahrung machen, daß ihr sachkundiger Rat unberücksichtigt bleibt. Stattdessen wird eine Politik eingeschlagen, die nicht funktioniert[20]. Das Grundproblem ist und bleibt: Wie kann eine ausreichende Kenntnis aller für eine geplante Handlungsweise bedeutsamen Tatsachen und Bedingungen sichergestellt werden?

Die öffentliche Politik, ob es sich nun um Außenpolitik, Agrarpolitik oder was sonst handelt, ist augenscheinlich das Werk vieler Personen. Man erörtert die verschiedenen Aspekte eines Problems, man versucht, den Plan für ein Vorgehen zu erarbeiten, der alle wichtigen Einwände der „Fachmänner" berücksichtigt. Leider sind diese Einwände häufig so sehr mit allgemeinen Werturteilen vermengt, daß das wichtige Wissen solcher Sachkenner verdunkelt wird. So mag ein Finanzfachmann behaupten, daß eine geplante Umsatzsteuererhöhung schwerwiegende Folgen für die Wirtschaft haben würde, obwohl diese Folgen nur deshalb verwerflich erscheinen, weil er ein bestimmtes Modell der Wirtschaftsordnung aus weltanschaulichen Gründen vorzieht. Ein anderer Fachmann wird daher eine diametral entgegengesetzte Ansicht vertreten. Über der Auseinandersetzung geht oft der wichtige Beitrag, den beide in dieser Frage leisten könnten, verloren.

Wir können nunmehr das Problem der „verborgenen" Alternativen klarer formulieren. Im Bereich der Politik scheinen Entscheidungen vielfach dichotomisch zu sein: Sollen die bisherigen Methoden weiterhin angewandt oder sollen Veränderungen vorgenommen werden? Die beabsichtigten Änderungen sind zumeist keineswegs die einzig möglichen, sondern es gibt noch andere, die genau untersucht werden müssen. Wenn

---

um Fälle, deren Verfassungsmäßigkeit zwar fraglich, die aber nicht eindeutig verfassungswidrig gewesen sind.

[20] Neuerdings ist die Forderung erhoben worden, auch die Erkenntnisse anderer Wissenschaften, wie Anthropologie und Sozialpsychologie, in der Politik zu berücksichtigen.

es, um auf unser obiges Beispiel zurückzukommen, darum geht, der ständigen Erhöhung der Grundsteuern zu begegnen, so könnte man unter anderem erwägen, ob nicht ein zusätzlicher Betrag an Einkommensteuer erhoben werden sollte. Gegen die Einkommensteuer lassen sich bekanntlich vom Standpunkt der sozialen Gerechtigkeit weniger Einwände erheben — was in erster Linie ein allgemeines Werturteil ist. Die Einkommensteuer hat aber außerdem den Vorteil, daß sie relativ leicht eingezogen werden kann, vor allem dann, wenn lediglich die bestehenden Steuersätze um einen bestimmten Prozentsatz angehoben werden. Die Anteile der Erhöhung, die auf die verschiedenen Einkommensgruppen der Bevölkerung entfallen, lassen sich dann leicht errechnen.

Das Problem der verborgenen Alternativen ist besonders reizvoll auf dem Gebiet der Außenpolitik und der internationalen Beziehungen. Nicht nur in den Vereinigten Staaten, sondern in fast allen hochentwickelten Industriestaaten ist die „Auslandshilfe“ zu einem wichtigen politischen Problem geworden. Viele Meinungsverschiedenheiten sind natürlich auf unterschiedliche Werturteile und die dementsprechend unterschiedlichen Aufgaben oder Zwecke zurückzuführen, die mit der Gewährung dieser Hilfe verfolgt werden. Außer der Sorge um die Aufrechterhaltung einer sittlichen Ordnung spielen dabei Ziele wie die Friedenserhaltung, Handelsinteressen sowie die Eindämmung des Totalitarismus eine entscheidende Rolle. Abgesehen von diesen Vorhaben — und die ihnen entsprechenden Werturteile üben in den verschiedenen Ländern ihre unterschiedliche Anziehungskraft aus — spielen aber bei der Entwicklungshilfe auch ganz spezifische Probleme eine Rolle, denen man bisher nur geringe Aufmerksamkeit gewidmet hat, weil die nötige Erfahrung und die erforderlichen Kenntnisse noch nicht vorhanden sind.

Das Hauptproblem einer Politik im engeren politischen Sinne besteht darin, ob man die Gewährung von Entwicklungshilfe vom Verhalten im „kalten Krieg“ abhängig machen soll, das heißt vom weltweiten Ost-West-Konflikt. Man kann mit anderen Worten diese Hilfe dann entweder als „Belohnung“ oder als ein Mittel des „Anreizes“ sehen. Die Befürworter beider Methoden nehmen natürlich für sich in Anspruch, daß es sich um *die* realistische Politik handle. Die Anhänger einer dritten Alternative, die zugegebenermaßen „idealistisch“ ist, von der aber behauptet wird, daß sie auf lange Sicht die realistischste sei, verlangen, daß diese Hilfe vornehmlich nach den tatsächlichen Bedürfnissen gewährt werden soll, nicht als Belohnung oder Anreiz. Es ergeben sich dabei natürlich eine Fülle von Nebenproblemen, zum Beispiel, ob die industrielle oder die landwirtschaftliche Entwicklung vorrangig betrieben werden soll, ob die Hilfe in Form von Darlehen oder als Schenkungen gewährt werden soll usw.[21]. Diese technischen Probleme können mindestens zum Teil von Volkswirtschaftlern, Agronomen und Ingenieuren gelöst werden. Die Frage, ob Belohnung, Anreiz oder Bedürfnis zur Grundlage einer Entwicklungshilfepolitik gemacht werden sollen, ist indessen eine ausschließlich politische Angelegenheit. Sie hängt von der allgemeinen Einstellung und Grundanschauung des jeweiligen Befürworters ab. Beim Fehlen einer solchen mag er einer Kompromißlösung zwischen den drei Alternativen zuneigen[22]. Daneben kann er natürlich auch verschiedene Länder unterschiedlich beurteilen.

Diese allgemeine Erörterung von Entscheidungen und Politiken (policy) hat, wie ich hoffe, den Weg freigemacht für ein realistischeres Verständnis des Zusammenhangs zwischen Institution, Entscheidung und Politik. Die politische Wissenschaft hat allen Grund, sich mit Entscheidungen und Politiken zu beschäftigen. Sie hat jedoch ebensoviel Veranlassung, sich mit den Institutionen zu befassen, in deren Rahmen sich solche öffentlichen Entscheidungen und Politiken abspielen[23]. Und da sich Institutionen laufend fortentwickeln, und zwar auf Grund von Entscheidungen, die ständig getroffen werden müssen im Verfolg von immer neu beschlossenen Politiken, so sollte die politikwissenschaftliche Forschung diesen Komplex als ein Gesamt voneinander abhängiger Variablen betrachten und nicht als sich gegenseitig ausschließende Alternativen methodischer Orientierung.

---

[21] Siehe Public Policy, Bd. IX, 1959, besonders die Artikel von John Kenneth Galbraith, S. 73—83; David Bell, S. 84—106; Rudolph und Rudolph, S. 149—178; und Barbara Ward Jackson, S. 341—352. Siehe auch den von Ralph Braibanti und Joseph J. Spengler 1961 herausgegebenen Sammelband, bes. die Beiträge von Spengler, S. 1—56; Braibanti, S. 139—180; und John Montgomery, S. 243—275. Einen scharfen Angriff auf die diesen Arbeiten zugrunde liegenden Auffassungen macht Edward C. Banfield in seinem Artikel von 1961.

[22] Diese Fragen sind vor einigen Jahren in dem bekannten Roman von Eugene Burdick und William J. Lederer erörtert worden.

[23] Eine interessante Fallstudie ist das Buch von Edgar S. Furniss, op. cit. 1954. Siehe auch Snyder, Bruck und Sapin, 1954.

Fünftes Kapitel

Die Funktion von Ideen und Ideologien in der Politik

Die neuerliche Betonung von Entscheidung und policy führt fast ebensosehr wie die frühere Betonung der Institutionen dazu, die Rolle zu verdunkeln, die Erfindungen, Neuerungen und die schöpferischen Kräfte im Leben des Menschen spielen. Doch wenn man die „unermeßlich lange Reise“ seit den dunklen Anfängen der Menschen im *personellen* Sinn bedenkt, dann wird man sich der ungeheuren Vielfalt dieser schöpferischen Fähigkeit bewußt[1]. Es wäre vielleicht besser, nur von Erfindungsgabe und der Bereitschaft zu erfinden und zu erneuern zu sprechen. Aber selbst auf der elementarsten schöpferischen Stufe, der Arterhaltung, ist der Begriff „Schöpfung“ zutreffender, und er sollte daher wohl trotz seines romantischen Beigeschmacks als Übergriff beibehalten werden[2].

Jedenfalls ist die Fähigkeit, zu entdecken und zu erfinden eine Eigentümlichkeit des Menschen. Sie hat sehr bedeutende Folgen für die Politik. Die Fähigkeit zu Neuerungen steht in Beziehung zu und resultiert aus den fünf Grundeigenschaften des Menschen. Um diese Beziehungen sogleich zusammenfassend zu resümieren, so ist erstens ihre Wirksamkeit insbesondere abhängig von der Plastizität und Anpassungsfähigkeit des Menschen. Denn ohne seine unendliche Fähigkeit, sich neuen und wechselnden Umweltbedingungen anzupassen, hätte sich seine Fähigkeit zu

---

[1] Daher bezeichnet Teilhard de Chardin, 1959, die Erfindungen wiederholt als das für den Menschen entscheidende Phänomen. Siehe auch Loren Eiseley, 1946 und später, der eine Anzahl von Skizzen über die Anfänge des Menschen gibt.

[2] Die vitalistischen Philosophen, insbesondere Nietzsche und Bergson, haben zu der Begriffsverwirrung beigetragen. Trotzdem erscheint es zweifelhaft, ob sie zu Recht als „Romantiker“ bezeichnet werden. Siehe Peter R. Viereck, 1941, S. 182 ff.; G. A. Morgan, Jr., 1941, S. 227 ff.; Walter A. Kaufmann, 1950, S. 113 ff. und *passim;* siehe auch Judith N. Shklar, 1957, S. 51 ff. und S. 104 ff.

erfinden nicht entwickelt. Die Bereitschaft, auf das Neue einzugehen, ist Teil dieser schöpferischen Fähigkeit. Aber auch das Leben in der Gemeinschaft und die gemeinsame Verfolgung ihrer Ziele sind wesentliche Voraussetzungen für Erfindungen. Die Beziehung der schöpferischen Fähigkeit zur Erfahrung des Ich und der Sprache schließlich ist zwar weniger offensichtlich, ist aber trotzdem vorhanden. Das Ich ist der archimedische Punkt, von dem aus der Mensch es unternehmen konnte, die Welt aus den Angeln zu heben, und die Sprache ist immer die Begleiterscheinung von Entdeckungen und Neuerungen gewesen. Die Sprache, das Mittel der Mitteilung über Gegenstände der Umwelt mit Hilfe gesprochener und geschriebener Zeichen, bringt uns geradewegs zu dem Problem der Ideen[8].

Ideen sind es, die zu Entdeckungen, Erfindungen und Neuerungen führen. Um ein einfaches Beispiel zu geben, ein Mensch, der sich vor die Aufgabe gestellt sah, eine schwere Last zu tragen, *entdeckte*, daß sie sich leichter fortbewegen läßt, wenn er sie auf einem runden Gegenstand entlangrollt — wozu er vermutlich einen zufällig gefundenen Baumstamm oder einen runden Stein verwendete. Später *erfand* dann ein anderer das Rad und löste durch diese *Neuerung* eine endlose Kette von Folgen aus, die die menschliche Existenz von Grund auf verändern mußten. Dieser hatte einen Einfall, die „Idee" des Rades. Das Rad gab es nicht, bevor ein Mensch es angefertigt hat; ein Mensch mußte davon in seinem Gehirn eine Vorstellung entwickeln und dann durch Versuche und Irrtümer, durch Experimente, herausfinden, ob es „funktioniert". Eine Idee in diesem „populären" Sinn ist eine „Intuition", ein Einfall — etwas, das ‚einem kommt' wie ein ‚Geistesblitz', wie man so sagt. Sherwood Anderson hat in seinem „Winesburg, Ohio" ein unvergeßliches Bild eines „Menschen mit Ideen" gezeichnet, der ständig Probleme sieht, wo andere nur vertraute Gegebenheiten sehen und der Einfälle hat, wie diese Probleme bewältigt werden könnten:

> Men watched him with eyes in which lurked amusement tempered by alarm. ... Although the seizures that came upon him were harmless enough, they could not be laughed away. They were overwhelming. Astride an idea, Joe was overmastering. His personality became gigantic.

Dieser Begriff der Idee unterscheidet sich erheblich von dem Platos und Hegels, die beide die Idee als etwas Transzendentes verstehen, der

---

[8] Siehe Teilhard de Chardin, 1959, (engl. Ausgabe S. 164 ff. und S. 254 ff).; der meine eigenen Überlegungen über dies Problem bestätigt.

eine als eine unveränderliche Wesenheit (Plato), der andere als eine aktive Kraft in der Geschichte (Hegel). Beide Begriffe müssen im Unterschied zu „Idealen" gesehen werden; denn diese sind normative Aussagen, die den Zweck haben, das Verhalten des Menschen zu beeinflussen. Bekanntlich ist der Begriff „Idealismus" deshalb verwirrend, weil er sich auf jede dieser „Bedeutungen" bezieht. Im allgemeinen Sprachgebrauch stellt man sich unter einem Idealisten einen Menschen vor, der sich bei seinen Handlungen in größerem Maße als andere Menschen von Idealen, die ihn bewegen, leiten läßt. So hat man auch von einer „idealistischen" Methode in der politischen Wissenschaft gesprochen und damit an jene Vertreter derselben gedacht, die als Reformer ihre wissenschaftliche Arbeit in den Dienst ihres praktischen Idealismus gestellt haben. Man könnte versucht sein zu glauben, daß eine aktionsbezogene politische Wissenschaft eigentlich die notwendige Folge der Wertbezogenheit sein müsse, die, wie wir gezeigt haben, die logische Begleiterscheinung eines vollen Verständnisses von Rolle, Funktion und Zweck in der Politik ist (Kapitel 3). Diese Überlegung wird noch gestützt durch die Tatsache, daß das Streben nach Wahrheit, das zu jeder wissenschaftlichen Arbeit gehört, an sich bereits ein „idealistisches" Unterfangen ist. Es muß jedoch ein Unterschied gemacht werden zwischen *dem* Idealismus, der sich aus der Wertbezogenheit ergibt und dem Glauben, Ideen seien die letzte Realität, obwohl zwischen beiden eine gewisse Verbindung besteht. Diese Verbindung ist besonders ausgeprägt bei Plato, und zwar aus dem einfachen Grund, weil er zu den Ideen, die volle Wirklichkeit besitzen, auch die höchsten Tugenden zählt, an deren Spitze die Idee des Guten steht. Denn offensichtlich lassen sich solche Ideen sehr leicht in Ideale im eben geschilderten Sinne verwandeln; darum gehen die beiden Formen des Idealismus ineinander über. Allerdings ist die Einbeziehung der Tugenden nicht unbedingt die Folge der (metaphysischen) Überzeugung, daß Ideen die letzte Realität seien. Werden diese Ideen ausschließlich oder vorwiegend in Beziehung zum existentiellen Bereich gesehen, der die Archetypen anderer Wesen und „Dinge" im allgemeinsten Sinne repräsentiert, dann könnte ein solcher Idee-ismus im Gegenteil ein Ausweichen vor dem Handeln und letztlich die Suche nach einem „Nirwana" bedeuten[4]. Die schärfste und präziseste Zurückweisung dieser Art von „Idealismus" findet sich bei Kant in seiner „Kritik der reinen Vernunft".

---

[4] F. S. C. Northrop, 1946, hat diesen Gegensatz vielleicht durch seine Gegenüberstellung der „ästhetischen" Position des Ostens mit der „theoretischen" des Westens überbetont; sein Werk ist dennoch in dieser Hinsicht sehr aufschlußreich. Siehe bes. Kap. 3, 9, 12 und 13.

Dabei stellt er die folgende These auf: „Das bloße, aber empirisch bestimmte, Bewußtsein meines eigenen Daseins beweiset das Dasein der Gegenstände im Raum außer mir[5]." Diese These stellt er ausdrücklich in Antithese zu Berkely und Descartes auf, die beide Vertreter jenes Idealismus sind, der „einen gewichtigen Einwand" gegen die folgende gerade von Kant formulierte Grundwahrheit erhob: „Fangen wir nicht von Erfahrung an, oder gehen wir nicht nach Gesetzen des empirischen Zusammenhanges der Erscheinungen fort, so machen wir uns vergeblich Staat, das Dasein irgend eines Dinges erraten oder erforschen zu wollen[6]." Kant weist die idealistische These zurück, weil innere Erfahrungen erst durch äußere Erfahrungen möglich werden, die zu der Vorstellung des Fortdauerns in der Zeit führen. „... die Bestimmung meines Daseins in der Zeit [ist] nur durch die Existenz wirklicher Dinge, die ich außer mir wahrnehme, möglich". Denn, so führt Kant weiter aus, „das Bewußtsein meiner selbst in der Vorstellung des Ich ist gar keine Anschauung, sondern eine bloß intellektuelle Vorstellung der Selbsttätigkeit eines denkenden Subjekts"[7]. Das bedeutet natürlich nicht, daß äußere Dinge notwendigerweise existieren, wenn wir sie uns einbilden; aber solche Einbildungen können nur das Ergebnis vorheriger Beobachtungen in der Außenwelt sein. Mit dieser Behauptung geht Kant zu weit; denn zweifelsohne ist der Mensch in der Lage, sich Dinge einzubilden, die niemals existiert haben und die er eindeutig „erfindet". Das bringt uns zurück zu unserer ersten Art von Ideen, die von Menschen als Antwort auf eine Frage entwickelt werden — einer Daseinsfrage, die der Mensch durch eine Lösung des in ihr angesprochenen Problems zu überwinden sucht.

Die Ablehnung des philosophischen Idealismus sollte uns nicht dazu verleiten, (1) die ungeheuer wichtige Rolle der Ideen bei Neuerungen und Erfindungen und (2) die Rolle der Ideale bei der Verwirklichung normativer Aussagen und Werte zu verkennen. Denn herrschen heißt erfinden. Die politischen Institutionen, die die allmähliche Entwicklung des Menschen von der primitiven Gemeinschaft der Urzeit[8] bis zu den gewaltigen Gebilden des modernen Staates, ja bis hin zu der gegenwärtig entstehenden Weltgemeinschaft kennzeichnen, sind von Menschen *erfun-*

---

[5] Kant, Werke in 6 Bänden, Darmstadt 1958, Bd. II, S. 255.

[6] ibid., S. 254.

[7] ibid., S. 257.

[8] Sie sind vermutlich heute noch in manchen Stämmen vorhanden, die auf einer bestimmten Entwicklungsstufe stehengeblieben sind. Siehe Elizabeth Marshall Thomas, 1959.

den worden, von einzelnen *Personen*, die *neue Ideen* darüber hatten, wie die Organisationsprobleme gelöst werden könnten. Die Erklärung dieser Vorgänge ist jedoch für die politische Theorie schwierig, und zwar deshalb, weil, wie andere grundlegende Erfindungen, so auch die meisten politischen Erfindungen in längst vergangenen Zeiten und unter Umständen gemacht wurden, die eine wissenschaftliche Erforschung und eine Analyse des Prozesses ausschließen. Vor einigen Jahren hat Alexander Rüstow in einem Werk, das das Ergebnis umfangreicher Forschungen ist, überzeugend dargestellt, daß der Prozeß der Überlagerung die Grundlage für die Entwicklung politischer Großorganisationen gebildet hat[9]. Diese Überlagerung wurde durch bestimmte technische Erfindungen ermöglicht, die den Überlagerern eine höhere Kampfkraft verliehen. In der Isoliertheit der letzten Eiszeit griffen Männer, die gelernt hatten, Pferde und andere Tiere zu halten, die seßhaften Bauern an, überwältigten sie und warfen sich selbst zu Herrschern über sie auf. Dieser Vorgang hat sich oft wiederholt. Während langer Zeiträume können Überlagerer und Überlagerte völlig getrennt bleiben; den daraus sich ergebenden Dualismus der Sozialstruktur nennt Rüstow „Feudalismus". Charakteristisch für diese typisch „feudale" Sozialstruktur ist eine strenge Scheidung in eine Schicht der Eroberer, die sich mit Erfolg überlagert haben, und eine breitere Schicht der Besiegten, die schließlich ihre Herren anerkannt haben. Warum entsteht als Ergebnis einer solchen „Überlagerung", einer solchen Eroberung eine höhere Kultur? Weil diese Eroberung die wirksame Organisation einer großen Bevölkerung in großen Gebieten ermöglicht. Die Notwendigkeit, eine sorgfältige Arbeitsteilung durchzuführen, hat zur Folge, was Rüstow das „Gesetz der Kulturpyramide" nennt[10], nach dem eine Beziehung besteht zwischen der Breite der Basis und der Höhe, die die Kultur erreichen kann. In dieser Argumentation fehlt ein wichtiges Glied: die Ideen und Erfindungen im Bereich des Politischen selbst, die entscheidend für den ganzen Vorgang sind. Solche Theorien sind zwar höchst anregend, aber sie bleiben doch in hohem Maße spekulativ. Wir wissen einfach nicht, ob diese staatsbildenden Erfindungen tatsächlich das Werk solcher Eroberer waren, ob sie die für Großorganisationen notwendige Apparatur erfunden haben, mit anderen Worten, ob sie die „Menschen mit Ideen" waren, oder ob

[9] Alexander Rüstow, 1950, S. 40 ff. Die entscheidenden Waffen waren Kriegswagen und Reitpferd, S. 66 ff. Siehe auch Friedrich, 1963, Kap. 10, und Friedrich, 1955.

[10] Siehe dazu auch Adolphe Coste, 1899, S. 154—156.

diese Erfindungen von den Überlagerten gemacht worden sind, und die Eroberer sie lediglich aufgegriffen und ihren Zwecken dienstbar gemacht haben. Vor einigen Jahren hat Karl Wittfogel eine umfangreiche Arbeit vorgelegt, in der die Entstehung des orientalischen Despotismus rekonstruiert und zurückgeführt wird auf die Ausnutzung nur spärlich vorhandener Wasserquellen. Wittfogel hat daher den Begriff „hydraulischer" Staat für diese Großreiche vorgeschlagen[11]. Nach seiner Auffassung war die *Idee*, wie das Wasser der Flüsse zur Bewässerung der Felder genutzt werden könne, der entscheidende Faktor bei der Staatsbildung.

Wir wissen indessen sehr wenig darüber, wie diese Erfindungen gemacht wurden und wie die darauf folgenden Neuerungen zustande kamen. Aber was wir heute in den aus früheren Kolonien neu entstehenden Staaten beobachten, läßt den Schluß zu, daß die bedeutenderen Institutionen nicht „auf einen Schlag" erfunden wurden. Vielmehr sind sie durch ein Zusammenwachsen vieler kleiner Erfindungen entstanden, die über lange Zeiträume hinweg gemacht wurden. Die unendlich komplizierten Vorgänge, wie sie das Arbeiten einer modernen Bürokratie auszeichnen und die heute anhand eines abstrakten Modelles beschrieben werden können, wurden in jahrhundertelanger Arbeit Schritt für Schritt entwickelt[12]. So sind zum Beispiel Protokolle und Akten heute so sehr zu einer Selbstverständlichkeit geworden, daß wir leicht vergessen, wieviel erfinderischer Geist und vorsätzliche Bemühung notwendig waren, um sie zu entwickeln; das gleiche gilt für so entscheidend wichtige Dinge wie Funktionentrennung (Arbeitsteilung) und Amtseignung. Sehr viele dieser „Erfindungen" waren, was Europa angeht, nur Wiederentdeckungen von Dingen, die schon lange vorher von den großen Administratoren Roms und des alten Orients entwickelt worden waren. Das Wichtige dabei ist, daß „Ideen" die politische Praxis geprägt haben, ein Prozeß, der noch immer unvermindert andauert[13].

Die auffälligsten Neuerungen dieses Jahrhunderts sind im Zusammenhang mit der Errichtung der totalitären Diktatur unternommen worden. Es ist ein weitverbreiteter Irrtum zu glauben, daß diese Regierungsform gleich nach der bolschewistischen Revolution von 1917 errichtet wurde.

---

[11] Karl Wittfogel, 1957, S. 11 ff., 23 ff., 50 ff. und *passim;* er setzt sich dort kritisch mit einem bekannten Artikel von Karl Marx auseinander.

[12] T. R. Tout, 1920—1933, gibt dafür viele Beispiele; für andere Länder siehe auch Friedrich, 1950, S. 601—602 und Kap. 2.

[13] Harold D. Lasswell, A, 1955, nennt einige interessante Beispiele aus der jüngsten Zeit.

Die russischen Revolutionäre verstanden die Diktatur konventionell[14] und sahen in ihr eine kurzfristige Übergangsform, wie sie Marx in der Lehre von der Diktatur des Proletariats analysiert und vorausgesagt hatte. Die Schwierigkeiten, die sich vor ihnen auftürmten, zwangen sie jedoch zu Neuerungen großen Stils, die innerhalb von zehn Jahren nach dem Ausbruch der Revolution eine „totalitäre“ Diktatur entstehen ließen. Aber auch im Bereich der demokratischen Ordnung sind eine Reihe neuer Institutionen erfunden worden. Solche *schöpferischen* Ideen sind mit *wirksamen* Ideen (Idealen) durch Ideologien verknüpft.

Der Ideologiebegriff hat in der neueren wissenschaftlichen Forschung und in der politischen Rhetorik große Bedeutung erlangt. Wie im Falle der Propaganda verstehen viele Menschen unter einer Ideologie „die falschen Ansichten des anderen“. Karl Mannheim hat vor einer Reihe von Jahren in einem bahnbrechenden Werk den Standpunkt vertreten, daß Ideologien „ihrer Natur nach Lügen ähneln“[15]. Der Begriff besage, daß man den Ideen und Vorstellungen seines Gegners skeptisch gegenüberstehe; „man hält sie für mehr oder minder bewußte Verhüllungen eines Tatbestandes, dessen wahre Erkenntnis nicht im Interesse des Gegners liegt“[16].

Eine solche psychologisierende Definition der Ideologie ist irreführend. Sie ist auf Mannheims vordringliche Bemühung um die Kritik der

---

[14] Siehe dazu meinen Artikel „Diktatur“ in: Sowjetsystem und demokratische Gesellschaft — Eine vergleichende Enzyklopädie, Freiburg 1966, Bd. I, S. 1240—1259.

[15] wörtlich: ideologies „structurally resemble lies“; Karl Mannheim, 1953, S. 238 und anderswo (engl. Ausgabe). Der Ausdruck bezieht sich auf partikulare Ideologien, die er von „totalen Ideologien“ unterscheidet; er lautet: „... all those utterances the ‚falsity‘ of which is due to an intentional or unintentional, conscious, semi-conscious, or unconscious, deluding of one's self or of others, taking place on a psychological level and structurally resembling lies. ... We speak of this conception of ideology as *particular* because it always refers only to specific assertions which may be regarded as concealments, falsifications or lies without attacking the integrity of the *total mental structure* of the asserting subject“ (Hervorhebungen im Original). Dieses Buch enthält eine nicht unwesentlich veränderte Übertragung der Originalausgabe des Mannheimschen Werkes von 1929 sowie einen Artikel aus dem Jahre 1931 und ein einleitendes Kapitel, das die englischen Leser an das Thema heranführen sollte. Er hat es nach seiner Emigration nach England geschrieben. Er wollte mit diesem Werk die Ideologie zum Kernproblem der „Wissenssoziologie“ machen.

[16] ibid., S. 49 (deutsche Ausg. 1952, S. 53).

marxistischen Lehre zurückzuführen. Da Marx alle Ideen als „Überbau" der wirtschaftlichen und Klassen-Lage des Menschen versteht, so wollte Mannheim mit seiner Analyse „beweisen", daß die Ansicht der Marxisten ebenfalls „ideologisch" sei. Das ist natürlich richtig. Aber im politischen Funktionszusammenhang ist es nicht ausschlaggebend, ob eine Ideologie Fehleinschätzungen enthält oder nicht. Nehmen wir zum Beispiel die Feststellung aus der amerikanischen Unabhängigkeitserklärung, daß „alle Menschen von Geburt aus gleich geschaffen sind". Untersucht man diese Feststellung rein empirisch, so zeigt sich, daß sie ohne Zweifel unzutreffend ist. Die Gegner der Demokratie sind denn auch nicht müde geworden, sich über diese Formel auszulassen. Die Unabhängigkeitserklärung spricht aber auch von einer Reihe von „Tatsachen", mit denen die „absolute Tyrannei" des britischen Königs bewiesen werden sollte. Manche dieser „Tatsachen" sind ziemlich phantastisch, andere wiederum sind zutreffend, wie beispielsweise die Behauptung, daß „prudence will dictate that Governments long established should not be changed for light and transient causes ...". Von all diesen teils richtigen, teils falschen Behauptungen ist die erste, die von der Gleichheit aller Menschen spricht, eindeutig ideologischer Natur, nicht weil sie richtig oder falsch ist, sondern weil sie ihre Bedeutung durch die Behauptung erlangt, die in ihr mitgegeben ist: erhebliche Vorrechte sind schlecht und sollten abgeschafft werden, eine Gesellschaft ohne diese Privilegien dagegen ist gut und sollte errichtet werden. Kurz gesagt, man solle die Menschen so behandeln, *als ob* sie von Natur aus gleich seien, und die Politik des Staates sollte so gestaltet werden, daß sie sich in Übereinstimmung mit diesem Satz befindet.

Ideologien sind aktionsbezogene Systeme von Ideen. In ihrer typischen Form enthalten sie ein Programm und eine Strategie zu dessen Verwirklichung, und ihre Hauptfunktion besteht darin, Organisationen, die zu ihrer Durchsetzung errichtet worden sind, zu integrieren[17]. Es

---

[17] Nathan Leites, 1953, S. 24, nennt diese Art von Ideologie einen „operational code" (Operationskodex). Eine Ideologie ist jedoch mehr, nämlich ein mehr oder weniger auf Handlung ausgerichtetes System von Ideen. Clyde Kluckhohn bezeichnet die Ideologie in dem von Talcott Parsons und Edward A. Shils, 1951 herausgegebenen Werk ebenfalls als ein „System von Ideen", er entwickelt aber die sich daraus ergebenden Folgerungen nicht weiter. Es ist in der Tat bemerkenswert, daß in diesem bedeutsamen Versuch, eine allgemeine „Aktionstheorie" zu entwickeln, die Ideologie nicht weiter analysiert wird und Ideen fast gar nicht behandelt werden. Alle früheren Analysen von Ideen werden von einer Analyse der „Werte" überdeckt, aber diese werden

stiftet Verwirrung und versperrt den Weg zu einer politischen Analyse, wenn man jedes gedankliche System, wie z. B. die Philosophie des Aristoteles oder die Theologie des Alten Testaments, als Ideologie bezeichnet. Solche Gedankensysteme *können* als *Grundlage* für eine Ideologie dienen, jedoch nur dann, wenn sie auf eine Aktion in einer bestimmten Situation ausgerichtet werden. Politische Ideologien sind Ideenkomplexe, die in Beziehung zu der jeweiligen politischen und sozialen Ordnung stehen und die darauf gerichtet sind, diese entweder zu verändern oder zu verteidigen. Sie sind entstanden im Zusammenhang mit der Tätigkeit der modernen Parteien. Der Begriff „Ideologie" wird Napoleon Bonaparte zugeschrieben; er hat ihn angeblich geprägt, um eine gegnerische Gruppe, die an der revolutionären Gedankenwelt festhielt, als revolutionäre Ideologen anzugreifen. In jedem Fall sind die Ideen, die eine Ideologie enthält, ihrer Natur nach aktionsbezogen und können richtig und zweckmäßig sein oder nicht; was sie zu einer „Ideologie" macht, ist ihre Funktion in der politischen Gemeinschaft. Eine Ideologie besteht aus Ideen, die eine Partei oder sonstige Gruppe zum Zwecke der wirksamen Teilnahme am politischen Leben vereint. Ein solch funktioneller politischer Ideologiebegriff ist auch nützlich für die Einschätzung der Rolle der Ideologie in der totalitären Diktatur.

Im Gegensatz zu diesem funktionellen Ideologiebegriff hat der Begriff eine Erweiterung erfahren, die ihn auf jedes „allgemeine System von Überzeugungen, die den Mitgliedern einer Kollektivität gemeinsam sind ...", anwendbar macht[18]. Nach dieser Definition wäre es ein Charakteristikum jeder politisch organisierten Gemeinschaft, eine Ideologie zu besitzen, und sie würde dazu dienen, diese Gemeinschaft zu integrieren. Sie ähnelt Mannheims Definition einer totalen Ideologie als „den Charakteristika und der Zusammensetzung der Totalstruktur des Geistes einer Epoche oder einer Gruppe"[19], läßt aber dessen historische Di-

---

als subjektive Gegebenheiten behandelt, nicht als Objekte, die sich nur subjektiv in „Ideen" widerspiegeln. Das paßt zu der in Kapitel 1 (Einleitung) kritisierten mechanischen Auffassung des Systems.

[18] Talcott Parsons, 1951, S. 349 (eigene Übersetzung); ebenso Herbert J. Spiro, 1959, S. 180.

[19] Mannheim, 1953, S. 49—50 und 111; „the characteristics and composition of the total structure of the mind of this epoch or of this group". Lasswell und Kaplan, 1950, pars. 3.1, 6.1 und 6.3 politisieren diese Auffassung, indem sie die Ideologie als einen „politischen Mythos" bezeichnen und sie außerdem als ein „Gefüge grundlegender politischer Symbole" („pattern of basic political symbols") definieren.

mension fallen. Aber diese Gleichsetzung von Ideologie und „Wertsystem“ bzw. „System der Überzeugungen“ ist nicht sehr sinnvoll. Denn man benötigt einen Begriff, um eine einigermaßen zusammenhängende Gruppe (body) von Ideen zu bezeichnen, die praktische Wege angeben, wie man eine politische Ordnung verändert, umgestaltet (oder aufrechterhält); der Begriff „Ideologie“ ist dafür üblich und der beste Ausdruck für dieses Phänomen. Ein solches System von Ideen beruht in seiner typischen Form auf einer mehr oder weniger gründlichen Kritik an den Unzulänglichkeiten der bestehenden oder einer früheren Ordnung, einschließlich der Kritik an anderen Kritikern.

Eine solche Ideologie kann partiell oder total sein, je nach dem Ausmaß der Kritik, das sie übt. Enthält sie eine totale Ablehnung der bestehenden Ordnung und Pläne zu ihrer totalen Neugestaltung, dann kann man diese Ideologie zu Recht total nennen. Aber eine derartige totale Umwandlung der Gesellschaft ist utopisch, und wo eine politische Bewegung oder Partei sie zu ihrem Programm erhoben hat, macht sie die Anwendung von Gewalt notwendig. Es ist charakteristisch für totale Ideologien, daß sie den Krieg als ein Mittel der Politik bejahen, sei es als Klassenkampf oder als Krieg zwischen anderen Gruppen, wie z. B. Rassen oder Nationen[20].

Aus dieser Analyse folgt, daß es falsch ist, von Phänomenen wie dem Nationalismus als von Ideologien zu sprechen. Er ist in erster Linie ein Gefühl oder ein Gefühlskomplex, der mit dem Bewußtsein der Selbstidentität bestimmter Nationen zusammenhängt. In seiner typischen Ausprägung enthält er keine Vorstellungen über die politische oder soziale Ordnung als solche, außer daß er darauf besteht, die Ordnung müsse sich in Übereinstimmung mit „nationalen Traditionen“ befinden. Gewöhnlich ist dieser Begriff so vage, daß er keinen spezifischen institutionellen oder Verhaltensinhalt hat, sofern er nicht zu einer spezifischen Ideologie umgeformt wird. Das ist wichtig, wenn man verstehen will, welche Rolle die Ideologie in neu entstandenen politischen Ordnungen spielt, wo der Nationalismus in vielen Fällen besonders bedeutsam ist. Für eine Ideologie wird mehr benötigt als Nationalismus, zum Beispiel Sozialismus.

---

[20] Siehe Karl Popper, 1945, S. 28. Weitere Ausführungen über die totalitäre Ideologie finden sich in Friedrich und Brzezinski, 1965, Kap. 7. Man mag dagegen einwenden, daß beispielsweise Gandhi und Tolstoi totale Ideologien vertreten haben und trotzdem Gegner von Gewalt gewesen sind. Gewaltlosigkeit ist aber eine utopische Forderung, und in der politischen Praxis ist ja die Gewalt auch weiterhin angewandt worden.

Im Gegensatz zu den rivalisierenden Ideologien des demokratischen Liberalismus, des demokratischen Sozialismus und des Kommunismus hat der Nationalismus wenig oder nichts zu bieten, außer der Forderung nach nationaler Unabhängigkeit in Politik, Wirtschaft und Kultur. Zwar wird solche Unabhängigkeit wahrscheinlich einen Wandel in der Politik verursachen, aber nur dort, wo der Nationalismus als Rahmen für völlig neue politische Gemeinwesen dient. Das ist in manchen afrikanischen Staaten der Fall, die aus einem Sammelsurium von Stämmen nach ganz willkürlichen Methoden zusammengesetzt sind; dort erlangt der Nationalismus einen echten ideologischen Gehalt. Er kann jedoch mit einer der rivalisierenden Ideologien ein Bündnis eingehen, was häufig der Fall ist[21].

Ideologien sind höchst dynamische Wesenheiten. Obgleich Werte, Meinungen und Überzeugungen in bestimmten Ideologien über lange Zeiträume hinweg fortwirken können, sind sie als aktionsbezogene Gedankensysteme doch einem ständigen Wandel unterworfen, da die Aktion entweder unternommen wird und gelingt, fehlschlägt oder in neue Bahnen gelenkt wird; oder aber, wenn sich keine Gelegenheit für solche Experimente und Fehlschläge bietet, können sie durch Kritik oder eine veränderte soziale Lage umgestaltet werden. Die neuerlichen Diskussionen in allen sozialistischen Parteien über den Gedanken der Verstaatlichung sind ein interessantes Beispiel für diesen fortwährenden Wandel des ideologischen Inhalts. So sind denn auch die Ideologien totalitärer Bewegungen einem schnellen Wandel unterworfen. Solche Veränderungen stellen immer das Problem der Perversion und Korruption. An welchem Punkt kommt eine Veränderung dem Aufgeben einer ideologischen Position gleich? Auf diese Frage kann man keine allgemein verbindliche Antwort geben, wohl aber bezüglich der Organisation, deren Auffassungen die Ideologie zum Ausdruck bringt: solange die Organisation besteht, wird wahrscheinlich auch die Ideologie weiterbestehen. Korruption und Perversion sind dabei oft Schlagworte, die vom ideologischen Gegner innerhalb und außerhalb der Organisation als Waffen verwendet werden[22].

Es ist neuerdings behauptet worden, daß die Ideologien im Aussterben begriffen seien und bald im politischen Leben des Menschen keine Rolle

---

[21] Eine etwas andere Ansicht vertreten Robert R. Bowie und seine Mitarbeiter, 1959; s. bes. S. 50 ff.

[22] Näheres dazu in Friedrich und Brzezinski, 1965, Kap. 9.

mehr spielen würden[23]. Wenn diese Prophezeiung sich auch auf die Ideologien von Parteien beziehen soll, ist ihre Erfüllung ebenso unwahrscheinlich wie die These, nach der Parteien, die spezifische Ideen und Programme für politische und soziale Veränderungen haben, aussterben werden. Die Ideologie ist aufs engste mit dem gesamten politischen Prozeß verbunden, weil es ohne Ideen keine Politik geben kann. Hinter der These vom Aussterben der Ideologien verbirgt sich oft nur der leidenschaftliche Wunsch, von dem fanatischen Festhalten an Ideologien abzukommen. Humanisten meinen, die Erfahrung habe die Grenzen aller Ideologien gezeigt sowie auch die schädlichen Auswirkungen, die ein fanatisches Festhalten an ihnen zur Folge habe. Das ist typisches Wunschdenken; denn gegenwärtig werden immer mehr Menschen von Ideologien erfaßt, insbesondere in den Entwicklungsländern.

Jedoch ist zuzugeben, daß in den westeuropäischen Demokratien und in der Sowjetunion ein ausgesprochenes Nachlassen der Begeisterung für die sozialistisch-kommunistische Ideologie eingetreten ist. Dies ist einmal in praktischer Erfahrung begründet, entspricht aber auch einem oft wiederkehrenden Ablauf revolutionärer Bewegungen. Anderswo in der Welt hat es aber im Gegenteil den Anschein, als ob die Ideologien eher noch an Bedeutung gewinnen werden, da die Funktion, die die Ideologie für eine politische Ordnung besitzt, hier eher noch wichtiger zu werden scheint. In allen Ländern, die sich jetzt von feudalistischen Fesseln und der Kolonialherrschaft befreien, hängt die Errichtung einer lebensfähigen politischen Ordnung von der Auffindung von Ideen ab, die sinnvoll auf die Probleme ihrer neuen Lage bezogen sind. Die „nationalistischen" Bewegungen, Begleiterscheinungen dieser Entwicklungen, haben sich gewöhnlich zu „Parteien" mit eigenen Ideologien entwickelt, die die allgemeinen Ideen liefern sollen, mit denen die Aufgabe der Errichtung einer Gemeinschaft gemeistert werden kann. Hier erfordert die Lage wirklich Integration, und für sie spielt die Ideologie eine ganz entscheidende Rolle[24]. Ein eindrucksvolles Beispiel liefert die Entwicklung in Puerto Rico. Dort waren weder Nationalismus noch Amerikanismus,

---

[23] Raymond Aron, 1955, S. 315 ff. Die entgegengesetzte Ansicht vertritt Jeanne Hersch, 1956.

[24] Parsons, 1951, S. 517—519, setzt die Ideologie in Beziehung zur Integration bei dem Prozeß des sozialen Wandels, was einleuchtender ist als seine — bereits kritisierte — Behauptung (S. 349—350), daß jedes System von Überzeugungen einer Gemeinschaft eine Ideologie sei, das heißt, ein System von Ideen, das auf die Integration der Gemeinschaft (collectivity) ausgerichtet ist.

geschweige denn das System bestehender Überzeugungen stark genug, um eine zerfallende Kulturgemeinschaft zu reintegrieren. Aber die Ideologie der Demokratischen Volkspartei unter der Führung Luis Munoz Marins, die in dem Slogan „Pan, Tierra, Libertad" verkörpert war und in klar formulierten Ideen darüber zum Ausdruck kam, wie man die Lage zu meistern gedachte, in der sich die „verzweifelte Insel", das „heimgesuchte Land" befand[25], trug sehr bald dazu bei, die verzweifelten und hungernden Massen Puerto Ricos zu integrieren. Seither ist sie eine wirksame Ideologie geworden, die von nahezu allgemeiner Bedeutung für Entwicklungsländer ist[26]. Ihr Kernpunkt ist die Überzeugung ihres Schöpfers, daß man nur durch Einfallsreichtum und Neuerungen hoffen kann, die Lage zu meistern.

Die Ideologie konzentriert die Aufmerksamkeit auf die Wechselbeziehung zwischen Sprache und Politik. Als Churchill seinerzeit ausrief, daß „die Reiche der Zukunft die Reiche des Geistes sind"[27], war dies nicht nur eine Absage an den überholten Imperialismus, sondern er wollte damit zugleich ausdrücken, daß es in Zukunft auf die Fähigkeit ankommen würde, die Menschen für eine Ideologie zu begeistern. Diese Fähigkeit hängt zusammen mit der Fähigkeit, das, was getan werden muß, in wirkungsvolle Worte zu kleiden. Franklin Delano Roosevelt war ein Ideologe von hohem Rang. Ihm gelang es immer wieder, für das, was ihm als das bestmögliche Vorgehen erschien, den richtigen Ausdruck zu finden[28]. Die Ideologie macht die Ideen deutlich und verständlich, die einem vorauszusehenden oder beabsichtigten politischen und sozialen Wandel zugrunde liegen. Sie steht daher nicht im Widerspruch zur Wissenschaft, wie Marx ursprünglich meinte, sondern baut auf den Elementen der Wissenschaft auf, die den geplanten Aufgaben entsprechen. Die Macht der verschiedenen rivalisierenden Ideologien, durch die die Gesellschaftsordnungen unserer Zeit gespalten sind, ist auf diesen Zusammenhang mit wissenschaftlichen Erkenntnissen zurückzuführen. Ihre Ri-

---

[25] Rexford Tugwell, 1947, der diesen Ausdruck als Titel seines aufrüttelnden Buches benutzte.

[26] Nähere Einzelheiten siehe in Friedrich, 1959 I.

[27] „The empires of the future are the empires of the mind" — in seiner Rede anläßlich der Verleihung der Ehrendoktorwürde in Harvard, 6. September 1943, veröffentlicht in „The Ceremonies in Honor of the Right Honorable Winston Spencer Churchill", 1943, S. 15.

[28] Siehe W. Besson, 1955. Auf S. 190 definiert Besson die Ideologie richtig als „ein auf das Gebiet des staatlich-gesellschaftlichen Lebens bezogener Zukunftsentwurf", wobei er sich seinerseits auf Spranger, A, 1954, bezieht.

valität ist zum Teil die Folge unterschiedlicher Wertpräferenzen, die mit diesen wissenschaftlichen Einsichten zusammenhängen, sie ist jedoch teilweise auch auf die unterschiedliche Akzentuierung bei der Ausnutzung dieser Erkenntnisse zurückzuführen. Die Wissenschaft kann daher viel dazu beitragen, die Rivalität zwischen den Ideologien zu vermindern[29].

In ihrer Eigenschaft als aktionsbezogene Gedanken und Ideen sind Ideologien einer ihrem Wesen innewohnenden Gefahr ausgesetzt, nämlich der, daß die geplante Handlung sich eindeutig nicht verwirklichen läßt. Ist das der Fall, dann wird die Ideologie zur Utopie. Das kann besonders leicht geschehen, wenn die in der Ideologie verkörperten Ideen keine Realitäten, sondern Mythen ausdrücken. Der in dieser Dimension der Politik enthaltene Problemkreis ist so umfangreich, daß es angebracht erscheint, der Untersuchung von Mythos und Utopie ein besonderes Kapitel zu widmen. Am Ende jener Untersuchung wird es dann auch möglich sein, über politische Symbole zu sprechen, da diese ja für Mythen, Utopien und Ideologien von großer Bedeutung sind und das wirksame Bindeglied zwischen ihnen bilden.

---

[29] Eine ähnliche Ansicht ist neuerdings von R. Aron, 1962, Kap. 17 und 18 angedeutet worden.

Sechstes Kapitel

Der politische Mythos — seine Symbole und die utopische Ordnung

Vor einiger Zeit hat ein führender Politologe erklärt, die amerikanische Verfassung sei der „Mythos" des Landes, wobei er Mythos verstanden wissen wollte als „the presentation of the ultimate speculations of metaphysics, including cosmology, in a coherent system of symbols ..."[1]. Mythen wären demnach Methoden zur Aufklärung über die in einer Kultur herrschenden Werte und Überzeugungen. Mythen vermitteln dem Durchschnittsmenschen den esotherischen Gehalt einer Kultur. Ohne Zweifel sind derartige volksbildende Wirkungen als Begleiterscheinungen des Mythos wichtig, aber seine eigentliche politische Funktion ist eine andere. Der Rationalismus sah in ihnen im wesentlichen „Unwahrheiten", die einer wissenschaftlichen Nachprüfung nicht standhalten können. Wir sind heute weniger anmaßend und eher geneigt anzuerkennen, daß Mythen für die politische Ordnung eine lebenswichtige Funktion haben können. Sie sind, wie wir noch zeigen werden, die entscheidende Stütze der in einer politischen Gemeinschaft herrschenden Weltanschauung. Der endliche Geist des Menschen braucht den Mythos, um seine Lage meistern zu können. Wenn alles in rationalen Begriffen erarbeitet werden müßte, würde überhaupt nichts getan werden, am allerwenigsten in der Politik[2].

---

[1] William Y. Elliott, A, 1938, S. 210. Elliott hatte früher bereits darauf hingewiesen, wie wichtig „Mythen" in der politischen Analyse sind. Siehe 1928, Kap. IV.

[2] Eric Voegelin, 1956, S. 83. „Es ist heute nicht mehr zulässig, den Mythos so zu verstehen, als erfülle er nur den einen Zweck in der Geschichte der Menschheit, als Ausgangspunkt für rationalere Formen der Symbolisierung zu dienen ... der Mythos besitzt ein Eigenleben und einen eigenen Wert (virtue)" (eigene Übers.). Mit dieser Aussage folgt Voegelin einem allgemeinen Trend, der in seinen philosophischen Auswirkungen (implications) am ausführlichsten von Ernst Cassirer, 1925, behandelt worden ist. Siehe auch J. J. Bachofen, S. 195 ff., 491 ff., 560 ff. und *passim.*

Autoren wie Pareto machte es großen Spaß, „rationale“ Maßstäbe an den Mythos anzulegen. Als wichtigstes Beispiel für nicht-logisches Verhalten nimmt der Mythos in seiner allgemeinen Soziologie einen breiten Raum ein. Er hat seine wesentliche Funktion erkannt und viele historische Beispiele untersucht[3]. Einige allgemeine Aussagen, die Pareto entwickelt hat, sind daher einer kurzen Erwähnung wert. Zum einen hat er erkannt, daß Mythen in tatsächlichem Geschehen ihren Ursprung haben oder daß sie anderen Mythen nachgebildet sind, die geschichtlichen Ursprungs sind[4]. Aus diesem Grunde sah er im Mythos eine „deformierte“ Spiegelung der Wirklichkeit. Wann aber ist eine solche Spiegelung „deformiert“, da sie ja zweifellos nicht mit der Wirklichkeit identisch sein kann, die sie reflektiert? Manche Mythen sollen ja sogar nach seiner Ansicht als „historische Tatsachen“ gesehen werden, denen allerdings noch eine Fiktion „angehängt“ ist[5]. Tatsächlich entwickele sich der eigentliche Mythos aus diesem fiktiven „Anhang“ durch eine allmähliche Abschwächung des „faktischen“ Inhalts. Aussagen dieser Art beruhen auf Paretos Bemühen um eine „wertfreie“ soziale oder politische Analyse, wie er sie propagierte und an die er glaubte. Das führt dann zu der Auffassung, der Auswahlprozeß, der die Entstehung des Mythos bestimmt, sei willkürlich wertorientiert und könne durch einen anderen ersetzt werden, in dem nur die historischen „Fakten“ wiedergegeben werden, ohne jeden Bezug auf *die* Werte, die den bewegen, der die Geschichte erzählt. Dadurch gelangt Pareto zu der naiven und irrigen These, daß „myths and the like are made up of experiences wrongly interpreted and fallacious inferences from the real facts“[6]. Nach welchem Maßstab soll man denn entscheiden, ob die Erfahrungen „falsch“ gedeutet worden oder ob die Folgerungen daraus „irreführend“ sind? Offenbar doch nach dem Maßstab ihrer Verifizierbarkeit und Mitteilbarkeit. Bei Pareto findet sich aber nur eine lange Abhandlung über Animismus und Totemismus, in der nicht gesagt wird, wie man denn einen Mythos „richtig“ deuten müsse oder wie man zu „richtigen“ Folgerungen gelangen könne, obwohl von einem „unbeteiligten Beobachter“ die Rede ist. Pareto klärt also die Funktion des Mythos nicht. Dagegen ist ihm, wie seine Untersuchung spezifischer Mythen zeigt, völlig klar, daß der Mythos sehr verschiedene Funktionen hat; seine Kritik der allegorischen Deutungen[7] be-

---

[3] Pareto, 1935, S. 221 f., 461 ff. und *passim.*
[4] ibid., § 347 und § 681.
[5] ibid., § 350.
[6] ibid., § 692.
[7] ibid., §§ 764—797.

stätigt diese Ansicht. Man erhält somit zwar einen wichtigen Einblick in den funktionalen Wert der Mythen, aber statt daß diese zentrale Frage näher untersucht wird, wird in großer Ausführlichkeit geschildert, daß die Menschen, die die Mythen als Antwort auf ihre konkrete Lage geprägt haben, andere Maßstäbe bei ihrer Auswahl angewandt haben als ein Soziologie-Professor in der Schweiz des 19. Jahrhunderts — nicht gerade eine erstaunliche Einsicht, die seitenlang erörtert werden müßte.

Es gibt viele Arten von Mythen: theogonische, die zeigen, wie die Götter in die Welt gekommen sind; kosmogonische, die die Entstehung der Welt beschreiben, kosmologische, die die Arbeitsweise des Kosmos anschaulich machen; und anthropologische, die Ursprung und Entwicklung des Menschen verdeutlichen. Daneben gibt es soteriologische Mythen über die Erlösung des Menschen und eschatologische, die das Ende des Menschen und seiner Welt, ja sogar das Ende der Götter voraussagen. Alle diese Mythen stehen in Beziehung zur Politik, aber es gibt darüber hinaus noch einen spezifisch politischen Mythos, nämlich den Gründungsmythos, das heißt, den Mythos oder die Mythen, die die Gründung und die Entstehung einer bestimmten politischen Ordnung oder mehrerer dieser Ordnungen zum Gegenstand haben. Solch ein Mythos hat große Ähnlichkeit mit der Legende, die ihrerseits eng verwandt ist mit dem Ahnenkult. In seiner typischen Erscheinungsform wird der Ursprung einer politischen Gemeinschaft personifiziert in der Gestalt eines Helden, der übermenschliche Eigenschaften, die ihn zu seinen Heldentaten befähigten, besessen hat. Dementsprechend waren die Verfassungsväter von Philadelphia, wenn sie auch verschiedentlich von respektlosen Bilderstürmern als normale Sterbliche „entlarvt" wurden, in den Augen der meisten Amerikaner Männer von übermenschlicher Weisheit und Mut, deren Leistungen dem Werk des Theseus bei der Gründung Athens entsprechen. Diese Taten sind der Gründermythos, und nicht die Verfassung. Denn sie ist ein Dokument, das rationaler Analyse und Interpretation zugänglich ist. Aber die poetische Schilderung, wie sie zustande kam, ist ein Mythos, und zwar ein Mythos, der von entscheidender Bedeutung für die politische Ordnung der Vereinigten Staaten ist.

Der Gründermythos gab dem Bild der *Polis* von Anfang an das Gepräge. Carl Burckhardt hat in anschaulicher Weise geschildert, wie diese Mythen fast gleichzeitig mit der Gründung einer Polis entstanden sind. Aber dieser Mythos wird in den großen gemeinsamen Mythen aller Hellenen transzendiert, vor allem seit sie in der epischen Dichtung geschildert worden waren. „Viel eher als die Religion verknüpfte der Heldenmythus durch sein großes Organ, die epische Poesie, das ganze Volk, indem er den Charakter eines gemeinsamen Besitzes hatte[8]." Der Gründermythos fand seinen Ausdruck in der Verehrung des Gründers. Fustel de Coulanges hat geschrieben: „Der Gründer war ein Mensch, der einen religiösen Akt vollzog, ohne den eine Stadt nicht existieren konnte[9]." Theseus, Romulus und Äneas sind nur die drei bekanntesten der mythischen Gründer, deren Gewalttaten, durch die einzelne Dörfer gezwungen wurden, sich zu einer Polis zusammenzuschließen (Synoikismus), dann später verherrlicht wurden.

Es ist fraglich, ob eine politische Gemeinschaft eine politische Ordnung schaffen kann, ohne einen Gründermythos zu entwickeln, und das gleiche trifft vermutlich auch auf religiöse Gemeinschaften, das heißt auf Kirchen, zu. Denn der tatsächliche Vorgang wird sich aller Wahrscheinlichkeit nach nicht so vollziehen, wie es den Werturteilen und Überzeugungen der Gemeinschaft entsprechen würde, sondern er wird stattdessen von kalter Vernünftigkeit sein, wie sie die Staatsräson erfordert. Ein so die Überzeugungen verletzendes Ereignis ist nicht angetan, jene grundlegende Einmütigkeit, jenen Konsensus zu schaffen, deren eine gut arbeitende politische Gemeinschaft bedarf. Hier stellt sich für die neuen politischen Ordnungen in unserer Zeit ein sehr schwieriges Problem. Daher können wir überall die Entstehung politischer Mythen, einschließlich jener an Vergötterung grenzenden Verehrung für den Staatsgründer beobachten. Es gilt dies auch für ein im Ansatz so rationalistisches Gebilde wie die Sowjetunion. Dort werden Marx und Lenin mit einem Heiligenschein umgeben, als seien sie Idealisten reinsten Wassers gewesen, trotz oder vielleicht gerade wegen der angeblichen Reinheit ihres kalten Realismus. Eine ähnliche Gloriole hat sich um die Gestalt Kemal Atatürks gebildet. Wieviele der heutigen Führer zum Bestandteil eines lebensfähigen Mythos werden, läßt sich schwer voraussagen. Wo eine politische Gemeinschaft voll verwirklicht wird, ist es mit großer Wahrscheinlichkeit zu erwarten.

Offensichtlich sind an der Schaffung eines solchen Mythos viele beteiligt; Gefolgsleute, Dichter und das einfache Volk. In einer Zeit rationaler Erörterungen und historischer Analyse sind die Methoden subtiler und die Legenden weniger greifbar. Letztenendes aber werden sie in ein

[8] Burckhardt, 1930, Bd. 1, S. 296.

[9] „Le fondateur était l'homme qui accomplissait l'acte religieux sans lequel une ville ne pouvait pas être"; Fustel de Coulanges, La cité antique, 1959, S. 129.

Muster überzeugender Legende verwoben, die eine hinreichend sichere Grundlage bietet — oder die Gemeinschaft geht zugrunde. Auch Dokumente, wie die Magna Charta oder die Bill of Rights, obwohl abstrakter wie ein Gründer, können zu sehr wichtigen Faktoren bei der Schaffung eines solchen Mythos werden, obwohl sie an sich rationaler Analyse zugänglich sind. Das ist zum Teil darauf zurückzuführen, daß viele Menschen nicht imstande sind, diese Dokumente mit kritischer Objektivität zu lesen, sondern sie rezitieren sie mit ritualistischer Eintönigkeit und wählen dabei zumeist nur jene Passagen aus, die sich für ein solches Ritual eignen.

Das Fehlen eines Gründermythos bei von außen aufoktroyierten politischen Ordnungen bedeutet eine schwere Belastung, auch in den Fällen, wo die Machthaber echte Zustimmung finden. Die Kolonialregime, die sich mit solcher Schnelligkeit aufgelöst haben, bestätigen diese Schwierigkeiten. Als Ausgleich für das Fehlen eines solchen Gründermythos ist der überall aufkommende „Nationalismus" anzusehen, der selbst weitgehend ein „Mythos" ist, und zwar ein Mythos von großer Tragweite. Wie wir bereits dargelegt haben, ist es falsch, ihn als „Ideologie" zu bezeichnen; diese Fehlinterpretation geht wahrscheinlich darauf zurück, daß seine latente Fähigkeit, den vielleicht mächtigsten Mythos zu begründen, nicht richtig erkannt worden ist. Natürlich könnte demgegenüber gesagt werden, daß der Nationalismus zwar für den gläubigen Anhänger einer nationalistischen Bewegung ein Mythos, für den Historiker einer solchen Bewegung aber eine Ideologie ist, wenn er zur treibenden Kraft bei politischen Aktionen wird. Aber im allgemeinen erhebt eine nationalistische Bewegung nur den Anspruch, daß eine Nation, deren Vorhandensein im nationalen Mythos als selbstverständlich angenommen wird, unabhängig (frei) sein sollte. Die über die fehlende Unabhängigkeit hinaus vorhandenen Unzulänglichkeiten der jeweiligen Gesellschaft spalten die Anhängerschaft einer solchen Bewegung zumeist in rivalisierende Lager unterschiedlicher ideologischer Ausrichtung. So bestand z. B. die indische Unabhängigkeitsbewegung aus einem bunten Gemisch von Konservativen, Liberalen, Sozialisten, Kommunisten und Anhängern des Hinduismus, dem ja auch Gandhi angehörte. Sobald Indien seine Unabhängigkeit erlangt hatte (1947), kamen diese unterschiedlichen ideologischen Richtungen zum Tragen und lieferten den ideologischen Kristallisationskern für politische Parteien und Bewegungen. Die Ideologie solcher Parteien stand natürlich in einem gewissen Gegensatz zum indischen Nationalmythos, der alle Inder in einer Front gegenüber Fremden vereint. Ob Mythos oder Ideologie, ist dabei keine

Frage des Entweder/Oder. Man muß die unterschiedliche Wirkung von Ideen im Bereich der Politik anerkennen, denn ein Mythos kann die Grundlage für eine Ideologie liefern und eine Ideologie einen Mythos hervorbringen[10]. Vielleicht der tiefsinnigste all dieser nationalen Mythen ist der israelische; er vereint Menschen höchst unterschiedlicher Herkunft in der gemeinsamen Überzeugung, seit unvordenklichen Zeiten einer einzigen Nation anzugehören[11].

Nicht nur seine Stärke, sondern auch seine Unbestimmtheit macht den nationalen Mythos zu einer Gefahr. Er erhält oft wirksamste Unterstützung von einem mit ihm einhergehenden *Antimythos,* seien es Tyrannei, koloniale Unterdrückung oder kapitalistische Ausbeutung. Das war schon so mit der Tyrannei König Georgs III. und des Ancien Regime; aber die Vorstellungen von kolonialer Unterdrückung, die heute in den Köpfen der Menschen spuken, sind nicht weniger mythologisch. Der hervorragendste Mythos der modernen Zeit ist jedoch der von der kapitalistischen Ausbeutung. Alle drei Mythen dienen, wie ehedem die Ungeheuer, dazu, die Ausgangslage zu verdeutlichen, innerhalb deren die Gründung der neuen Ordnung erreicht werden muß. In hochentwikkelten Gesellschaften wie Italien und Deutschland mußte der Mythos der drohenden Machtübernahme durch die Kommunisten beschworen werden; er lieferte den Gegner, gegen den der Gründer-Held obsiegen konnte.

Die vielbeklagte Schwäche der deutschen und japanischen, wenn nicht der italienischen Demokratie ist nicht von dieser Frage zu trennen, wie man die Gründung einer politischen Ordnung mit einem überzeugenden Mythos umgeben kann. Im Schatten fremder Bajonette läßt sich das nur schwer erreichen. Die bittere Feindschaft gegenüber dem nicht mehr bestehenden faschistischen Regime brachte jedoch zumindest im Falle Italiens und Deutschlands einen mächtigen Antimythos hervor. Dieser wurde noch verstärkt dadurch, daß zumindest einige der Gründer der neuen Ordnung am Widerstand gegen das besiegte System beteiligt gewesen waren. Gegen den Nationalsozialismus gekämpft zu haben, ist eine Seite des Bildes, das man sich von Adenauer gemacht hat, wie auch von Theodor Heuß und anderen Gründern; es verstärkt ihre politische Wirkung. Es ist typisch, daß die Machthaber in Ost- und Mitteldeutschland mit dem gleichen Antimythos zu operieren versucht

[10] Siehe Judith N. Shklar, 1957, S. 206 ff. und *passim.*

[11] Ben Halperin, 1961, Kap. 1 und 4 und die dort zitierte Literatur.

haben, unter Verknüpfung mit dem Mythos eines kommunistischen Sieges über den Faschismus. Niemand weiß, wie tief diese Mythen gehen oder wieviele Menschen an sie glauben; an ihrem Vorhandensein kann indessen kein Zweifel bestehen.

Einige der eben erwähnten Beispiele zeigen, mit welcher Schnelligkeit Mythen entstehen. Es besteht kaum ein Zweifel daran, daß Mythen oft ganz bewußt von Personen geschaffen werden, die die einseitige Sicht der Motive verewigen wollen, die sie bei ihrem Handeln, das im Kampf um die Gründung der neuen Ordnung zum Siege führte, bestimmt haben. Bei diesem Bestreben leisten ihnen Symbole außerordentlich große Dienste; denn sie veranschaulichen dem gläubigen Anhänger das Drama der Entstehung einer Gruppe oder einer Nation. Fahnen sind häufig der sichtbare Ausdruck eines entscheidenden Ereignisses, aber es gibt viele andere Symbole von vergleichbarer Bedeutung. Symbolische Handlungen wie die Krönung von Königen oder die Einweihung von Denkmälern dienen dazu, den Mythos in seiner ganzen Fülle zu vermitteln. Im Leben unserer Zeit gibt es mehr Symbolik als man gemeinhin sieht und glaubt; auch die politischen Ordnungen modernster Prägung sind reich ausgestattet mit Symbolen aller Art.

Es ist höchst zweifelhaft, ob eine politische Ordnung ohne wirksame Symbole bestehen könnte — Symbole nicht nur für ihren Mythos, sondern auch für ihre Ideologie und für die Werte und Überzeugungen, auf denen diese Ideologie beruht. Im nächsten Kapitel soll die Symbolik von Überzeugungen, soweit sie auf der Religion fußt, untersucht werden. Hier müssen wir uns noch etwas eingehender mit den Symbolen des Staates beschäftigen und insbesondere mit denen, die die Gründung einer politischen Ordnung zum Inhalt haben. Nehmen wir folgende Feststellung: „Wie immer man die Funktionen eines Staates reduzieren möge, auch bis zur äußersten Einfachheit, Symbolik bleibt dabei ... Man mag das Etikett eines königlichen Hofes beseitigen, so bleibt doch der zeremoniale Händedruck beim Empfang durch das Staatsoberhaupt. Genau wie die feudalistische Lehre von der Unterordnung der Klassen, bis hin zum höchsten Herrn, ihren Symbolismus erfordert, so auch die Lehre von der Gleichheit der Menschen[12].“ Hier besteht die Symbolik offenbar aus „Doktrinen“, d. h. ideellen Verkörperungen von Werturteilen. Es erscheint jedoch zweifelhaft, ob der erwähnte Händedruck in einem präzisen Sinne symbolisch ist.

---

[12] A. N. Whitehead, 1927, S. 62 (eigene Übersetzung).

Man muß sich davor hüten, den Symbolbegriff so auszuweiten und zu verallgemeinern, daß er für alles und jedes zur Aussage wird. Eine solche Tendenz ist seinerzeit in der Psychoanalyse zu beobachten gewesen. Aber auch im politischen Bereich ist sie aufgetreten. Dann besteht die Gefahr, daß die Symbole ihre besondere Bedeutung in der politischen Ordnung verlieren. Wenn behauptet wird, daß „fast alles menschliche Verhalten symbolisch ist“[13], so ist das absurd. Wie die Auffassung, daß alle Ideen, an die die Menschen glauben, „Mythen“ sind, hat diese Theorie zur Folge, daß die Funktion echter Symbole in jeder politischen Ordnung verkannt wird. Symbole und insbesondere politische Symbole sind, um es noch einmal zu betonen, Zeichen für Bedeutungen, die den empirischen Gegenstand transzendieren. Politische Symbole beziehen sich auf ein Anderes, und zwar gewöhnlich durch Vereinfachung einer nicht gegenwärtigen Person oder Sache[14]. Das Wappen eines Gutsbesitzers, die Flagge eines Landes, die Unterschrift eines Dichters — dies alles sind typische Symbole, die erhebliche politische Bedeutung besitzen können.

Symbole sind unterschiedlich klassifiziert worden, je nach dem Standpunkt des jeweiligen Autors[15]. In der politischen Analyse wird die Typologie der Symbole von ihrem Verwendungszweck bestimmt. Wenn wir den religiösen Bereich zunächst beiseite lassen, erkennen wir folgende Hauptbezugspunkte: Institutionen, Personen (einschließlich Gruppen), Werte, Ideologien und Mythen. Über die ersten drei braucht nicht mehr viel gesagt zu werden; daß das Wappen VERITAS das Symbol der

---

[13] Thurman W. Arnold, 1935, S. 17. Für dieses anregende kleine Buch ist der sehr sorglose Gebrauch des Begriffes „Symbol“ charakteristisch, so daß praktisch alles, was in einem Staat (government) getan wird, zu einem „Symbol des Staates“ (symbol of government) wird.

[14] Susanne K. Langer, 1942, *passim*.

[15] Eine wichtige Definition der Symbole hat Edward Sapir in seinem oben in der Fußnote 24, Kap. 1 zitierten Artikel gegeben, in dem er sich vor allem mit linguistischen Phänomen befaßt. Er unterscheidet zwischen „Bezugs“- („referential“) und „Verdichtungs“- („condensation“) Symbolen. Die ersteren sind solche, die die Sprache als „sparsame Sinnbilder für Bezugszwecke ausgewählt hat“ („agreed upon as economical devices for purposes of reference“), die letzteren solche, „die die Freisetzung emotionaler Spannung in Betracht ziehen“ („allowing for the ready release of emotional tension“). Sapir vertritt die Ansicht, daß die beiden häufig gemischt vorkommen. Ich würde weitergehen und die Zulässigkeit seiner Klassifizierung überhaupt in Frage stellen, denn *alle* Symbole sind notwendigerweise „Bezüge“, und der Grad des Emotionalen, das ihnen anhaftet, hängt offensichtlich von diesen Bezügen ab. Eine sehr weite Auslegung des Begriffes Symbolismus gibt A. N. Whitehead, 1927, S. 7 ff.

Harvard-Universität ist, daß die Initialen eines Menschen sein Symbol sind, daß die Liebe durch die Farbe rot symbolisiert wird, sind wohlvertraute Phänomene. Gleichzeitig zeigen diese Beispiele, daß die Symbolisierung in enger Beziehung zur Repräsentation steht. Durch seine Beziehung zu A repräsentiert das Symbol dieses A, macht es es (oder ihn) für den jeweiligen Zweck präsent. Das Symbol genießt daher vielfach einen Schutz, der dem Wert der repräsentierten Sache oder Person entspricht.

Jede sprachliche Aussage wie alle Mathematik ist symbolische Repräsentation. Wenn die Dinge, auf die sich das Symbol bezieht, kein Gefühl hervorrufen, so tut es auch das Symbol nicht. Da alle Politik von Emotionen bewegt ist, so sind auch politische Symbole „gefühlsgeladen". Sie sind daher selbst in ihrer linguistischen Verkleidung wertbezogen und können deshalb leicht Spannungen und Streitigkeiten hervorrufen. Die gängige Meinung, daß „man nicht über Worte streiten sollte" wird durch die politische Erfahrung widerlegt. Wenn A gewohnheitsmäßig den institutionellen Komplex, dem er den größten Wert beimißt, „Demokratie" nennt, B dagegen einen institutionellen Komplex, den er für wertlos hält und ablehnt, als „Demokratie" bezeichnet, wie kann A dann vermeiden, über das Wort Demokratie zu streiten? Die symbolische Rolle der Buchstaben-Reihe A, D, E, E, K, I, M, O, R, T spielt, wenn richtig geordnet, eine so bedeutsame Rolle als Schlüsselsymbol in der politischen Ordnung, der A angehört, daß er sich veranlaßt sieht, die Art, wie B es anzuwenden gedenkt, als Mißbrauch oder Mißachtung anzusehen. B indessen kann seine eigenen wertbezogenen Gründe haben, um auf seinem Gebrauch des Wortsymbols „Demokratie" zu bestehen. In einem solchen Fall kann der Streit sehr lange andauern, denn Symbolkonflikte pflegen anzudauern, solange die symbolisierten Werte ihre emotionale Bedeutung behalten[16].

Das eben erwähnte Beispiel trägt unsere Diskussion weiter und in das Gebiet der Ideologie. Denn Begriffe wie „Demokratie" erhalten ihre Bedeutung durch ihre ideologischen Bezüge. In dem genannten Fall muß das nicht unbedingt so sein. In beiden Bezugssystemen kann sich der Begriff Demokratie einfach auf die tatsächlich bestehende politische Ordnung *wie sie da ist* beziehen. Wahrscheinlich geht er jedoch darüber hinaus. Eine demokratische Ideologie wird wahrscheinlich ins Spiel kommen. Dabei kann es sich einmal um die Ideologie der konstitutionellen Demo-

---

[16] Weitere konkrete Beispiele hierzu finden sich in Friedrich und Brzezinski, 1965, Kap. 10.

kratie handeln, d. h. des demokratischen Verfassungsstaates, die sich in den Ideen liberaler und demokratischer Denker niedergeschlagen hat, oder es ist die Ideologie der proletarischen Demokratie, wie sie Marx, Engels und Lenin vorschwebte. Ein solcher ideologischer Konflikt wird noch verschärft, wenn meta-rationale Symbole (keine Worte, sondern Dinge) ins Spiel gebracht werden. Die scharfen Auseinandersetzungen darüber, welche Fahne oder Fahnen bei den Olympischen Spielen gehißt werden sollen, wenn Deutsche als Sieger oder Teilnehmer geehrt werden, ist symptomatisch. Politische Erwägungen spielen dabei natürlich mit, aber die Stärke der durch den Konflikt ausgelösten Emotionen läßt sich nur durch die rivalisierenden Ideologien erklären, die die beiden Symbole repräsentieren.

Da Ideologien auf die Zukunft gerichtet sind und es mit einem Inhalt zu tun haben, über den sich rational argumentieren läßt, sind sie weniger geeignet zur Symbolisierung wie Mythen. Tatsächlich wird ja der Mythos in den Personen versinnbildlicht, die den Mythos verkörpern. „Die Gründer-Väter (der amerikanischen Verfassung) stellten einen guten Pantheon dar, in dem abweichende orthodoxe Meinungen miteinander vereint werden konnten[17].“ Aber diese Leistung wird in ihrer politischen Bedeutung bei weitem übertroffen von der Rolle, die diese „Väter der Verfassung“ dadurch spielen, daß sie den Gründermythos als solchen personifizieren. Sie haben den Mythos über die Entdeckung und den Mythos über den Vertrag der Pilgrimväter in einem gewissen Sinne transzendiert, aber erst die drei Mythen zusammen geben der amerikanischen Gesellschaft den sie integrierenden Glauben, das „beinahe auserwählte Volk zu sein“[18]. Im zwanzigsten Jahrhundert ist ein solcher Mythos mit dem „Marsch auf Rom“ von den Faschisten bewußt geschaffen und manipuliert worden. Das Italien Mussolinis hat jedoch aus diesem Symbol keinen solchen Erfolg gemacht wie es ihm bei anderen Symbolen gelungen ist. Wird im übrigen diese Stufe der Manipulation erreicht, so werden Mythos und Ideologie häufig ineinander verflochten oder gar miteinander verwechselt. Hammer und Sichel, Hakenkreuz und Faszes symbolisieren sowohl einen Mythos als auch eine Ideologie. Jedes dieser Symbole veranschaulicht auf seine Weise Ursprung und Schicksal, Vergangenheit und Zukunft. Jedenfalls sind diese Symbole vielen Menschen bekannt, die von der dazugehörigen Ideologie und ihrem Mythos

[17] „The Founding Fathers offered the convenient Pantheon in which divergent views of orthodoxy might be reconciled.“ Elliott, A, 1938, S. 220.

[18] W. J. Wolf, 1959, S. 96 f., 117 ff., 149 ff.

keine klare Vorstellung haben. Jedes dieser Symbole weist auf den Gründermythos hin: Hammer und Sichel auf den revolutionären Proletarier, das Hakenkreuz auf die nordische Rasse, die Faszes auf die „Größe Roms". Aber gleichzeitig vermittelt jedes solche Symbol auch eine konkrete Vorstellung der ideologisch bedingten Zielsetzung. So deuten Hammer und Sichel auf eine Ordnung hin, in der das Proletariat herrschend wird. Die Faszes, an sich ein Symbol für die *potestas* der römischen Liktoren, sollten die neue Ordnung der Disziplin und des Gehorsams, die die faschistische Ideologie forderte, verdeutlichen. Und schließlich das Hakenkreuz, in heidnischer Vergangenheit Symbol für viele und verschiedenartige Gebräuche, sollte die ideologische Verneinung christlicher Gesellschaftsordnung und ihres Kreuzes und die neue Ordnung der Rassenvorherrschaft symbolhaft zum Ausdruck bringen. Die symbolische Verschmelzung von Mythos und Ideologie, von Ursprung und Bestimmung ist ausgesprochen charakteristisch für diese totalitären Systeme. Es ist vermutlich von Bedeutung, daß das kommunistische Symbol im Hinblick auf die Ideologie erdacht und geschaffen und dann in Übereinstimmung mit dieser Ideologie mit dem Ursprungsmythos in Verbindung gebracht worden ist. Das entspricht der ausgesprochen selbstbewußten und rationalistischen Struktur des sozialen Denkens in der Sowjetunion. Im Gegensatz dazu erinnerte das Hakenkreuz an wenig mehr als an das Heidentum, da es keinen spezifischen Bedeutungszusammenhang mit der deutschen Geschichte oder den Auffassungen besaß, die für die Hitler-Bewegung charakteristisch waren. Daß es ein „Haken"-Kreuz war und auf vorchristliche Zeiten zurückverwies, war augenscheinlich sein wichtigstes Merkmal. Daß die raue und nüchterne Lebensart des antiken Rom und seine Welteroberung bei den Gründern des Faschismus Anklang gefunden haben, leuchtet ein. Warum allerdings ausgerechnet das Symbol der Polizei und nicht höhere Symbole vom Faschismus gewählt worden sind, ist eine Frage, die erneut in den metaideologischen Bereich führt: die Verherrlichung der Gewalt und des persönlichen Zwanges, die das Kennzeichen des italienischen Faschismus waren.

Wenn Werte, Ideologien und Mythen ebenso wie Personen und Institutionen Gegenstand so verschiedenartiger symbolischer Darstellungen geworden sind, dann stellt sich die Frage, welcher *politischen* Funktion diese andauernde Verschmelzung von Symbolen und Mythen dient. Die Antwort, die hier nur dogmatisch formuliert werden kann, lautet, daß diese Symbolisierung eine mächtige Stütze bei der Ausübung der Herrschaft ist, weil sie die Autorität stärkt, wo Macht und Einfluß nicht ausreichen oder nicht wirksam genug sind. Denn Symbole deuten die Gründe an — und der Mythos, auf den sie sich beziehen, personifiziert sie—, weshalb eine bestimmte politische Ordnung sinnvoll ist. Sie untermauern sie emotional und erleichtern dadurch eine wirksame Zusammenarbeit und Unterordnung. Daher wird denn auch jede politische Ordnung der Integrität ihrer Symbole große Aufmerksamkeit widmen und wird deren Entweihung zu verhindern suchen oder sie rächen. Andererseits und aus dem gleichen Grund werden gegnerische und insbesondere abtrünnige Gruppen und Personen alles unternehmen, um diese Symbole herabzusetzen. Und ebenso werden revolutionäre Bewegungen die Pervertierung von Symbolen zu einem ihrer Hauptziele machen; denn wenn man die Symbole der bestehenden Ordnung lächerlich oder widerwärtig machen kann, so zerfallen auch die Werte, die sie repräsentieren. Umgekehrt werden die Symbole lächerlich, wenn die Werte verfallen.

In der Welt der politischen Symbole hat es immer auch Antisymbole gegeben, das heißt Symbole des Feindes, seiner Werte und Mythen. Aber nur in hochentwickelten Gesellschaften, wo ideologische Faktoren eine gewichtige Rolle spielen, erlangt das Antisymbol eine wesentliche Bedeutung. So ist der „Bolschewist“ in dem symbolischen Arsenal amerikanischer Rhetorik ein wilder und gewalttätiger, schwarzbärtiger Revolutionär mit schlechten Manieren. Insbesondere aber haben die totalitären Bewegungen ins Einzelne gehende negative Symbole entwickelt. Sie verkörpern ein stereotypes[19] Bild des Feindes. Für die Nazis war es der fette, reiche Jude oder der jüdische Revolutionär; für die Faschisten war es zunächst der kommunistische Umstürzler, später der degenerierte, korrupte und schwache Bourgeois; für die Sowjets ist es der kriegslüsterne, Atombomben werfende Wallstreet-Amerikaner; für die chinesischen Kommunisten und manchen Revolutionär in den Kolonialgebieten ist es der Yankee-Imperialist und westliche Ausbeuter. Diese negativen Bilder betonen den positiven Wert des bestehenden Regimes durch ihre Kontrastwirkung. Es sind mächtige Symbole, die auf Litfaßsäulen, an Mauern, in Theatern und in der Presse ohne Unterlaß wiederholt werden[20].

[19] Die psychologische Kategorie des Begriffes „stereotyp“ entspricht diesen personifizierten Symbolen, wenn man ihn unter dem Gesichtspunkt der Analyse des individuellen Bewußtseins betrachtet. Die Wirkung des durch Walter Lippman, 1922, populär gewordenen Begriffes ist inzwischen in verschiedenen Zusammenhängen untersucht worden.

[20] Daniel J. Boorstein, 1960, hat in dieser Perspektive einen interessanten Fall untersucht, nämlich das Bild, das sich die Amerikaner von Europa machen.

Was die allgemeine Bedeutung von Symbolen angeht, so ist die Ansicht vertreten worden, daß „selbst die elementarste Ausrichtung des Handelns bei Tieren Zeichen erfordert, die zum mindesten der Anfang einer Symbolisierung sind“[21]. Ohne Zeichen könnte es keine Orientierung, keine Möglichkeit der Wahl zwischen Alternativen geben. In diesem ganz allgemeinen Sprachsinne ist Symbolisierung tatsächlich mit Denken und sich Verständigen identisch. Die Feststellungen darüber klingen origineller als sie es sind; es ist einleuchtend, daß Symbolisierung die notwendige Voraussetzung für das Entstehen einer Kultur ist. Symbole und vor allem politische Symbole sind nur dann wirklich interessant, wenn sie in funktionalem Bezug zur politischen Ordnung stehen, und wie wir gezeigt haben, ist dies hauptsächlich der Fall bei Symbolen, die sich auf Ideologien und den Gründermythos beziehen, obwohl Symbole im persönlichen, institutionellen und Wertbereich in verschiedenem Zusammenhang eine Rolle spielen. Vor allem *eine* weitere wichtige Dimension des auf eine Ideologie bezogenen Mythos läßt eine zusätzliche Ausführung erwünscht erscheinen, nämlich die des utopischen Denkens.

Es ist behauptet worden, daß die Ideologie der politische Mythos sei, der die Funktion habe, die Sozialstruktur aufrechtzuerhalten; die Utopie dagegen habe die Funktion, diese zu ersetzen[22]. Diese Feststellung ist weit von der politischen Wirklichkeit und unserer Analyse derselben entfernt. Wie wir im vorigen Kapitel gesehen haben, beinhaltet eine Ideologie die Kritik und die Reform einer bestimmten politischen Ordnung. In oben zitierter Aussage jedoch wird die Ideologie als ein Mythos verstanden, während sie in Wirklichkeit ein auf Aktion ausgerichtetes System von Gedanken ist. Diese letztere Bedeutung wird den „Utopien“ zugeschrieben[23]. Tatsächlich sind Utopien jedoch eine besondere Art von Mythen. Ursprünglich war die Utopie (Nirgendwoland) eine spielerische Umgestaltung von sozialen Gegebenheiten. Sie sollte ein Bild schaffen, das, zugegebenermaßen völlig imaginär, dennoch imstande sein sollte, als Maßstab für die Beurteilung der bestehenden Ordnung zu dienen. Es handelt sich hier nicht um die Frage, was Thomas Morus unter

---

[21] Parsons, 1951, S. 10.

[22] Lasswell und Kaplan, 1950, S. 123.

[23] Lasswell und Kaplan meinen, damit Karl Mannheim, 1936, *passim*, zu folgen. Meines Erachtens ist das ein Irrtum. Mannheim versteht die Utopie als in die Ideologie eingebettet, was auch zuweilen zutrifft, besonders im sozialistischen Denken.

„Utopia" verstand[24], sondern um die Bedeutung, die der Begriff später erhalten hat. Durch die Utopie sollte sicher Kritik an der bestehenden Ordnung geübt werden, aber in so poetischer und praktisch nicht realisierbarer Form, daß sie keine Aufforderung oder gar Anleitung zu revolutionärem Handeln enthielt. In dieser Perspektive ist es einleuchtend, daß eine Utopie zwar eine gewisse *Ähnlichkeit* mit einer Ideologie hat, daß sie aber zugleich auch in scharfem Gegensatz zu ihr steht: sie enthält Gedanken, die kritisch, aber nicht notwendigerweise auf Aktion ausgerichtet sind. Gleichzeitig ähnelt sie einem Mythos, da sie diese Ideen in der Form konkreter und besonders auch personifizierter Bilder vorträgt. Trifft das eben Gesagte zu auf Platos „Über den Staat oder die Gerechtigkeit", der meist als Urform der Utopie angesehen wird, weil er unzweifelhaft alle späteren Utopien beeinflußt hat? Eigentlich nicht, denn Plato glaubte, sein Idealstaat könne verwirklicht werden[25], obwohl er seine Verwirklichung nicht für sehr wahrscheinlich hielt; daher hat er seine Ideen in konkreten, Mythen-ähnlichen Bildern und Erzählungen verkörpert. Man sollte Platos Politik daher als eine quasi-utopische Ideologie verstehen, der er die Form eines soteriologischen Mythos gegeben hat.

Alle Utopien, die des Thomas Morus und Campanella ebenso wie die sozialistischen Utopien der ersten Hälfte des 19. Jahrhunderts, einschließlich der im „Kommunistischen Manifest" von 1848 entworfenen, haben ein perfektionistisches Modell einer Gesellschaft beschrieben, und zwar im bewußten Gegensatz zu der jeweiligen tatsächlichen Ordnung. In gewissem Sinne waren alle diese Utopien säkularisierte Versionen des himmlischen Paradieses. Aber so wie es die Hölle gibt, die dem Paradies entspricht, so ist es auch möglich, die negativen Züge der bestehenden Ordnung zu projizieren und eine utopische Ordnung zu konstruieren, die durch ein Maximum solcher Fehler charakterisiert ist. Solche *negativen* Utopien sind im 20. Jahrhundert Mode geworden. Von diesen ist wohl Huxleys „Brave New World" (Schöne neue Welt) die bekannteste, aber auch in Orwells „1984" und anderen Werken wird eine künftige Welt geschildert, die in der Tat eine Hölle wäre; in ihnen werden die höllischen Züge der heutigen Gesellschaft verdeutlicht und übertrieben. Wie die positiven Utopien, die einer zukunftsfrohen Gedanken- und Ge-

---

[24] Diese Frage ist bei den Historikern sehr umstritten; siehe dazu J. H. Hexter, 1952, S. 11 ff. und *passim*. Einen interessanten Überblick über Utopien gibt Lewis Mumford, 1922; siehe auch Berneri, 1950, S. 52 ff.

[25] Plato, Der Staat, Buch V und VII.

fühlswelt entsprangen, sind auch die negativen Utopien ihrem Zweck und ihrer Wirkung nach durchaus politischer Natur. Die positiven Utopien sollten den Optimismus des Menschen und seine Hoffnung auf eine bessere Welt nähren, die negativen sind Ausdruck eines zunehmenden Pessimismus und einer „Absage an den Fortschritt". Aber ob Utopien positiv oder negativ sind, in einem funktionalen politischen Sinne repräsentieren sie eine andere Art von Mythen, keine Gründer- oder Wachstumsmythen, sondern Mythen einer Endzeit. Und doch sind sie nicht eigentlich eschatologisch, weil sie ein Element bewußter Erfindung enthalten. Jedes Bild einer künftigen Gesellschaft, das als utopisch bezeichnet wird, erhält durch eben diesen Ausdruck eine surrealistische Dimension. Diese entfernt sie von auf Aktion ausgerichteten Ideen und legt damit den Gedanken nahe, daß dies mit Sicherheit nicht das Ende sein wird, obwohl es als ein „möglich-unmögliches" Ende angesehen werden kann.

Es ist fraglich, ob Utopien ein eindeutiges Verhältnis zu einer politischen Doktrin haben müssen, obgleich ein solches Verhältnis vorhanden sein kann. Sehr häufig bezeichnen politische Gegner ihre Ideologien gegenseitig als „utopisch". Damit wollen sie zum Ausdruck bringen — und das berühmteste Beispiel ist in diesem Zusammenhang Karl Marx, der alle früheren Sozialisten „utopisch" nannte —, daß die gegnerische Ideologie unrealistische Elemente enthält, so daß die in ihr enthaltenen Doktrinen und Ideen nicht mehr aktionsbezogen sind. An diesem Punkt wird die enge Wechselbeziehung zwischen Ideen, Ideologien, Mythen und Utopien sichtbar. Um wirksam zu sein und insbesondere, um die Gefolgschaft zu begeistern, müssen Ideologien Aussagen enthalten, die weit über das hinaus gehen, was verwirklicht werden kann; diese Aussagen finden ihren Ausdruck in Mythen und werden oft in der Form von Utopien vorgetragen. Daraus folgt, daß alle Ideologien utopische Elemente und umgekehrt alle Utopien ideologische Elemente enthalten; es folgt weiter, daß die Verbindung zwischen beiden durch das ständige Ineinanderfließen von Ideen und Mythen hergestellt wird. Wäre es möglich, über Zukünftiges und Vergangenes die Wahrheit zu erfahren, dann könnten eventuell Ideologien ohne utopische Bestandteile und Utopien ohne ideologische Blickrichtung erdacht werden. Aber da der Verstand des Menschen nun einmal endlich ist und der Mensch auch die Aufgabe hat, eine politische Ordnung zu gestalten, wird auch die Verflechtung der beiden mit Hilfe von Ideen und Mythen zwangsläufig fortbestehen.

Siebentes Kapitel

Religion und Ritual

Mythos, Ideologie und Utopie, sie alle enthalten Überzeugungen, die nicht zu beweisen sind. Ideologien sind sogar als „säkulare Religionen" oder als „politische Religionen" bezeichnet worden[1]. Eine derartig psychologisierende Verfälschung des Religionsbegriffs wird in Zeiten sich lockernder religiöser Bindungen denkbar; sie ist von keinem Geringeren als William James philosophisch vorgetragen worden[2]. Am Schluß seines Werkes „The Varieties of Religious Experience" findet sich die Bemerkung: „Originalität kann in diesem Bereich nicht erwartet werden, in dem sich die möglichen Einstellungen und Gefühle schon so lange im Schrifttum dargestellt haben." Dennoch hat das zwanzigste Jahrhundert einmal die Entstehung der Pseudo-Religionen des Totalitarismus erlebt, zum anderen jene Art religiösen Philosophierens, die sich als Existentialismus versteht. Sie geht auf Kierkegaard zurück, aber ihre Hauptvertreter sind Marcel und Jaspers, und nicht Heidegger und Sartre. James bezeichnete sich selbst als Vertreter des Supernaturalismus, obwohl nicht jenes „verfeinerten Supernaturalismus", der in der Tradition Kants die Welt in eine ideale und eine phänomenale teilt. „Obwohl es mir nicht möglich ist, entweder ein populäres Christentum oder einen scholastischen Theismus zu akzeptieren, so denke ich doch, daß meine Überzeugung, daß neue Kräfte aus der Gemeinschaft mit dem Idealen in die Welt kommen und daß damit neue Wege beschritten werden, bedeutet, daß ich unter die Supernaturalisten zu zählen bin[3]." Solche Aussagen haben einen seltsam altertümlichen Klang. Und dennoch ist das Problem, das James behandelt, nämlich die Funktion der Religion im Leben

[1] Erich Vögelin, 1938.

[2] William James, 1902, der seine ganze Argumentation auf religiösem „Gefühl" als der Quelle religiöser *Erfahrung* aufbaut. Es ist bemerkenswert, daß die Positivisten, insbesondere Pareto, die religiöse Erfahrung überhaupt nicht als Erfahrung gelten lassen wollten; Pareto behandelt dieses Thema unter der Überschrift „Theories Transcending Experience" (1935, Par. 368 ff.).

[3] James, 1902, S. 511.

des einzelnen und damit der Gruppe, gegenwärtig von weit größerer Bedeutung als wie er dies niederschrieb. Die Bedrohung, der die Kirchen durch die totalitäre Diktatur ausgesetzt sind, hat die Frage des Verhältnisses zwischen Religion und Politik erneut dringlich gemacht. Es ist schlechterdings nicht möglich, die politische Gemeinschaft und ihre Ordnung wirklichkeitsnahe zu behandeln, ohne dabei die Rolle der Religion zu untersuchen. Eine solche Untersuchung ist aber deshalb schwierig, weil die Religion nicht allein seit altersher Gegenstand der Forschung gewesen ist, sondern vor allem durch die großen und heftigen Kontroversen über diese Probleme. Das Christentum z. B. ist nicht nur in eine Reihe rivalisierender Kirchen gespalten, deren Lehren über das Verhältnis von Kirche und Staat in scharfem Gegensatz zueinander stehen, sondern es steht im Wettbewerb mit vielen anderen Glaubensbekenntnissen, die seit altersher in den verschiedenen Kulturen eine entscheidende Rolle gespielt haben. In jedem Falle eignet sich keine aus dem Christentum abgeleitete Auffassung von Religion und Kirche als Grundlage für eine allgemeine politische Analyse, wie sie hier versucht wird.

Was haben nun die verschiedenen Religionen gemeinsam? Lassen sie sich auf einen gemeinsamen Kern zurückführen oder müssen wir davon ausgehen, daß Religion ein „Sammelbegriff" für eine Gruppe von Phänomenen ist, die keine ihnen allen gemeinsame Eigentümlichkeiten haben? Pareto versucht in seiner spöttischen, im Stile des 19. Jahrhunderts positivistischen Behandlung der Religion zwei Arten von Religionen zu unterscheiden, die er Religion Alpha und Religion Beta nennt; die erste bezeichnet er als „all die Skrupel, die den freien Gebrauch der menschlichen Fähigkeiten beschränken", während die zweite „die Überzeugung [beinhaltet], daß es höhere Wesen gibt, mit denen man in Beziehung treten kann"[4]. Alpha und Beta sind jedoch nicht immer dann gegeben, wenn von Religion die Rede ist, und daran scheitert seine Analyse. Augenscheinlich handelt es sich hier nicht um zwei *Arten* von Religion, sondern um zwei *Auffassungen* von Religion, wobei der Begriff Religion selbst ungewiß bleibt[5]. In dieser Hinsicht kann Pareto als typi-

---

[4] Pareto, 1935, S. 238—239.

[5] Paretos Analyse verliert sich in einer langen und ziemlich banalen Abhandlung über das Naturrecht, das er als ein Produkt der Religion ansieht. Es geht ihm darum, zu beweisen, daß die menschlichen Gedanken ihren Ursprung im Gefühl haben (er nennt sie „residues") und aus diesem Grund des logischen Zusammenhangs entbehren („derivations") — zwei Dinge, die, wie ich meine, sich weitgehend von selbst verstehen.

scher Vertreter jener agnostischen Religionskritik gelten, die zu „beweisen“ sucht, daß die Religion nicht „wissenschaftlich“ ist — sicherlich keine sehr bedeutsame Feststellung. Und doch rückt sie etwas in den Mittelpunkt, das entscheidend wichtig *ist*, daß nämlich die Religion wie die Wissenschaft auf Wahrheit ausgerichtet ist, aber auf eine Wahrheit, die sich von der wissenschaftlichen unterscheidet. Es ist üblich, diese als Offenbarungswahrheit zu bezeichnen. Die wissenschaftliche Wahrheit dagegen wird durch anderes mitteilbares Beweismaterial wie Dokumente, Experimente und logische Schlüsse „demonstriert“. Die berühmte Formel *„Credo quia absurdum“*, ich glaube, *weil* es absurd ist, könnte man dagegen als die Urform der religiösen Einstellung zur Wahrheit bezeichnen. Wenn man als nächstes fragt, wer denn jene Wahrheit offenbart, dann wird die Antwort lauten: Gott. Dieses heilige Wort bezieht sich jedoch auf eine große Vielfalt möglicher Wesen und zudem häufig auf eine Vielheit solcher Wesen. Es ist hier nicht der Ort, der Eigenart göttlicher Wesen weiter nachzugehen; es genügt die Feststellung der Erfahrungstatsache, daß sehr viele Menschen glauben, daß solche göttliche Wesen existieren und daß sie Wahrheiten „offenbart“ haben, die auf andere Weise nicht erfahren werden könnten. Man könnte dies die dogmatische Seite der Religion nennen.

Es gibt indessen noch eine andere Seite der Religion. Sie bezieht sich nicht auf die Wahrheit, sondern auf das richtige Handeln. Daß zwischen beidem eine Beziehung besteht, wurde schon früher ausgeführt (Kapitel 3). Was sie verbindet, ist das religiöse Verhalten oder Betragen. Richtiges Handeln kann sich entweder an Erwägungen der Nützlichkeit oder an Vorbildern orientieren. Manche Stifter großer Religionen, wie z. B. Konfuzius, haben vor allem durch ihr Beispiel wirken wollen. Konfuzius nahm nicht wie Moses und andere Religionsstifter für sich in Anspruch, die Wahrheit von einem göttlichen Wesen empfangen zu haben; er wirkte auf seine Anhänger durch sein Verhalten. In einer bemerkenswerten Unterhaltung mit einem seiner Schüler sagte Konfuzius einmal: „Es gibt drei Verhaltensweisen eines Edelmenschen, die ich nicht habe erreichen können. Ein echter Mann hat keine Sorgen; ein weiser Mann hat keine Ungewißheiten, und ein tapferer Mann hat keine Ängste.“ Worauf Tsekung erwiderte: „Aber Meister, Du beschreibst doch genau Dich selber“. Diese und ähnliche Themen kehren in den Schriften des Konfuzius immer wieder: „Die Dinge, die mich bekümmern und mir Sorge bereiten, sind diese: daß ich die Besserung meines Charakters oder meiner Studien vernachlässigen könnte, und daß ich den rechten Weg, wenn ich ihn sehe, nicht einschlagen könnte, oder daß ich, wenn ich einen

Fehler einsehe, mich zu bessern versäumen könnte." Diesen Aussagen mag die Erzählung hinzugefügt sein, nach der Tsekung die Opferlamm-Zeremonie im Winter abschaffen wollte. Worauf Konfuzius ihm sagte: „Sze, Du liebst das Lamm, aber ich liebe das Ritual[6]." Und es ist das Ritual, eingebettet in Brauch und Überlieferung, das die andere Dimension der Religion darstellt. Das Ritual besteht in Riten oder Zeremonien, d. h. in Verhaltensweisen, die symbolisch den Glauben verdeutlichen, verkörpern. Zwar unterscheiden sich die Religionen in der Betonung des Rituals sehr erheblich voneinander, aber es gibt keine Religion ganz ohne Ritual, und sei sie auch noch so dogmatisch[7]. Der Mensch braucht den Ritus ebensosehr wie den Glauben an ein göttliches Wesen, ja der Ritus kann den letzteren zu einem Teil ersetzen. Viele Autoren haben die Frage des religiösen Rituals und seiner Stellung im Gemeinschaftsleben erörtert, insbesondere die Orientalisten. Denn in den orientalischen Religionen spielt das Ritual eine sehr große Rolle. Konfuzius z. B. geht soweit, abzulehnen, daß „die Gründer jeder Kirche ihre Macht ursprünglich der Tatsache ihres direkten persönlichen Kontaktes mit dem Göttlichen verdanken". Christus, Buddha und Mohammed, Luther und Calvin waren dagegen Repräsentanten vorwiegend dogmatischer Religionen. Die polytheistische Religion der Griechen, wie sie von Homer und Hesiod „gestiftet" wurde, verdankte ihre Fähigkeit, die griechischen Kulte zu begründen, nicht der Fähigkeit der Dichter, im geistigen Austausch mit dem Göttlichen zu stehen, sondern ihrem „dichterischen" Genius, mit dem sie das Treiben der Götter anschaulich zu schildern wußten. Ob sie damit Vorbilder für rechtes Verhalten geben wollten, die dann Plato als die Sitten verderbend getadelt hat, sei dahingestellt. Jedenfalls hatte schon Sokrates der überlieferten Wert- und Überzeugungswelt seine göttliche Stimme, seinen *daimonion*, beharrlich entgegengestellt, und sich damit zu einer ganz anderen Form der Religiosität, wie sie sich schon in den Dyonisos-Kulten angebahnt hatte, bekannt[8].

---

[6] Lin Yutang, 1938, S. 162, 163, 168.

[7] Es ist auf James' psychologisierende Methode zurückzuführen, daß er glaubte, „den institutionellen Bereich" („the institutional branch") außer acht lassen und sich nur mit der „reinen und einfachen Religion des Einzelnen" („personal religion pure and simple") befassen zu können (op. cit., S. 30). Hier kommen die religiösen Anschauungen des Protestantismus zum Ausdruck. William Ernest Hocking, 1940, S. 69 ff., betont den Anteil des Rituals in den orientalischen Religionen, der eine „plurale Zugehörigkeit" ermöglicht.

[8] Sokrates war zweifellos nicht der erste, aber sein Name wird für immer mit dieser Neuerung in Verbindung gebracht werden. Siehe Gigon, 1947; A. E.

Diese beiden Grundformen menschlicher Religiosität hat A. D. Nock vor einigen Jahren in einer wichtigen Arbeit in Beziehung zur Prophetie gesetzt. Er hat sie „die beiden entgegengesetzten Pole der geistigen Geschichte des Menschen" genannt und folgendermaßen beschrieben: „Die eine ist das System religiöser Bräuche einer kleinen sozialen Einheit, die nur geringe Bedürfnisse und Interessen hat und über keine wichtigen Verbindungen zu anderen Kulturen verfügt ... Die zweite ist die Religion einer prophetischen Bewegung, die sich im Stadium der stärksten Glaubensinbrunst ihres Stifters befindet[9]." Die Mehrzahl der Religionen gehört nicht eindeutig einem dieser Typen an, sondern bewegt sich zwischen diesen beiden Polen. Es ist wichtig, daß die erste Art zu dem formalisierten Ritual eines gewaltigen Reiches wie China werden, während die zweite zu der beschränkten Anhängerschaft eines herätischen Sektierers herabsinken kann.

In politischer Perspektive, in der die Religion Grundbestandteil des Überzeugungssystems der politischen Gemeinschaft ist, werden Dogma und Ritual verschmolzen; denn auf beiden beruhen bewußt geschaffene Überzeugungen. Der große Gibbon hat einmal geschrieben: „Die verschiedenen Religionsdienste, welche in der Römischen Welt herrschten, wurden sämtlich vom Volke als gleich wahr, vom Philosophen als gleich falsch und von der Obrigkeit als gleich nützlich betrachtet[10]." Diese Nützlichkeit der Religion beruht darauf, daß sie Überzeugungen schafft und trägt, die das jeweils „richtige" menschliche Verhalten bestimmen. Ja, ein solches Verhalten ist schwer ohne derartige Überzeugungen überhaupt zu denken; denn nach allgemeiner Auffassung wird solches Verhalten charakterisiert durch die Spannung zwischen dem, was ein Mensch gern tun möchte und dem, was ihm seine innere Stimme zu tun befiehlt. Wenn eine „Tugendethik" verstanden wird als das „Erfüllen" der Gesetze einer „Gebotsethik", wie es im Christentum der Fall ist, so deutet das auf die Überzeugung als ihren gemeinsamen Kern hin.

Sowohl Dogma wie Ritual verdichten sich zur Organisation. Diese Organisation kann eine Kirche sein, kann sich aber auch im politischen

---

Taylor, 1933. Zur griechischen Religion siehe Werner Jaeger, 1958; Martin P. Nilsson, 1950; und William K. C. Guthrie, 1950, der in Kap. 2 eine interessante Übersicht über die Literatur gibt.

[9] Arthur D. Nock, 1933, S. 4—5 (eigene Übersetzung). Auch Nock sagt von der griechischen Religion, sie sei „der Tradition gefolgt". Er kennzeichnet sie durch die Aussage, daß „eine Stadt bestimmte Götter verehrte, von denen sie die Befriedigung ihrer Bedürfnisse erwartete" (S. 17).

[10] Gibbon, Kap. 2.

Bereich entwickeln. Religionen waren oft darüber hinaus in organisatorischer Hinsicht von der politischen Gemeinschaft abhängig. Byzanz, Moskau und die großen orientalischen Reiche wie China oder Ägypten bieten hierfür Beispiele. In allen waren Politiker und Priester eng miteinander verbündet. In Griechenland und Rom waren religiöse Handlungen Teil des täglichen Lebens der Bürger. In Athen wurde „das neugeborene Kind ... in die Familie aufgenommen, indem es einige Tage nach der Geburt um den Herd getragen wurde. Etwas später wurde es für die Phratie, eine Art Kirchengemeinde, angemeldet, wobei ein Opfer dargebracht wurde; dies geschah auch, wenn das Haar eines Knaben abgeschnitten wurde, d. h. wenn er ins Jünglingsalter eintrat, oder wenn ein Mädchen die Ehe einging. Jünglinge und Mädchen nahmen an Prozessionen, Chören und bestimmten Festen teil. Wenn der Jüngling zum Manne herangewachsen war, dann war zu erwarten, daß er irgendeine Aufgabe religiöser Art erhielt; denn die Priesterämter waren zahlreich und wurden unter die Bürger verteilt, und auch weltliche Beamte, wie die Feldherren, hatten gewisse Opfer zu verrichten ... Die griechische Religion war unauflöslich an die Gesellschaft und deren Bestandteile — Staat, Geschlecht, Familie — gebunden"[11]. Dies war der Rahmen, in dem der Grieche lebte und sich bewegte. Der einzelne war ein Glied in einer Kette, und es war die schwerste Strafe für ihn, aus seiner Stadt verbannt zu werden, weil das bedeutete, daß der Bestrafte seiner religiösen Bindungen verlustig ging. Das Ritual ist in einer solchen Ordnung die wichtigste Voraussetzung für Leben und Sein[12]. Als eigentlicher Kern der Religion berührt es sich vielfach mit dem politischen Leben. Es ist daher nur natürlich, daß die Aufrechterhaltung des Rituals als entscheidend wichtig für den Fortbestand der politischen Ordnung selbst angesehen wird. Diese Ansicht wird noch verstärkt durch die Überzeugung, daß es den Göttern mißfalle, wenn rituelles Brauchtum vernachlässigt wird, und daß diese ihren Zorn nicht allein an dem ihr Ritual verletzenden einzelnen auslassen, sondern an der Gemeinschaft, zu der er gehört. In der politischen Analyse kommt daher dem Ritual bei der Beurteilung der Rolle der Religion die größere Bedeutung zu. Da Ritual sich in sicht-

[11] Martin P. Nilsson, 1950, S. 12 f.

[12] Siehe auch Jaeger, 1958, wo diese „politische Religion" der „natürlichen Religion" der Philosophen gegenübergestellt wird, die dann beide mit der mythischen Religion der Dichter konfrontiert werden — eine Unterscheidung, die von Varro, *Antiquitates rerum humanarum et divinarum*, gemacht worden ist. Varro war bekanntlich ein Zeitgenosse Ciceros. Siehe auch Jacob Burckhardt, 1898.

barem Verhalten äußert, ist es für eine Verhaltensanalyse geeignet[13]. Politisch gesehen ist am wichtigsten, daß durch das Ritual dem Herrscher die Ausübung der Kulthandlungen und die Betreuung der heiligen Bräuche übertragen wird, denn damit tritt er in eine besondere Beziehung zu dem göttlichen Wesen. Könige sind häufig als Nachkommen der Götter angesehen worden, und Benennungen wie „Sohn des Himmels" kommen in der Geschichte vielfach vor. Niemand kann das große Werk von J. G. Frazer, „The Golden Bough", lesen, ohne von den ritualistischen Aspekten der Herrschaft und des Herrscheramts beeindruckt zu sein. Davon wollte der Rationalismus des 18. Jahrhunderts nichts wissen. Er neigte in seinem Kampf gegen den in Auflösung begriffenen Absolutismus dazu, diese Phänomene als schlaue Tricks zu sehen. Schriftsteller wie Rousseau pflegten damals zu sagen, die Gesetzgeber hätten vorgegeben, die Götter befragt zu haben, um ihrem Werk eine göttliche Weihe zu verleihen[14]. In einer berühmten Aussage stellt Rousseau die „Religion des Menschen" der „Religion des Bürgers" gegenüber. Die erste bezieht sich ausschließlich auf die innere im eigenen Bewußtsein lebendige Gottesverehrung: Sie hält sich „von Tempeln, Altären und kirchlichen Gebräuchen frei ... und [beschränkt] sich einzig und allein auf die innere Verehrung des höchsten Gottes und die ewigen Pflichten der Moral" — es ist die reine und einfache Religion des Neuen Testaments, „der wahre Gottesglaube, und könnte das göttliche Naturrecht genannt werden". Die zweite ist auf ein einzelnes Land beschränkt und hat ihre eigenen Götter, Schutzpatrone und Beschützer. „Sie hat ihre Glaubenssätze, ihre Gebräuche und ihren gesetzlich vorgeschriebenen äußeren Gottesdienst." Diese Art der Religion ist, wie er sagt, die der „ältesten Völker". Und außerdem gibt es eine dritte „noch seltsamere Religionsart, die dadurch, daß sie den Menschen zwei Gesetzgebungen, zwei Oberhäupter und zwei Vaterländer gibt, sie widersprechenden Gesetzen unterwirft ..." Diese, zu der, wie er meint, die Religion Tibets, Japans und die Katholische Kirche gehören, nannte Rousseau die Priesterreligion. Alle drei Religionstypen haben nach seiner Ansicht große Mängel,

---

[13] Diese Auffassung vertritt auch Alfred Bertholet in der „Encyclopaedia of the Social Sciences"; er sieht sie als die „objektive" Seite der Religion an. Die Unterscheidung von objektiv und subjektiv mit all ihren Komplikationen soll hier beiseite bleiben; es ist jedoch unbestreitbar, daß religiöses Ritual in dem Sinne konkret ist, daß es beobachtet werden kann, auch wenn seine Bedeutung nur *verstanden* werden kann, wenn dieses rituelle Brauchtum als Symbol des Glaubens an die göttlichen Wesen, auf die es sich bezieht, gesehen wird; in diesem Sinne ist der Glaube primär.

[14] Rousseau, Gesellschaftsvertrag, Buch 4, Kap. 8.

und bei der dritten sind sie ganz offensichtlich. Denn alles, was die Einheit und Geschlossenheit einer Gemeinschaft zerreißt, ist unwertig. Der „bürgerlichen Religion" dagegen steht Rousseau, was ihre politischen Auswirkungen angeht, wohlwollend gegenüber; ihren Nachteil sieht er darin, daß sie auf Irrtum und Täuschung gegründet sei und zu einem eitlen Zeremoniell neige; sie führe auch zu Arroganz und Aggressivität und gefährde dadurch den Staat. Nach Rousseau ist die echte „Religion des Menschen", nämlich das Christentum, heilig, erhaben und wahr, und veranlaßt die Menschen, einander als Brüder zu erkennen. Dennoch ist diese Art der Religion bedenklich, weil sie keine eindeutige Beziehung zur politischen Ordnung hat und daher nicht dazu beiträgt, die Gesetze zu legitimieren, wodurch die politischen Bande sich lockern. Und schließlich, statt die Herzen der Bürger an den Staat zu fesseln, entfremdet sie sie der Politik und allen irdischen Dingen. Daher ist nach seiner Meinung auch diese Religion nicht geeignet, der politischen Gemeinschaft zu dienen. Um die Lage zu meistern, sollte daher der Souverän eine Staatsreligion, eine Art Verhaltenskodex der Geselligkeit (sociability) schaffen, und er sollte dann jeden verbannen, der sich weigert, diese Staatsreligion anzunehmen. Einer ihrer wichtigsten Glaubenssätze würde es sein, Toleranz in Fragen des religiösen Dogmas zu üben, soweit diese jenseits der Grundsätze dieser Staatsreligion liegen. Rousseau schildert diese Religion anhand ihrer Lehrsätze, die präzise formuliert sein müßten. „Das Dasein einer allmächtigen, weisen wohltätigen Gottheit, einer alles umfassenden Vorsehung; ein zukünftiges Leben, die Belohnung der Gerechten und Bestrafung der Gottlosen, die Heiligkeit des Gesellschaftsvertrages und der Gesetze, das sind die positiven Glaubenssätze". Im Rückblick wird deutlich, daß eine solche auf *dogmatischen* Lehrsätzen aufgebaute Religion sich weder mit dem dogmatischen Gehalt anderer Religionen vereinen ließe noch eine besondere politische Bedeutung haben würde. Es ist allerdings bemerkenswert, daß es im heutigen französischen Schulwesen in Form der sogenannten ‚Leçon Morale' etwas Ähnliches gibt. In ihr lehrt man die Kinder die Beachtung „der wichtigsten individuellen und sozialen Tugenden (Mäßigkeit, Aufrichtigkeit, Bescheidenheit, Freundlichkeit, Mut und Toleranz) und versucht ihnen Liebe zur Arbeit, den Geist der Gemeinschaftsarbeit (teamwork), die Achtung des Ehrenwortes, Verständnis für andere Menschen, Liebe zum eigenen Land, die Verpflichtungen gegenüber der Familie und gegenüber Frankreich zu vermitteln"[15]. Ohne Zweifel hat eine derartige ethische Unterweisung

[15] *Le Livre des Instituteurs*, 1948 (19. Ausg.), S. 161.

ihren Wert, aber sie ist nicht die Staatsreligion, die Rousseau vorschwebte; denn er erkannte das Problem, aber es gelang ihm nicht, es politisch zu lösen. Seiner christlichen Herkunft zufolge überschätzte er den dogmatischen Aspekt und vernachlässigte Ritual und Zeremoniell. Wie schon erwähnt, ist das in erster Linie eine Frage der Heiligung des Herrschers, die mit dem Legitimitätsproblem zusammenhängt.

Die Art der Religion, die Rousseau als Priesterreligion bezeichnet hat, und die für die rituellen und dogmatischen Aufgaben eine eigene Organisation erfordert, ist eine Besonderheit westlicher Politik, wenngleich sie auch in einer Reihe von anderen Gesellschaften vorkommt. Die alten Hebräer haben sie bereits in beschränktem Umfang entwickelt, und diese religiöse Organisation hat wesentlich dazu beigetragen, die Weiterexistenz des jüdischen Volkes nach der Zerstörung ihrer politischen Ordnung im Jahre 70 v. Chr. zu sichern. Aber die Juden sind nicht die einzige Minderheit, die ihre religiösen Einrichtungen dazu benutzt hat, sich gegen eine politisch feindliche Umwelt zu schützen. Die Entwicklung der urchristlichen Kirche geht auf eine ähnliche Lage zurück; die Erfahrungen ihrer Gründer, vor allem des Paulus, dürften diese Entwicklung zumindest teilweise erklären. Die römischen Juristen billigten der Kirche jedoch keinen autonomen korporativen Status zu, und zwar selbst dann zunächst nicht, als die Kaiser die christliche Religion angenommen hatten, sondern blieben dabei, die Kirche wie alle übrigen Korporationen dem römischen Staat unterzuordnen[16]. Erst in der Zeit der politischen Zerrüttung und feudalen Erneuerung gelang es der Kirche, eine organisatorische Eigenständigkeit und Autonomie zu entwickeln. Dieser Vorgang ist sehr gründlich durchforscht worden. In der Geschichte der abendländischen Institutionen spielt er eine entscheidende Rolle, ebenso wie die letztenendes zersetzende Wirkung der weltlichen Betätigung der Kirche, in die sie durch ihre Stellung zwangsläufig verwickelt wurde. Alle großen politischen Denker von Thomas von Aquin bis zu Rousseau und Hegel haben sich mit diesem Problem beschäftigt. Jeder hat eine der möglichen Positionen bezogen und diese dann mit Leidenschaft vertreten. Thomas von Aquin hat den Status der Kirche als einer unabhängigen

[16] Die rechtlichen und politischen Folgen, die die Herausbildung des Gedankens einer getrennten Kirchenorganisation gehabt hat, sind von Otto von Gierke in seinem „Das deutsche Genossenschaftsrecht" aufgezeigt worden. Die Bedeutung des Werkes wird jedoch durch die romantische Auffassung Gierkes beeinträchtigt, daß der Gedanke einer korporativen Eigenpersönlichkeit „germanischen" Ursprungs gewesen sei, was in Widerspruch steht zu dem, was man heute über zahlreiche andere Gesellschaften und Kulturen weiß.

und letztlich übergeordneten Körperschaft verteidigt, Marsilius von Padua hat verlangt, daß man die Tätigkeit der Priester streng auf geistliche Belange beschränke, Machiavelli gefordert, daß der Staat die gleichen religiösen Funktionen wie in der Antike übernehmen solle, Calvin und Althusius haben im Staat einen Diener der religiösen Gemeinschaft sehen wollen, Hobbes hat die Kirche zu einem Anhängsel des Staates und seines Herrschers gemacht, Locke die Religion als etwas, das dem Gewissen des einzelnen überlassen bleiben müßte, verstanden, und Rousseaus Auffassungen schließlich sind bereits eben etwas ausführlicher erörtert worden. Es wird aus diesem ganz knappen Überblick bereits deutlich, daß für den Westen einmal die dogmatischen Probleme und zum anderen die Organisation von zentraler Bedeutung gewesen sind. Aber hinter diesen Kontroversen stand doch immer die entscheidende Frage: Wie ist es zu rechtfertigen und damit zu legitimieren, daß der Herrscher Gewalt anwendet, um den Bestand der politischen Ordnung zu gewährleisten? Diese Frage steht nicht nur bei den schweren mittelalterlichen Kämpfen über die Investitur und den Treueid im Mittelpunkt, sondern sie ist auch der eigentliche Kernpunkt der Doktrin des „divine right of kings", die später zu einer Doktrin des „Gottesgnadentums" abgemildert und verfeinert wurde[17].

Es würde zu weit führen, wollte man die Doktrinen, die im Zusammenhang mit diesen Auffassungen entwickelt und vertreten worden sind, näher untersuchen. Es soll nur darauf hingewiesen werden, daß sich immer von neuem das Problem stellt, wie man die göttliche Sanktion von jedem spezifischen kirchlichen Ritual oder Zeremoniell, wie z. B. die Krönung der mittelalterlichen Kaiser durch den Papst, trennen könne. Die Krönungszeremonie ist jedoch bis heute von einer religiösen Symbolik umgeben, die in Großbritannien und einigen anderen Monarchien noch dadurch erhöht wird, daß der Herrscher zugleich Oberhaupt der Kirche ist. Selbst in streng säkularen Republiken wie den Vereinigten Staaten und Frankreich wird der Amtseid als für eine legitime Ausübung der Regierungsfunktionen wesentlich erachtet. In vielen älteren politischen Ordnungen war die Person des Herrschers von dem geheimnisvol-

---

[17] In der Geschichte des politischen Denkens ist ziemlich große Verwirrung entstanden, weil der Unterschied zwischen beidem nicht beachtet worden ist. Und doch läßt sich das *Gottesgnadentum* viel eher als das göttliche *Recht* der Könige mit dem Konstitutionalismus oder gar mit der Demokratie vergleichen. Es ist ein Unterschied, ob man auf Grund göttlichen Rechts herrscht oder die Herrschaft auf Grund göttlicher Gnade ausübt.

len Halbdunkel einer Majestät umgeben, die ans Göttliche grenzt, auch wenn der Herrscher nicht vergöttlicht oder seine Herkunft auf einen göttlichen Ursprung zurückgeführt wird. Aber man läßt ihn Anteil haben an der numinosen Eigenschaft des „verborgenen Geheimnisses". Diese Majestät, diese ehrfurchtgebietende Heiligkeit des Herrschers, wird in konstitutionellen Ordnungen auf die Verfassung übertragen und zuweilen sogar auf deren Interpreten. Daher ist dieses „innere Heiligtum" der staatlichen Ordnung von rituellem Brauchtum umgeben. Angriffe darauf werden von der gesamten Gemeinschaft als Vergehen und Entweihung, als „lèse-majesté", erfahren.

Formen religiöser Rechtfertigung der politischen Führung, wie sie soeben geschildert worden sind, müssen von religiösem Führertum als solchem klar unterschieden werden. Sehr viel Verwirrung ist durch den von Max Weber geprägten unglücklichen Begriff „charismatische Führung" gestiftet worden. Dieser Begriff schließt nach Weber Moses und Christus und andere Religionsstifter, außerdem aber auch die Menschen begeisternde politische Führer und Demagogen ein. Weber selbst beschreibt das Charisma in psychologischen Begriffen. Der Ausdruck kommt im Neuen Testament in einem streng religiösen Sinne vor als eine „Gabe", die auf der Gnade Gottes beruht[18]. Solch Charisma hat eine wichtige Rolle bei der Organisation der frühen christlichen Gemeinschaften, die eher als charismatisch denn als legal zu verstehen sind, gespielt. Diese charismatischen Gaben verlangen von jedermann die Ausübung eines Dienstes, der ein besonderes Amt begründet[19]. Durch Priesterweihe wird dieses Charisma institutionalisiert, und doch bleibt die Vorstellung eines „freien" Charismas, das sich direkt von Gott herleitet und das jederzeit an irgendeiner Stelle in der religiösen Gemeinschaft auftreten kann. Laien wie geweihte Priester sind befähigt, die Art von Führung und Dienst auszuüben, die ihnen dieses Charisma auferlegt.

Die echte Bedeutung des Begriffes Charisma wurzelt demnach in dem Glauben an ein göttliches Wesen und eine göttliche Ordnung, während die Führung eines Hitler oder Lenin auf der begeisternden Wirkung einer dynamischen oder gar fanatischen Persönlichkeit beruht hat. Für die prophetische Form charismatischer Führung besteht jedoch ein weiterer bedeutsamer Unterschied. Es ist charakteristisch, daß die Stifter von Religionen und selbst ihre „Erneuerer" wie der heilige Franziskus und

[18] Römer 20:3—8 und I. Korinther 12—14.

[19] Rudolph Sohm, 1892, I, S. 26 ff. und II, S. 235 ff.

Luther durch starke religiöse Erlebnisse, vor allem durch die „Begegnung" mit einem göttlichen Wesen aufgerufen werden. In solchem Erlebnis wird der charismatische religiöse Führer in der Regel aufgefordert, hinzugehen und anderen die Botschaft zu verkünden, die er empfangen hat und die die Menschheit erlösen werde (soteriologischer Mythos). Einen solchen charismatischen Führer kann man als „spontan" bezeichnen. Auf Grund der stark persönlichen Form des Erlebnisses hat der spontane charismatische Führer normalerweise kein Interesse an Organisation; ja, er verurteilt sogar in der Regel Organisation als unreligiös. „Mein Reich ist nicht von dieser Welt" und ähnliche Aussprüche sind symptomatisch für diese Form der Führerschaft. Es gibt einen einleuchtenden *politischen* oder vielmehr *antipolitischen* Grund für diese Haltung: das religiöse Erlebnis beruht nicht auf Macht, sondern auf ihrem Gegenteil: auf der völligen Aufgabe des „Ich" an das göttliche Wesen. Die spontane charismatische Führung verdankt ihre überwältigende Wirkung auf alle, mit denen sie in Berührung kommt, eben diesem Umstand, daß sie das Instrument transzendenter Mächte zu sein glaubt.

Die spontane Wirkung des Propheten endet jedoch mit seinem Tod. Dann setzt die Institutionalisierung des neuen Charismas ein. Ein Priester aus der Gefolgschaft des Gründers der Bewegung tritt an seine Stelle und organisiert eine Kirche oder zumindest eine ständige Anhängerschaft. Bei primitiven Religionen war der Priester der Agent der *mana* gewesen, einer unpersönlichen, übernatürlichen Kraft. In den rationalen Religionen (Christentum, Judentum, Buddhismus, Mohammedismus, Hinduismus usw.) werden die Offenbarungen des Gründers nunmehr zum heiligen Besitz, der seinen engsten Anhängern anvertraut ist. Sie geben ihn ihrerseits weiter vermittels eines durch Ritual geweihten „Vermächtnisses". Zu solcher Vermittlung ist meist eine lange charakterliche und geistige Ausbildung erforderlich. Weil das Priesteramt ein heiliges Amt ist, sind viele Tabus dafür charakteristisch — die Zölibatsbestimmung des christlichen Priesters (und vieler Mönchsorden) sind ein charakteristisches Beispiel; ähnliches ist auch in vielen anderen Religionen vorhanden. Es ist im allgemeinen der Gedanke an die Gefahr der Verunreinigung, der in solchen Tabus zum Ausdruck kommt.

Jedes Ritual mit Kult, Riten und Zeremonien erfordert zwangsläufig eine Priesterschaft, die über die besonderen Fähigkeiten und Kenntnisse verfügt, die Voraussetzung für die Ausübung dieser Riten sind. In höher entwickelten Kirchengemeinschaften erwartet man vielfach von den Priestern, daß sie über die symbolische Bedeutung der Riten genau unterrichtet sind; dadurch sind Ritual und Dogma in den Handlungen einer solchen institutionalisierten charismatischen Führung eng miteinander verknüpft. Im Verlauf der Entwicklung solcher Priesterschaften entstehen jedoch unvermeidlich organisatorische und politische Probleme. Bei der Organisation von Kirchen oder religiös legitimierten Herrschaftsordnungen entstehen Konflikte und Machtkämpfe. Damit werden die schwierigsten Probleme religiöser Gemeinschaften sichtbar. Eine Kirche oder andere religiöse Organisation kann offensichtlich nur Bestand haben, wenn sie die für die Ausübung von Macht notwendigen Anforderungen erfüllt. Gleichzeitig muß sie den religiösen Glauben möglichst unversehrt erhalten. Die organisatorischen Erfordernisse geraten dabei unvermeidlich in Konflikt mit den ethischen Forderungen der Religion. Die Geschichte aller Kirchen ist reich an solchen Konflikten. Vertreter beider Positionen nehmen die Religion zu ihrer Rechtfertigung in Anspruch[20]. Ein solcher Konflikt war zum Beispiel die Forderung der Armut, die Franz von Assisi vertrat, und ähnliches gilt von vielen anderen „Reformatoren". Im Gegensatz zu ihnen haben bekanntlich Priester oft großes Verständnis für die Erfordernisse der Machthandhabung gezeigt.

Ob und wieweit die Religion als Bestandteil der politischen Ordnung anerkannt werden sollte, ist nach wie vor Gegenstand leidenschaftlicher Kontroversen. In neuester Zeit hat diese Frage sogar die Bemühungen um die Schaffung einer Verfassung in Ländern wie Israel und Pakistan gefährdet; aber auch in Europa spielt sie weiter eine erhebliche Rolle. In den genannten beiden Ländern haben Priester und andere religiöse Gruppen, die die Orthodoxie in ihrer Religion vertreten, heftig und zumindest teilweise erfolgreich für die Einbeziehung solcher Orthodoxie in ihr Grundgesetz gekämpft. So enthielt der Entwurf der israelischen Verfassung eine Bestimmung, nach der die „Grundprinzipien des jüdischen Rechts" zum Bestandteil der Verfassungsordnung gemacht werden sollten; ähnlich sollten die wesentlichen Bestimmungen des Korans in die pakistanische Verfassung Aufnahme finden[21]. Das diesen Streitigkeiten zugrunde liegende Problem ist von großer Tragweite für viele neu entstehende Nationen; denn die Geschichte der Herrschaftsordnungen ist voll von Beispielen dafür, daß Verfassungs- und Grundge-

[20] Dieser Konflikt ist besonders anschaulich in Bernanos' „Tagebuch eines Landpfarrers" geschildert worden, er ist aber ein Thema, das in Geschichte und Literatur immer wieder behandelt worden ist.

[21] Friedrich, A, 1949; Joseph Dunner, 1950, bes. Kap. 8; und Leonard Binder, 1961, Kap. 4—7 und 11.

setze geringe Lebenskraft haben, wenn sie nicht in religiöser Überlieferung, sowohl dogmatischer als auch ritueller Art, verankert sind. Das ist eine Folge ihrer Wertbezogenheit, die der Gemeinschaft und der politischen Ordnung ihr Gepräge gibt.

In der Geschichte politischer Ordnungen hat die Wechselwirkung zwischen Religion und Recht immer eine, oft bedeutende, Rolle gespielt. Jedes Rechtssystem hat sich, wie sich zeigt, wenn man es bis zu seinem Ursprung zurückverfolgt, aus Brauchtum entwickelt, das durch die Religion seine Rechtfertigung und Weihe erfuhr. Die abendländische Rechtstradition geht auf die archaischen Formen zurück, die uns aus Quellen wie dem 5. Buch Mose (Leviticus) und den Anfängen des römischen Rechts, vor allem den Zwölf Tafeln, bekannt sind. Natürlich trug die politische Ordnung dazu bei, die religiösen Anschauungen zu prägen, die sich durchsetzten. Man sollte den oberflächlichen Positivismus vermeiden, der religiöse Grundanschauungen dadurch „erklärt", daß er sie auf Phänomene der politischen Ordnung bezieht. Das bedeutet nicht, daß man verkennt, welche spezifischen Formen von Recht und Herrschaft die religiösen Anschauungen geprägt haben. Die Vorstellung von Gott als einem Richter und Gesetzgeber mag dafür als Beispiel dienen.

Die oft beobachtete Ähnlichkeit der Vorstellungen über die politische und die kosmische Ordnung hat wiederholt Anlaß dazu gegeben, ziemlich gewagte Theorien zu entwickeln[22]. Aber eine Wechselwirkung zwischen beiden besteht zweifellos. Wenn Gott als Herrscher des Universums gesehen und verstanden wird, so liegt die Analogie zu dem Herrscher über die Stadt oder den Staat auf der Hand. Es ist in diesem Zusammenhang behauptet worden, die relative Bedeutung männlicher und weiblicher Götter stehe in direkter Beziehung zur patriarchalischen im Gegensatz zur matriarchalischen Ordnung. Solche Analogien zeigen indessen, daß die Ausbreitung bestimmter religiöser Überzeugungen und vor allem der Glaube an bestimmte Götter sehr eng mit dem politischen Schicksal der Gemeinschaften verknüpft ist, die sich zu einem solchen Glauben und seinem Kult bekennen. Wie jedoch die Geschichte nicht nur des Christentums, sondern auch vieler anderer Religionen, z. B. des Buddhismus, zeigt, breiten sich Religionen häufig auch ohne solche poli-

---

[22] Eric Voegelin, 1956, S. 21—22: „Die Symbolisierung der politischen Ordnung durch Analogien mit der kosmischen Ordnung ... die politische Organisation entwickelte sich von unabhängigen Stadt-Staaten zu Großreichen ... und parallel zu ihrer Entstehung entwickelte sich die Auffassung, das Reich sei eine Entsprechung des Kosmos und seiner Ordnung" (eigene Übersetzung).

tische Unterstützung oder sogar im Kampf gegen schwere Verfolgungen aus. Trotzdem haben die großen Führer der christlichen Kirche, von dem Wert einer wirksamen Unterstützung durch den Staat überzeugt, nicht geruht, bis sie die römischen Kaiser für ihren Glauben gewonnen hatten.

Die Wechselbeziehung zwischen Religion und Politik ist nur eine besondere Seite der allgemeinen Kultur, in die eine Religion eingebettet ist. Es ist naheliegend, die Religion deshalb als von anderen Kulturphänomenen „verursacht" anzusehen. Dem nichtreligiösen Rationalisten erscheint eine solche „Erklärung" vernünftig; die Religionssoziologie baut auf ihr auf[23]. Religion ist in dieser Sicht lediglich ein psychologisches Phänomen, eine Illusion, die von diesen „Faktoren" „verursacht" wird. Solch eine Einstellung ist nicht länger vertretbar. Die Religion ist wie die Mythologie, die ihr vorausgeht und mit ihr verflochten ist, eine Grunderfahrung des Menschen. Ob Gott existiert oder nicht, entzieht sich wissenschaftlicher Erkenntnis; da aber alle Existenz auf Grund menschlicher Erfahrung erschlossen wird und da die menschliche Erfahrung, die wir religiös nennen, zweifellos vorhanden ist, kann man die Existenz Gottes ebenso verteidigen wie die Existenz des Kosmos oder die der politischen Ordnung[24]. Die freimütige Anerkenntnis dieser Tatsache ist eine entscheidende Voraussetzung für jedes empirische Verständnis der Politik. Denn Werte und alles, was von ihnen abhängt, insbesondere die Gemeinschaft, beruhen in erheblichem Ausmaß auf Religion. Die Tatsache, daß es viele Religionen gegeben hat, ist kein wissenschaftlicher Beweis *gegen*, sondern eher *für* die grundlegenden Lehren der Religion: daß ein göttliches Wesen existiert und daß richtiges Verhalten sich nach dem Willen eines solchen Wesens richtet.

---

[23] Eine Reihe von sehr wichtigen Werken gehören zu dieser Kategorie; es sei besonders hingewiesen auf Georg Simmel, 1912; Max Weber, 1922—23; B. Malinowski, A, 1925; Pareto, 1935; und Emile Durkheim, 1912.

[24] Siehe Cassirer, Bd. II, 1925, Teil 3, Kap. 2, S. 216 ff. Brecht, 1961, S. 550 ff., kommt nach einer sehr sorgfältigen Untersuchung zu dem Schluß, daß „die völlige Enthaltung von jeder Erwähnung der göttlichen Alternative in wissenschaftlichen Diskussionen nicht gerechtfertigt (ist). Beiden Alternativen sollte gleiches wissenschaftliches Gewicht zugebilligt werden, da keine wissenschaftlich bewiesen ist und keiner auch nur ein höherer Grad von wissenschaftlicher Wahrscheinlichkeit zuerkannt werden kann" (S. 577 f.). Nach unserer Auffassung berücksichtigt diese Feststellung die Erfahrungsgrundlage der Religion nicht genügend, und sie überschätzt die nichtempirischen Aspekte des „wissenschaftlichen Beweises".

Diese Ausführungen werfen noch einmal die Frage auf, ob Ritual als richtiges Verhalten zu verstehen sei. Der englische Philosoph A. N. Whitehead hat das Ritual sehr allgemein definiert als „die gewohnheitsmäßige Ausführung bestimmter Handlungen, die keine direkte Bedeutung für die Aufrechterhaltung der physischen Organismen der Handelnden haben“[25]. Er wollte das Ritual auf dem Fühlen begründen und vertrat daher die Auffassung, daß sowohl die Religion als auch das Spiel ihren Ursprung im Ritual haben. Ein Mythos „erklärt nicht nur, sondern verstärkt noch den versteckten Zweck des Rituals, der das Gefühl ist“. Diese Feststellung übertreibt, obwohl sie eine wichtige Erkenntnis enthält. Gefühle sind tatsächlich Begleiterscheinungen des Rituals, nicht aber sein Zweck oder Ziel, und die Religion hat ebensowenig ihren Ursprung im Ritual wie umgekehrt das Ritual seinen Ursprung in der Religion hat. Wie bereits oben ausgeführt, ist Religion *immer* teilweise Ritual, und Whitehead selbst hat das erkannt. Er hat die Vernunftreligion als „eine Religion, deren Überzeugungen und Ritual neugeordnet worden sind, und zwar zum Zweck, sie zum Hauptbestandteil einer zusammenhängenden Lebensordnung zu machen ...“[26], bezeichnet. Eine solche Neuordnung beeinflußt Denken und Verhalten; beide werden im Hinblick auf Konsistenz und Aufgabe vernünftig gestaltet. Die gewohnheitsmäßige Ausführung bestimmter Handlungen ist richtig, wenn sie sich in diese Ordnung einfügt, und die Ordnung erlangt dadurch eine Heiligkeit, die von allen ihren Mitgliedern tief empfunden wird. Als Rudolf Otto seine berühmte These von dem „Numen“ als dem eigentlichen Kern religiöser Erfahrung entwickelte[27], psychologisierte er zwar diese Erfahrung; aber das „Heilige“ *ist* ein entscheidendes Merkmal der Religion. Wenn wir sie nicht bloß als etwas auf dem Gefühl Beruhendes verstehen, sondern auch als etwas, das dem „uns Umgebenden“ innewohnt, von dem dieses Gefühl angeregt wird, dann sind wir dem Verständnis des Rituals noch einen Schritt nähergekommen. Denn rituelle Handlungen, von der gewöhnlichsten bis zur erhabensten, sind ein Symbol des „Unbekannten“, von dem wir wissen, daß es über das uns Bekannte hinaus da ist. Die große Zahl von „Tabus“, die die Anthropologen mit so viel Sorgfalt untersucht haben[28], sind aus diesem ver-

---

[25] A. N. Whitehead, 1926, S. 20.

[26] ibid., S. 31.

[27] Otto, 1917, S. 7 und *passim.*

[28] J. G. Frazer, 1959, S. 17 ff. „Sympathetic magic is not merely composed of positive precepts; it comprises a very large number of negative precepts, that is, prohibitions ... the negative precepts are taboos. ...“

meintlichen Wissen um das Unbekannte entstanden. Der Wilde glaubt instinktiv, daß gewisse unbekannte Kräfte den Lauf der Natur bestimmen und daß diese gebändigt werden müssen. Aber selbst heute, in der hochentwickelten, in hohem Maße rationalisierten, wenn nicht überrationalisierten, Gesellschaft unserer Zeit, ist das Gefühl des „Unbekannten" noch stark ausgeprägt, ja, es nimmt sogar wieder zu, was sich in den verschiedenen Formen von Aberglauben wie dem so weit verbreiteten Interesse an der Astrologie äußert[29]. Die astrologischen „Ratschläge", die von vielen ernstzunehmenden Zeitungen auf allgemeine Nachfrage hin gedruckt werden, enthalten zumeist solche „negativen Gebote", das heißt also Tabus. Aber wenn dieser Zeitvertreib des modernen Massenmenschen auch lediglich eine Perversion der Religion ist, so hat doch die Religion viele rituelle Tabus beibehalten; auch die säkularisierte Anwendung der Religion in der Politik ist voller Tabus. Politische Niederlagen an der Wahlurne sind oft auf die Verletzung solcher Tabus zurückzuführen.

Zu den Ritualien, die stark auf die Politik eingewirkt haben, gehört auch der Ahnenkult. Während er in unserer Zeit auf ein Mindestmaß beschränkt ist, übrigens auch niemals ein wichtiger Bestandteil christlichen Rituals war, obwohl die zahlreichen Inschrifttafeln und Gedenksteine in christlichen Kirchen Zeugen für Überreste eines solchen Ahnenkults sind, hat der Ahenkult so unterschiedliche politische Ordnungen wie das Konfuzianische China, Indien und das antike Griechenland geprägt. In diesen Kulturen hat der Ahnenkult, ganz gleich auf welchen Lehren er beruhte, die Tradition gestärkt und dadurch den Zusammenhalt der Kulturgemeinschaft gefestigt. Es ist fraglich, ob eine politische Ordnung überhaupt ohne Ahnenkult lange bestehen kann. Jedenfalls ist er von größter Bedeutung für die Aufrechterhaltung der Stellung der herrschenden Gruppe. In einer erblichen Monarchie kann der Ahnenkult auf das Herrscherhaus beschränkt sein, in einer Aristokratie auf die großen Adelsfamilien, in der Demokratie wird indessen die Verehrung der Vorfahren ziemlich weit verbreitet sein. Es ist sehr eindrucksvoll zu beobachten, wie die Ritualien und Tabus, die den Ahnenkult ausmachen, mit dem vorherrschend rationalistischen Geist der amerikanischen Gesellschaft einen Kompromiß eingegangen sind. Sie „überspringen" den unmittelbaren, noch lebenden Vorfahren und konzentrieren sich auf die,

---

[29] Ernst Jünger, 1959, S. 75 ff., hat einiges sehr Interessante über diesen Trend gesagt; er hat jedoch nicht klar erkannt, daß die Astrologie als Ersatz für Religion dient. Es ist dies eine Reaktion des heutigen Menschen auf das immer größer werdende Wissen um das „Unbekannte".

die früher gelebt haben. Organisationen wie die „Daughters of the American Revolution" sind symptomatisch für diesen seltsamen Kult. Natürlich spielen dabei noch andere Faktoren mit, insbesondere der Nationalismus. Jedoch ist der Nationalismus selbst eine Art säkularer Religion, in der die „Nation" zum göttlichen Wesen geworden ist, auf deren Altar die Opfer der Gläubigen bereitwillig dargebracht werden. Dieses Religionssurrogat des Nationalismus, das oft Wesenszüge der primitivsten Religionstypen aufweist, ist selber voll von rituellem Verhalten, sehr im Gegensatz zu den geistigen Bekenntnissen der großen Religionen.

Ein Wort bleibt schließlich über das Verhältnis der Religion zum sozialen Wandel zu sagen. Sicher ist die Religion oft eine mächtige Triebfeder des sozialen Fortschritts gewesen. Kunst, Wissenschaft und Ethik sind ebenso wie die Politik durch die Opferbereitschaft gefördert worden, die eine Religion in Menschen hervorruft, die eine gemeinsame Überzeugung davon, was göttlich und was rechtes Verhalten ist, eint. Dennoch ist die Religion auch häufig ein großes Hindernis für den Fortschritt gewesen. Beide Wirkungen entspringen aus ihrem Wesen. Dogma und Ritual sind nicht nur Ausdruck ewiger Weisheit und tief verwurzelten gewohnheitsmäßigen Verhaltens, sondern auch der Mutterboden neuer Gedanken und schöpferischen Handelns. Der Grund dafür liegt auf der Hand. Denn da Dogma und Ritual Inhalt und Ausdruck des „Wissens um das Unbekannte" sind, sind die Fähigkeit zu Neuerungen und die Furcht vor dem Neuen aufeinander abgestimmt. In der Überlieferung des Alten Testaments wird diese religiöse Dialektik besonders deutlich. Prophet und Priester streiten miteinander. Der Prophet spricht von dem Neuen, das Gott ihm offenbart habe, der Priester dagegen bezweifelt diese Botschaft und verweist auf das Alte, das bereits offenbart worden ist. In ihrem Widerstreit symbolisieren sie die zwiespältige Wirkung des Religiösen auf die Gesellschaft und insbesondere auf die politische Ordnung.

Achtes Kapitel

Rationales Verhalten, Organisation und politischer Stil

Das Dilemma, das in der Religion durch den Zwiespalt zwischen Überzeugung und Ritual entsteht und in dem Kirchenlehre und Doktrin zu vermitteln suchen, wird vor allem durch die Organisationsprobleme gestellt. Dieses Dilemma ist aber durchaus nicht auf die religiöse Sphäre beschränkt. Auch bei Erziehung, Wissenschaft und den technischen Bereichen, das heißt, wo immer objektive Normen und Werte angestrebt werden, können solche Normen und Werte in Konflikt geraten mit den Anforderungen der Organisation, die den Rahmen für die Zusammenarbeit der in diesem Bereich Tätigen schafft. Selbst politische Parteien geraten laufend in Schwierigkeiten, weil Parteiprinzipien und -programme mit der politischen Praxis in Widerspruch geraten. Es ist daher offenbar, daß eine theoretische Analyse der Organisationsprobleme entscheidend für das politische Verständnis ist.

Organisationstheorie ist neuerdings viel diskutiert worden[1], ja, man hat sie vielfach sehr betont, insbesondere in Arbeiten über Verwaltung und „gesellschaftliches Handeln". Die vorherrschende Tendenz in diesen Untersuchungen ist es, die rationale Komponente hervorzuheben, was ja durchaus im Sinne abendländischer Kulturgegebenheiten ist. Daher denn die Organisation oft in die Thematik „Zweck-Mittel" hineingestellt wird. Zweifellos spielt das Zweck-Mittel-Modell eine wichtige Rolle bei der Strukturierung von Organisationen; aber schon die Analyse der voraufgehenden Kapitel dieses Buches erlaubt es nicht, das Zweck-Mittel-Modell zum Hauptgesichtspunkt der Organisationstheorie zu machen, und zwar weder bei der Diskussion ihrer Entstehung und Aufrechterhaltung noch auch bei der über ihren Zerfall.

Organisationstheorie erfordert eine umfassende Behandlung, und zwar sowohl vom kulturellen wie vom wissenschaftlichen und politi-

---

[1] Chester I. Barnard, 1938; H. Simon, 1947 und 1957; Philip Selznick, A, 1948; Parsons und Shils, 1951, um nur einige zu nennen.

schen Standpunkt. Wert, Zweck und Funktion, Institution, Entscheidung und „policy", Ideen, Ideologien, politische Mythen, Symbole und selbst Utopien, sie alle kommen bei einer umfassenden Organisationstheorie ins Spiel, zumal was ihre Beziehung zu politischer Rationalität und Stil angeht. Menschen zu organisieren heißt, ihre gemeinsamen Werte und Ziele aufzudecken, zu verdeutlichen und zu sichern. Daneben bedeutet es, daß man die Menschen überzeugt oder dazu zwingt, in der Verfolgung dieser Werte und Ziele zusammenzuarbeiten, und zwar vornehmlich durch die Erfüllung spezifischer Funktionen im Organisationszusammenhang, entweder als Mitglieder, als Beitragende, als Angestellte usw. Weiterhin bedeutet es, daß diese Funktionen durch geeignete Institutionalisierung stabilisiert werden, damit Entscheidungen und insbesondere policy-Entscheidungen laufend gemacht und durchgeführt werden. Und schließlich bedeutet organisieren auch noch, daß die Mittel der Überredung, d. h. die leitenden Gedanken, in einem geeigneten Mythos, in einer Ideologie, ja sogar in einer Utopie verkörpert werden, und zwar vor allem auch, damit die Werte und Ziele einer solchen Organisation mit denjenigen größerer Gruppen, insbesondere einer Nation oder einer Kultur, innerhalb deren die Organisation arbeiten soll, in Verbindung gesetzt werden. Dieser Vorgang ist in modernen hochentwickelten Gesellschaften ohne weiteres einzusehen, und jeder, der es einmal unternommen hat, zu organisieren, wird leicht die verschiedenen soeben angedeuteten Arten des Vorgehens wiedererkennen. So ist es zum Beispiel klar, daß im Prozeß der Konsolidierung einer Organisation die Bildung von Mythen, Symbolen und Utopien Platz greift. Weiterhin brauchen selbst kleine Organisationen zum mindesten einen Namen als Identitätssymbol, und sie werden rasch einen Gründermythos entwickeln, in dem eine bestimmte Person oder auch mehrere als Gründer angesprochen werden, ob sie es nun gewesen sind oder nicht. Und schließlich wird man auch von einer mehr oder weniger utopischen Zielsetzung sprechen, die als Leitstern verstanden wird, obwohl man allgemein anerkennt, daß sie sich in der voraussehbaren Zukunft nicht wird verwirklichen lassen.

Bis zu diesem Punkte stellt sich keine besondere Schwierigkeit für eine Organisationstheorie ein. Sie ergibt sich ziemlich einfach aus den bisher erarbeiteten Grundlagen als eine Kombination aus den verschiedenen Faktoren. Es stellt sich aber die sehr echte Frage, ob eine realistische Organisationstheorie Organisationen so eindeutig als ein Ergebnis rationaler Handlungsweise verstehen kann. Wir haben bei der Betrachtung der Religion gesehen, daß Organisationen aus bestimmten Situationen „erwachsen", ja man kann geradezu sagen, daß Menschen in der

Antwort auf eine Problemlage Organisationen aufbauen, ohne es zu wollen. Ja, sie bauen oft Organisationen auf, obwohl sie es nicht wollen, und zwar weil die Erfordernisse der Lage sie dazu zwingen. Und selbst wenn eine Organisation beabsichtigt ist, so scheint dieselbe oft ein Eigenleben zu entwickeln und über die von den Gründern angestrebten Ziele hinauszuwachsen. Diese Vorgänge werden nicht selten durch rivalisierende Organisationen ausgelöst, weil diese sich entweder durch die neue Organisation bedroht fühlen oder sich bilden, weil das Organisieren einer bestimmten Wert- und Zielrichtung auch das Organisieren der mit dieser Richtung im Widerspruch stehenden Werte und Ziele notwendig macht. So kommt es, daß die Erfordernisse einer Organisation, die um ihre Existenz kämpft, oft sehr verschieden sind von den Bedürfnissen, auf die sie ursprünglich eine Antwort sein sollte.

Dieses Problem des Verhaltens, das erforderlich ist, um die für die Existenz einer Organisation wesentlichen Aufgaben zu erfüllen, hat in der Geschichte des politischen Denkens eine große Rolle gespielt, und zwar unter dem Begriff der „Staatsräson". Die Lehre von der Staatsräson war und bleibt auch heute eine Lehre mit normativem *und* deskriptivem Inhalt. Beschreibend stellt sie fest, daß Herrscher, die für einen Staat verantwortlich sind, dann, wenn die Existenz des Staates es erfordert, die Gebote Gottes und des menschlichen Gewissens verletzen. Es handelt sich hier offenbar um einen besonderen Fall von Wertkonflikten, und zwar den, bei dem die Lösung eindeutig zu Gunsten der Organisationswerte ausfällt. Im großen gesehen handelt es sich hier um den Konflikt zwischen Politik und Moral. Man hat es früher als voraussetzungslos richtig angesehen, daß Menschen auf Grund des Rechts der Natur ein Recht hätten, sich mit allen ihnen zur Verfügung stehenden Mitteln zu verteidigen[2]. Aber wie weit darf ein Mensch wirklich in der Verletzung ethischer Normen bei der Selbstverteidigung gehen? Die christliche Theorie ist reich an detaillierten und oft sehr kontroversen Lehren, die als Antwort auf diese Frage zu gelten beanspruchen. Der Gedanke einer leidenden Unterwerfung steht hier dem Ruf nach Widerstand, Aufstand und Tyrannenmord gegenüber[3]. Die unterschiedlichen Antworten sind in einem erheblichen Ausmaß dadurch bedingt, wieweit die Verteidigung des „wahren" Glaubens in der Lage mitgegeben ist.

---

[2] Siehe dazu und zu den folgenden Ausführungen Friedrich, 1961 I, S. 3 ff. und die dort angegebene Literatur.

[3] John D. Lewis und Oskar Jaszi, 1957; Bernhard Pfister und Gerhard Hildemann (Hrsg.), 1956. Siehe auch Friedrich, 1963, Kap. 34.

Lehren wie die des heiligen Augustinus vom gerechten Krieg sind auch Teil dieser Problematik, ja man kann in einem gewissen Sinne von einem Konflikt zwischen Kirchenräson und Staatsräson sprechen, denn die Rivalität dieser beiden Großorganisationen hat zu einigen der heftigsten Auseinandersetzungen über Organisationen und ihre Existenzberechtigung geführt. Aber nur wenn sich die Gebote einer Ethik hoher Normativität und die Überzeugungen, die sie beinhaltet, auf der einen Seite und die Erfordernisse einer Organisation, deren Wohlfahrt und Existenz im Spiele sind, widersprechen, entsteht jener Konflikt, dessen eindrucksvollstes Beispiel die „Staatsräson" ist. Mit anderen Worten, die Staatsräson ist nur eine besondere Form jener allgemeinen Feststellung, daß Handlungen, die der Wohlfahrt und der Existenz einer Organisation dienen, von denjenigen ergriffen werden und auch ergriffen werden sollten, deren Aufgabe und Funktion sich im Dienste der Organisation erfüllt. Ein Großteil moderner Organisationstheorie sagt im Grunde nur dies aus, daß Menschen in Organisationen so wie eben angedeutet handeln und auch handeln sollten, und dann heißt es, diese Ansicht sei „realistisch"[4].

In Wirklichkeit ist eine derartige Theorie höchst unrealistisch, denn Menschen handeln so durchaus nicht immer, ja nicht einmal gewöhnlich. Es gibt eine Geschichte über einen indischen König, der, weil er wegen des bei den Jainas geltenden Wassertabus sich geweigert hatte, seiner Armee zu gestatten, in der Regenzeit zu kämpfen, seine Krone und sein Leben verlor. Ähnliche Vorgänge finden sich zu allen Zeiten. Machiavelli hat eine Reihe solcher Beispiele zusammengestellt, um damit dem Leser nahezulegen, daß Herrscher alle Werte vernachlässigen *sollten*, die mit einem zweckrationalen Handeln, wie es durch die politische Lage gefordert wird, im Widerspruch stehen[5]. Wo Herrscher das nicht getan haben,

---

[4] „Realismus" ist besonders im Hinblick auf internationale Organisationen und Beziehungen betont worden. Dabei sind besonders hervorgehoben worden: 1. die objektiven Gesetze der menschlichen Natur, 2. die machtpolitischen Interessen, 3. Veränderungen, die nur durch „geschickte Manipulationen" erfolgen sollen (through „workmanlike manipulation"), 4. moralische Prinzipien, die nur im Zusammenhang mit konkreten Umständen gültig sind, 5. moralische Überzeugungen einer einzelnen Nation, die keine allgemeine Gültigkeit besitzen. Siehe dazu Hans J. Morgenthau, 1948, 1954, S. 3 ff. Eine radikalere Einstellung hatte derselbe Verfasser 1951 vertreten, als er von der „moralischen Würde des Nationalinteresses" sprach und verkündete, daß die Vereinigten Staaten „auf der Suche nach ihrer eigenen Staatsräson" sind („groping toward a reason of state of its own"), S. 39.

[5] Machiavelli, Discorsi, z. B. Buch I, Kap. XXX—XXXIII, LI; Buch III,

da sollte nach Machiavelli eine realistische politische Theorie fragen: Warum haben Herrscher in dieser Lage nicht nach zweckrationalen Gesichtspunkten gehandelt? Die Antwort darauf ist nicht einfach, denn in der geschichtlichen Wirklichkeit sind die Gründe zumeist sehr zahlreich. Der Jaina-König würde wahrscheinlich gesagt haben, daß die Götter das Töten beseelter Wesen verboten hätten, daß viele solche Wesen im Wasser leben und daß deshalb das Wasser verehrt werden solle, was unmöglich sei, wenn ein Heer in der Regenzeit kämpfe. Für einen Beobachter, der das nicht glaubt, was der Jaina-König glaubte, muß ein solcher Grund einfach als Aberglaube und daher als Widersinn erscheinen. Wenn aber von der politischen Ordnung tatsächlich geglaubt wurde, daß sie in *den* Werten verwurzelt sei, die sich von des Königs Glauben herleiteten, dann ließ sich unter diesen Umständen ihre Vernichtung nicht vermeiden, denn eine Verletzung der Tabus würde sie ebenfalls zerstört haben, nur dann von innen anstatt von außen. In jeder Ordnung und deshalb auch in jeder Organisation, die eine solche Ordnung mit einer Struktur versieht, gibt es Handlungsweisen, die deshalb nicht unternommen werden können, weil die Werte und Aufgaben der Organisation selbst auf dem Spiel stehen. In der weltweiten Rivalität von kommunistischem Totalitarismus und demokratischem Konstitutionalismus kann man dies „Gesetz der Politik" am Werk sehen. Immer wieder findet man, daß Staaten in jedem der beiden Lager an dem Ergreifen offensichtlich rationaler Handlungen und der Verfolgung der entsprechenden Politik verhindert sind, weil es Tabus gibt, die auf ihren Überzeugungen beruhen. So haben sich die Vereinigten Staaten seinerzeit nicht geweigert, Teile von Deutschland, die sie erobert hatten, der Sowjetunion zu überantworten, obwohl es offensichtlich gegen das Nationalinteresse der Vereinigten Staaten verstieß, dies zu tun. Der Grund dafür ist, daß die auswärtige Politik der Vereinigten Staaten auf der Überzeugung beruht, daß vertragliche Verpflichtungen erfüllt werden müssen. Die gleiche Überzeugung ist auch dafür verantwortlich, daß die Vereinigten Staaten im Angesicht einer Lage, die eine Kriegsdrohung enthielt, Korea seinerzeit evakuiert haben. Verwandt ist damit die Politik der Vereinigten Staaten, die es unterlassen hat und noch unterläßt, im Zusammenhang mit der Hilfe an fremde Staaten Bedingungen politischer und wirtschaft-

---

Kap. II—V, XIX—XXII; „Der Fürst", Kap. XV—XIX. Leo Strauss, 1958, hat es als das Böse an Machiavelli bezeichnet, daß er eine solche Norm aufgestellt hat. Er hätte auch sagen können, daß Machiavelli empirisch im Irrtum gewesen sei. Denn diejenigen, die seine Norm nicht anerkannten, hatten dafür ihre *Gründe*.

licher Art zu stellen, und das selbst dann, wenn solche Bedingungen entscheidend wichtig für den Erfolg eines solchen Hilfsprogramms sind. Hier ist der Grund der amerikanische Glaube an „Nichtintervention" und „Unabhängigkeit". Aber auch die Sowjetunion ist durch ihre Überzeugungen in der Politik behindert. Ihre Deutschland-Politik ist lange Jahre hindurch von dem falschen Glauben bestimmt worden, daß die kommunistische Partei in Mitteldeutschland die Massen des deutschen Volkes „repräsentiere". Ebenso macht sie einen Fehler nach dem anderen wegen ihrer Überzeugung, die Zeit stünde auf ihrer Seite, und die kommunistischen Parteien würden daher bestimmt an Umfang und Einfluß gewinnen, wo doch offensichtlich das Gegenteil der Fall ist. Diese bekannten Beispiele aus der Gegenwartspolitik sind hier nur deshalb erwähnt worden, um zu zeigen, daß das allgemeine Problem, wieweit politisches Verhalten rein im Hinblick auf spezifische Organisationsvorhaben rationalisiert werden könne, in der Natur jeder Organisation verwurzelt ist.

So hat sich auch Thukydides mit diesem Problem herumgeschlagen. In einer berühmten Auseinandersetzung zwischen Athenern und Meliern erklären die Athener sehr eindeutig Ansichten, die als Lehre von der Staatsräson anzusprechen sind. „Macht erzeugt Recht, und entsprechend dem Zweck ihrer Natur herrschen Menschen immer, wenn sie die Macht dazu haben." Gerechtigkeit gibt es nur unter Gleichen, und „die Mächtigen nehmen, was sie können, und die Schwachen geben, was sie müssen"[6]. Die Athener hatten ähnlich in einer früheren Diskussion mit den Spartanern argumentiert. In diesen von Thukydides berichteten Auseinandersetzungen bleibt ungewiß, wie Thukydides selber den Fall beurteilte. Doch gibt es einen klaren Hinweis darauf, was Thukydides von der kalten Lehre der Athener hielt. Er sah in ihr einen der Gründe für ihre späteren Schwierigkeiten. Was er nahezulegen scheint, ist, daß die Verräterei, unter der sie später zu leiden hatten, eine gerechte Strafe für ihren Zynismus gewesen sei. Aber obwohl er so argumentierte, hat er seine grundsätzliche Bemühung um die Staatsräson nicht aufgegeben. Denn letztenendes sagt er ja nur sehr vernünftig, daß ein gewisses Maß an hypokritischem Anerkennen der Werte, die die meisten Mitglieder einer Gemeinschaft anerkennen, nur Teil jener „Rationalität" der Mittel sei, die die Lehre von der Staatsräson verlangt. Ja, man kann wohl sagen, daß eine moralische Rechtfertigung solcher Hypokrisie etwa in

---

[6] Der Peloponnesische Krieg, Buch V, Kap. 29.

dieser Weise vertreten werden könnte, nämlich daß sie ihren Wert dem Umstand verdanke, die Existenz einer Gemeinschaft zu sichern.

Das Problem ist noch relativ einfach, wenn es dieser Art als durch Patriotismus bestimmt oder im Hinblick auf die Aufrechterhaltung eines Imperiums oder einer politischen Ordnung gesehen wird, solange diese Ordnung nicht selber als wesentliche Vorbedingung für normativ gefordertes Verhalten und für die Aufrechterhaltung eines Wertsystems gesehen wird. Denn ein Reich ist kein moralisches Wesen in dem Sinne, wie es die christliche Kirche ist. Bei letzterer tritt das Problem der zweckrationalen Führung der Organisation in aller Schärfe in Erscheinung. Der darin steckende Konflikt wurde am klarsten von den Jesuiten erkannt, und Pascals scharfe Angriffe auf die Jesuiten waren daher nicht sehr einsichtig. Wenn man natürlich annimmt, daß eine Organisation nicht notwendig ist, dann wird der mit der Aufrechterhaltung der Organisation Betraute gern bereit sein, ihre Existenz moralischen Wertüberlegungen zu opfern. Wenn dagegen die Organisation selber für die Aufrechterhaltung dieser Werte wesentlich ist, wenn man z. B. fest überzeugt ist, daß es kein Christentum ohne christliche Kirche geben kann oder kein gutes Leben ohne die athenische *Polis* oder ohne den modernen Nationalstaat, dann wird in diesen Fällen notwendigerweise die Folge sein, daß alle Mittel, die für die Aufrechterhaltung der Organisation notwendig sind, rational erscheinen. „Organisationsräson" ist die notwendige Folge eines potentiellen Konflikts zwischen den existentiellen Bedürfnissen einer Organisation und den Werten und Zwecken, für die sie existiert. Der Fehler dieser Lehre liegt darin, daß man zu wissen annimmt, was diese existentiellen Notwendigkeiten beinhalten. Das ist aber oft sehr fraglich. Konnte der Jaina-König wissen, daß sein Heer besiegt werden und sein Königreich verloren gehen würde? Konnten die Athener wissen, was die Folge dieses ihres harten Vorgehens gegen die Melier sein würde? Die sehr ungewisse Natur komplexer politischer und sozialer Verursachung macht es fast immer unmöglich, solche Kenntnis zu besitzen und daher auch unmöglich, mit hinreichender Eindeutigkeit zu beweisen, daß die Verletzung der Werturteile gerechtfertigt sei[7]. Umgekehrt muß die Ethik darauf achten, was als hinreichender Beweis gelten kann und welche Art von Risiko man in Anbetracht solcher Ungewißheiten auf sich nehmen kann.

---

[7] Thomas von Aquin, *Summa Theologica,* II. I. Q. 196. Art. 6 (Ende von *Respondeo*) und Johannes Althusius, *Politica,* Kap. XXI — zwei Theoretiker, die die ethische Seite einer Notstandslage eindeutig erkannt haben. Siehe auch Friedrich, 1961 I, Einleitung und Kap. III.

In der Hochzeit der Staatsräson hat diese übergroße Zuversicht, man wisse schon, was wirklich rationales Verhalten sei, die Lehre von den *Arcana Imperii,* den Geheimnissen der Herrschaft, erzeugt. Diese Lehre beruhte auf der Überzeugung, daß politische Einsicht sehr schwer zu erlangen sei und den meisten Menschen verborgen bleibe. Allerdings gebe es, so meinte sie, Menschen — Könige und ihre Ratgeber —, die mit diesen Geheimnissen vertraut und die deshalb in der Lage seien, den wahrscheinlich richtigen und rationalen Handlungsverlauf vorauszusehen. Viele Experten in Fragen der Politik sind noch heute geneigt, dies zu glauben (Kapitel 3). Sie vergessen leicht, wie stark ihre Meinungen voneinander abweichen und bestehen daher auf der Rationalität ihrer eigenen Ratschläge, obwohl dieselben in Wirklichkeit nur den *wahrscheinlichen* Verlauf einer empfehlenswerten Politik andeuten. Der für eine Organisation verantwortliche Mann hat aber nicht nur ein Recht, sondern die Verantwortung dafür, auch die nicht-technischen Werte einer Organisation bei seinen Entscheidungen zu berücksichtigen.

Die Rationalität, so kann man daher sagen, ist in die Vielfalt der Ungewißheiten verwickelt, die alle erst in der Zukunft eintretenden Ereignisse betrifft; zu diesen Ungewißheiten gehören vor allen Dingen auch die Werturteile derjenigen, die den Verlauf einmal beeinflussen könnten. Dabei handelt es sich offenbar nicht so sehr um etwas Berechenbares, sondern um ein Urteil, das in starkem Maße auch Gefühlsmomente in Rechnung stellt und stellen muß. Die erfolgreiche Führung einer Organisation verlangt, daß ihre Führungskräfte repräsentativ *das* empfinden und *das* Verhalten für richtig halten, das auch die anderen in der Organisation tätigen Menschen als solches empfinden[8]. Dies ist übrigens der eigentliche Grund dafür, daß es ein Irrtum ist zu glauben, rationale Entscheidungen könnten durch Rechenmaschinen gewonnen werden. Die bestechenden Ergebnisse der mit diesen Methoden erzielten Analysen sind nicht geeignet, die exorbitanten Aussagen zu rechtfertigen, die gelegentlich dazu gemacht werden[9]; auf der anderen Seite sollte man sich

---

[8] Siehe Friedrich, 1963, Kap. 15.

[9] Siehe Herbert Simon, 1947, 1957, Kap. XXIV—XXVII. Der Verfasser führt aus, daß er „die Beschreibung menschlicher Rationalität . . . nicht als hypothetisch versteht, sondern so, als seien ihre Hauptmerkmale wissenschaftlich nachgewiesen worden". Es handelt sich hier um eine philosophische Schwierigkeit. Simon leugnet keinesfalls, daß „jede Entscheidung zwei verschiedene Grundbestandteile hat . . ., ‚faktische' und ‚Wert'-Bestandteile" (S. 45). Aber er übernimmt die „positivistische" Theorie hinsichtlich der Natur wissenschaft-

durch diese irrtümlichen Aussagen nicht dazu verführen lassen, alle Ergebnisse derartiger Analysen durch Rechenmaschinen zu verwerfen. Wenn behauptet wird, daß das Hauptanliegen der theoretischen Verwaltungswissenschaft die Abgrenzung der rationalen von den nichtrationalen Elementen menschlichen Verhaltens sei[10], so ist darauf zu antworten, daß keine solche Grenze besteht, und zwar infolge der gegenseitigen Abhängigkeit von Tatsachen- und Werturteilen. Die theoretische Verwaltungswissenschaft ist ein Teil der allgemeinen politischen Theorie. Ihr Hauptanliegen sind Verallgemeinerungen, die sich auf erwiesene Tatsachen über das Management von Organisationen beziehen. Diese Tatsachen mitbeinhalten alles, was Werturteile, Ideen, Ideologien und Verwandtes, das zur Organisation menschlicher Gruppen gehört, betrifft[11].

Wenden wir uns nun der Frage der Entstehung von Organisationen zu. Dabei ist die Rolle des Gründers von entscheidender Wichtigkeit. Der Gründer ist gewöhnlich der, der erkennt, daß in einem bestimmten Sach- oder Aufgabenbereich eine Organisation möglich und erwünscht ist. Dabei mag entscheidend sein der Sinn für die Aufgabe, die ihn mit anderen verbindet; seine Rolle mag aber auch auf seiner Geschicklichkeit im Organisieren oder auf seiner Fähigkeit zur Mitteilung beruhen. Jedenfalls bestimmen diese und andere Faktoren das Bild des erfolgreichen Gründers. Bertrand de Jouvenel hat sich mehr als andere darum bemüht, die Bedeutung der Rolle des Gründers für jede Organisationstheorie herauszustellen, wobei wohl zu bedenken ist, daß de Jouvenel als Wirtschaftswissenschaftler mit der in dieser Wissenschaft schon seit langem betonten Rolle des Unternehmers vertraut war[12]. Er schreibt: „Es gibt in Wirklichkeit keine spontane Vereinigung von Wünschen, die gleichzeitig in den Herzen Vieler entstanden sind. Was man in Wirklichkeit beobachten kann, ist nicht, daß Menschen spontan zusammenkommen, sondern daß ein Promoter oder auch mehrere sich dauernd

licher Aussagen und zitiert unter anderem Morris, Carnap und Ayer zur Untermauerung seiner These, daß „faktische Aussagen Feststellungen über die erkennbare Welt und die Weise, in der sie funktioniert“ sind. Diese Auffassung wird von Michael Oakeshott, 1962, abgelehnt.

[10] H. Simon, op. cit., Kap. XXIV.

[11] Hier könnte eine Diskussion der von Chester I. Barnard vorgetragenen Anschauungen einsetzen; siehe Barnard, 1938, S. 73 ff. Für eine solche Diskussion sei auf Friedrich, 1963, S. 126 ff. verwiesen. Siehe auch Bertram M. Gross, 1964, S. 171 ff.

[12] Schumpeter, 1926; Alfred Marshall, 1922.

um potentiell Beteiligte bemühen, und zwar zu dem Zweck, sie *zusammenzubringen*. Der Prozeß der Bildung einer Organisation läuft an, weil ein einzelner die Initiative ergreift, der unter anderen die Saat seines Vorgehens sät. Einige unter diesen, bei denen die Saat aufgeht, werden zu einer kleinen Gruppe von Aposteln für den Plan, und diese bilden der Kern derer, die predigen und werben[13]." Es ist richtig, darauf zu bestehen, daß ein Fehler eines Großteils von Organisationstheorie darin liegt, daß sie „die Rolle des Gründers — des *auctors* — bei der Bildung von Gruppen übersieht". Die Rolle des Organisators oder Gründers wird dann im Fortgang der Entwicklung in die Führungsrollen institutionalisiert, die die entstandene Organisation verwalten und die de Jouvenel die „Stabilisatoren" nennt. Es ist üblicher, sie als Exekutivbeamte oder Verwalter zu bezeichnen. Sie sind erforderlich, denn die Integration geht nicht automatisch weiter noch wird sie automatisch nur durch die Werte, Ideologien und andere unpersönliche Dinge erreicht[14]. Denn Werte, gerade weil sie objektive Gegebenheiten und nicht nur subjektive Einstellungen oder Überzeugungen sind, benötigen neben dem Gründer den Führer und Verwalter, damit sie ein tätiges Element in den Teilnehmern an einer Organisation werden. Auch hier zeigt sich erneut, daß eine Organisation nicht nur als eine Struktur, eine Gestalt, sondern auch als ein Prozeß, ein Vorgang, verstanden werden muß[15].

An dieser Stelle muß ein Wort über den Stil einer Organisation gesagt werden. Denn die persönlichen Eigentümlichkeiten eines Gründers und seiner Mitarbeiter gestalten das Verhalten einer ganzen Organisation, und zwar gleich, ob sie politischer, wirtschaftlicher, religiöser oder anderer Natur ist. Das ist für Geschäftsunternehmen allgemein anerkannt, aber es gilt auch für andere Organisationen. Der persönliche Stil des Gründers eines Mönchsordens, um nur ein bekanntes Beispiel zu geben, hat sich gewöhnlich in ganz genauen Regeln über das persönliche Verhalten niedergeschlagen. Aber im Verlauf der Zeit tritt natürlich der persönliche Stil des Gründers allmählich gegenüber dem Verhalten der

---

[13] Bertrand de Jouvenel, 1955, S. 28.

[14] Eine Auffassung, die Talcott Parsons, 1951, S. 349 ff., und viele andere vertreten.

[15] Parsons, 1960, S. 16 ff., Kap. 1 und 2, behandelt die Organisation in erster Linie als Struktur. Für seinen Organisationsbegriff ist die Erreichung eines bestimmten Zieles vorrangig; seine Darstellung zeigt, daß er den Begriff der Organisation auf „vorsätzlich gewählte" Zwecke einschränken möchte. Über die Gründung einer Organisation wird nur sehr wenig gesagt, im Zusammenhang mit dem „Unternehmertum" („entrepreneurship"), S. 27.

übrigen Mitglieder zurück, auch wenn der ursprüngliche Stil durch strenge Regeln gesichert schien.

Aber was bedeutet Stil und insbesondere politischer Stil? In Schillers „Wallenstein“ sagt ein kleiner Gefolgsmann von dem großen General: „Wie er sich räuspert, wie er spuckt, hat man ihm glücklich abgeguckt ...[16].“ Ein ganzes Heer, wie es von diesem großen militärischen Unternehmer geschaffen worden war, bemühte sich, den Stil seines Verhaltens nachzuahmen. Zum Vergleich sei folgendes erwähnt: Der Stil eines Schriftstellers wird durch seine Ausdrucksweise, seine Denkungsart und seinen Wortschatz bestimmt, weil sich in diesen seine Persönlichkeit spiegelt. Niemand kann einen Abschnitt aus Ranke mit einem aus Goethe oder Nietzsche verwechseln. Was für den Stil eines Schriftstellers gilt, gilt ebenso auch bei anderen Formen des Ausdrucks. Stil ist von entscheidender Bedeutung für Malerei, Musik und alle anderen Künste. Es kann daher nicht überraschen, daß er auch in der Politik eine Rolle spielt; denn wo immer sich ein Mensch bewegt, da wird die Bewegung die Züge seiner Persönlichkeit tragen[17]. Das hat nun wieder große Bedeutung für die Koordination und Zusammenarbeit, insbesondere die Koordination von Erwartungen, denn Elemente eines gemeinsamen Stils tragen zum Zusammenhalt einer Organisation bei. Da Stil die Persönlichkeit ausdrückt, so werden sich Wertungen auch im Stil des Verhaltens verkörpern. Solche stilistischen Eigentümlichkeiten können zu einem wesentlichen Hindernis für das erfolgreiche Arbeiten einer Organisation werden, was sich insbesondere bei den Bemühungen um interkulturelle Zusammenarbeit immer wieder zeigt. Aber nicht nur zwischen Nationen, sondern auch in ihnen sind solche Konflikte sehr häufig. Die Zusammenarbeit zwischen Hamburgern und Bayern ist deshalb nicht leicht, weil ihr durch die Heimat bestimmter persönlicher Stil in einer höheren Einheit transzendiert werden muß.

---

[16] Schiller, Wallensteins Lager.

[17] Gordon W. Allport und Phillip E. Vernon, 1933, S. 4 f. und 173 ff. untersuchen diese Aussage sehr sorgfältig mit Hilfe der empirischen Psychologie. Allport, 1937, S. 489 ff. sagt, daß „Stil die komplexeste und vollkommenste Form des Ausdrucks des Verhaltens ist“ — „style represents the most complex and most complete form of expressive behavior“. „It involves the very highest levels of integration“. „... style ... the external aspect of (the structural) consistency (of personality)“. „Style is a characteristic not only of verbal expression, but of any articulate complex-level of activity as well“. „... There are occupational styles that cling to the performance of any individual in the course of his daily work“. Siehe dagegen Spiro, 1959, Teil III. Er interpretiert Stil zu eng als „types of arguments“ (S. 178).

Politischer Stil ist daher, um es noch einmal ausdrücklich zu sagen, sehr eng mit politischen Verhaltensweisen verknüpft. Es ist schon oft darauf hingewiesen worden, wie unterschiedlich der Stil eines Ministeriums, etwa eines Auswärtigen Amts und eines Landwirtschaftsministeriums ist. Bei der Neubildung kann, wie bereits erwähnt, die Persönlichkeit des ersten Ministers den Stil einer solchen Organisationseinheit auf längere Zeit bestimmen. Das ist insbesondere der Fall, was die Gestaltung des gegenseitigen Verhaltens ausmacht (autoritär oder kollegial). In einer auf Zusammenarbeit aufgebauten Organisation werden die Leistungen der Teilnehmer freiwillig gemacht. In einer auf Leitung von oben eingestellten dagegen werden diese Leistungen angeordnet und erzwungen. Es ist offensichtlich, daß sowohl der eine Stil wie der andere eine arbeitsfähige Organisation schaffen kann, die gute Ergebnisse zeitigt. Aber es ist klar, daß die sogenannte autoritäre Persönlichkeit eher mit einer Organisation hierarchischer Gliederung, die nicht-autoritäre dagegen mit einer genossenschaftlichen Gliederung Erfolg haben wird, denn beide Arten von Führung haben den ihnen eigenen Stil, der die Organisation von oben bis unten durchdringen wird. Dabei ist anzumerken, daß eine Organisation nur selten einen der beiden Typen rein verkörpern wird. Viele sind Mischformen, aber diese Tatsache beraubt die Unterscheidung nicht ihrer Bedeutung. Daher kann man auch mit Recht behaupten, daß bestimmte Menschen besser in die eine Art von Organisation, wie etwa das Militär, passen, andere in andere. Daneben gibt die Unterscheidung eine Handhabe für so wichtige Beobachtungen wie die, daß der Stil amerikanischer Verwaltungseinheiten sich sehr deutlich von dem entsprechender Organisationen in Europa unterscheidet Daß daneben auch Fragen des sogenannten Nationalcharakters in diese Art von Vergleich hineinspielen, ist klar.

Politischer Stil ist nicht nur von Land zu Land verschieden, sondern auch von Epoche zu Epoche. Das zeigt sich gerade auch in den über amtliches Verhalten geführten Akten. Stil ist überhaupt ein wichtiges Prinzip historischer Deutung und Periodisierung. Dabei ist es höchst kontrovers, wie Stile entstehen. Aber es scheint, daß gerade das politische Leben einen wesentlichen Einfluß auf den Stil einer Epoche ausübt. Denn es gibt den Rahmen für die sich verändernden Erlebnissphären ab[18]. Dies ist von einem amerikanischen Kunsthistoriker besonders

[18] Siehe dazu Friedrich, A, 1955, S. 145 ff. Meyer Shapiro, A, 1953, S. 287, hat Stil definiert als „the constant form — and some times the constant elements, qualitites and expression — in the art of an individual or a group";

hervorgehoben worden. Er hat festgestellt, daß die Auseinandersetzungen über den Stil durch die politischen (er sagt gesellschaftlichen) Bildungen beeinflußt werden; Reiche, Dynastien, Städte, Klassen, Kirchen usw. Um ihn zu zitieren: „Bei vielen Stilproblemen ist die Bedeutung wirtschaftlicher, politischer und ideologischer Voraussetzungen für die Schaffung eines Gruppenstils ... allgemein anerkannt." Er stellt fest, daß die Beziehung zwischen griechischer Kunst und *Polis*, zwischen Gegenreformation, absoluter Monarchie und barocker Kunst hierfür Beispiele liefern[19]. Doch ist dazu zu bemerken, daß solche „Erklärungen" manchmal etwas oberflächlich anmuten; denn auch die Entstehung dieser Organisationsformen steht mit zur Diskussion.

Wir stehen damit vor dem eigentlichen Problem: ist Stil ein für die Deutung politischer und gesellschaftlicher Wirklichkeit brauchbarer Begriff? Obwohl es zunächst so aussieht, als ob dieser Begriff alle Ausdrucksformen im Hinblick auf Kultur, Epoche und Organisation usw. relativiert, kann er als Ordnungsprinzip nur bedeutsam werden, wenn er dazu dient, einen Maßstab oder eine Norm zu entwickeln. Denn nur wenn Normen entstehen, kann man von gut oder schlecht sprechen, kann man also sagen, ein bestimmter Stil sei gut oder schlecht vertreten. Stil ist daher kein Ausweichen vor Normen und Werten oder sollte es wenigstens nicht sein, sondern er ist ein Mittel, um sie ins Bewußtsein zu heben und zu verdeutlichen. Dabei ist der Gedanke der Adäquanz ausschlaggebend. Die adäquate Anwendung eines bestimmten Stils ist die den durch ihn verkörperten Normen entsprechende Anwendung. Dieser Gedanke muß für wissenschaftliche Zwecke rational zum Ausdruck gebracht werden. Kein emotionales, intuitives oder subjektives „Gefühl" ist dafür hinreichend. Somit ist der Stil einer Organisation und überhaupt jeder politische Stil ein Sichtbarwerden ihrer Werte, Überzeugungen und Ziele. Stilanalyse bedeutet also das Aufdecken und Verstehen einer Grundnorm, die eine Grunderfahrung, wie sie eine Epoche, eine Gruppe oder eine Organisation erlebt, rational gestaltet[20]. Dabei

er hat aber gleichzeitig erkannt, daß der Begriff auch „auf den gesamten Tätigkeitsbereich eines Einzelnen oder der Gesellschaft angewandt" werden kann. Stil ist also das „sichtbare Zeichen" für die Einheit einer Kultur.

[19] Shapiro, loc. cit. Siehe auch Friedrich, 1954, wo der Stil des Barockzeitalters ausführlich behandelt wird.

[20] Ich habe seinerzeit im Hinblick auf das Barockzeitalter geschrieben: „Was war die entscheidende Erfahrung? Welches war das Grunderlebnis, aus dem ein solches Gefühl herrührte? ... Ich möchte sagen, daß für den Barock das

kehren bestimmte Grunderfahrungen immer wieder und formen daher den Stil vieler Organisationen. So ist etwa die Vision einer neuen Ordnung und der sie begleitende Wunsch oder vielmehr das sie begleitende Verlangen, eine bestehende Ordnung zu zerstören, eine solche Grunderfahrung, wie sie revolutionäre Organisationen unter den verschiedensten Bedingungen gestaltet hat. Ebenso hat die sorgfältige Beobachtung eines heiligen Rituals und die gedankliche Deutung einer offenbarten Wahrheit den Stil vieler religiöser Organisationen geformt.

Aber wenn auch der Stil die Imponderabilien des Verhaltens, wie es für spezifische Organisationstypen geeignet und angebracht ist, beleuchtet, so erschöpft sich doch der Einfluß eines Gründers oder Führers einer Organisation darin keineswegs. Es sei daher zur Theorie der Organisation noch das Folgende zur Verdeutlichung gesagt: Wir haben gesehen, daß ein Gründer und Führer (Verwalter) beim Organisieren von Menschen für die Erreichung bestimmter Ziele ihre gemeinsamen Werte entdecken, verdeutlichen und erhalten muß; daß er die Teilnehmer[21] überreden oder zwingen muß, zusammenzuarbeiten und ihre Aufgaben zu erfüllen; daß er diese Aufgaben durch Institutionalisierung stabilisieren muß, damit die erforderlichen Neuerungen laufend gemacht und durchgeführt werden; und daß er schließlich die Überredungsmittel und die Gedanken, die ihn bei seinem Handeln bestimmen, in einer entsprechenden Ideologie ausformen muß — einer Ideologie nämlich, die Werte und Ziele der Organisation auch zu der größeren Gruppe, innerhalb derer sie wirken will, in Beziehung setzt[22]. Eine Organisation im allgemeinsten Sinne ist daher anzusprechen als eine Zusammenfassung von Menschen mit den soeben genannten vier charakteristischen Merkmalen. Solch eine

---

Erlebnis der Macht des Menschen und zugleich das Gefühl seiner Ohnmacht die entscheidende Erfahrung gewesen ist ..." Friedrich, A, 1955, S. 150.

[21] Barnard, 1938, hebt hervor, daß eine Organisation nicht nur aus ihren „Mitgliedern" („members") im gewöhnlichen Sinne besteht und schlägt daher die Bezeichnung „Beitragende" („contributors") vor. Es werden jedoch beide Begriffe und noch einige andere, wie etwa „customers" (clientele) — („Kunden" — „Kundschaft") benötigt; die verschiedenen Ausdrücke kann man, wie schon zuvor erwähnt, verallgemeinernd als „Teilnehmer" („participants") bezeichnen.

[22] Die neueren Schriften über Organisationstheorie haben diese Vorgänge nicht geklärt, sondern haben sich vielmehr vor allem mit den administrativen Problemen des inneren Aufbaus von Organisationen beschäftigt. Diese Betrachtungsweise überschneidet sich zum Teil mit den verallgemeinernden Aussagen, die über die Bürokratie gemacht werden; siehe Friedrich, 1963, Kap. 18 und 26. Siehe auch Parsons, 1960, S. 27 ff., und Bertram Gross, op. cit.

Zusammenfassung ist eine Organisation, ganz gleich, was die spezifischen Ziele oder Vorhaben sein mögen. Und sie ist ein arbeitendes Ganzes, obwohl nicht notwendigerweise auf freiwilliger Zusammenarbeit beruhend. Eine Reihe allgemeiner Aussagen können über Organisationen gemacht werden. Im folgenden Kapitel über die Gemeinschaft wird sich zeigen, daß Gemeinschaften sowohl organisiert wie unorganisiert sein können. An dieser Stelle ist die dementsprechende Aussage zu machen, die allerdings nicht vor einer Darstellung der Gemeinschaftsprobleme verdeutlicht werden kann: Organisationen können Gemeinschaften sein oder werden, und oft dienen sie diesem Zweck.

Organisationen werden durch ihre Struktur und ihre Arbeitsweise gestaltet wie auch durch ihre Zielsetzung und ihre organisatorische Umgebung. Zum Beispiel lassen Organisationen mit einem einzigen Zweck eine hierarchische Struktur und eine durch strikte Leitung gekennzeichnete Arbeitsweise zu, ja oft benötigen sie sie sogar. Typische Zwecke dieser Art sind Profit und militärischer Sieg. Daher denn militärische und wirtschaftliche Organisationen oft auf strikter Subordination unter „Einheit des Befehls" aufgebaut sind[23]. In Organisationen mit vielen oder transzendenten Zwecken, insbesondere Kirchen, ist eine solche Befehlseinheit und hierarchische Unterordnung schwer zu erreichen und aufrechtzuerhalten, und zwar wegen der Möglichkeiten eines „Prinzipienstreits". Die Struktur solcher Organisationen ist daher oft nicht hierarchisch, so daß Beratung und Kritik ermöglicht werden und auf Zusammenarbeit abgestellt wird. Aber diese Tendenz wird oft hintangehalten durch einen anderen Faktor, nämlich die Größe einer Organisation. Je größer sie ist, um so stärker wird die Tendenz zur hierarchischen Struktur und einer auf Leitung beruhenden Arbeitsweise. Gerade auch Organisationen mit vielen Zwecken, wie Kirchen und Staaten, sind daher hierarchisch strukturiert, wenn sie sich vergrößern. Die einzige bekannte Methode, dieser Tendenz erfolgreich entgegenzuwirken, ist es, das Verhalten der Organisation periodisch durch die Teilnehmer an ihr prüfen zu lassen und darüber hinaus und in Verbindung damit eine Föderalisierung der Organisation, das heißt eine Auflockerung durch die Anerkennung autonomer Einheiten[24]. Das bekannteste Beispiel

[23] H. Simons Einwände gegen den von Luther H. Gulick und anderen verwendeten Begriff „Einheit des Befehls" auf Verwaltungsorganisationen sind berechtigt, aber seine Begründung ist nicht ganz klar. Siehe H. Simon, 1947, S. 22 ff.

[24] Zu den allgemeinen Problemen des Föderalismus und bundlicher Strukturen siehe Friedrich, 1963, Kap. 32 und die dort zitierte Literatur.

für diese Organisationsform ist der demokratische Verfassungsstaat abendländischer Prägung. Aber wie mächtig die Tendenz zur hierarchischen Arbeitsweise ist, zeigt sich in der Neigung der politischen Parteien, die ja für das Organisieren einer erfolgreichen Beteiligung der Bürger entscheidend sind, ihrerseits ein ausgesprochen hierarchisches Modell zu entwickeln[25].

Ein dritte Verallgemeinerung (allgemeine Aussage) bezüglich der Struktur und der Arbeitsweise von Organisationen ist, daß Organisationen eine hierarchische Struktur und Arbeitsweise als Antwort auf eine von außen kommende Bedrohung entwickeln. Man kann das auch so ausdrücken, daß man sagt, je ausgesprochener die Konkurrenz und je ungewisser die Überlebenschance einer Organisation, um so hierarchischer wird ihre Struktur sein. Ein Modell strikter Subordination setzt sich immer da durch, wo eine Organisation vor einem ständigen Kampf ums Dasein steht[26]. Politische Parteien in modernen Demokratien sind in eine sehr starke Konkurrenz hineingestellt, und ihre Neigung, die Befehlsgewalt zu vereinigen und strikte Disziplin zu fordern, läßt sich allein durch diesen Umstand erklären; aber er ist natürlich verstärkt durch den immer größeren Umfang der Parteien in Massendemokratien und die Vereinheitlichung ihres Zweckes, nämlich den Sieg in Wahlen.

Die Funktionen in einer Organisation sind selbstverständlich an Zweck und Vorhaben orientiert. Solche Zwecke sind von scheinbar unbegrenzter Verschiedenheit, und was immer sich als geeignetes Mittel zu ihrer Verwirklichung anbietet, kann daher auch Grundlage einer Organisationsfunktion werden. Aus solchen Funktionen wiederum geht die Struktur hervor. Um es noch einmal zu sagen, die drei Hauptunterschiede, nämlich der der Zwecke, der der Größe und der der Gefahr, bestimmen auch die funktionale Entwicklung. Aber diese Dinge würden hier zu weit führen und gehören im einzelnen zur Thematik der Bürokratie[27].

[25] Diese Tendenz hat Robert Michels zum Gegenstand seines bekannten Werkes über die politischen Parteien gemacht. Aber was Michels als das „eiserne Gesetz der Oligarchie" bezeichnet, kann nur als Wahrscheinlichkeitsaussage Gültigkeit beanspruchen. Es ist dem Einfluß einer Vielzahl potentieller Gegenkräfte ausgesetzt. Siehe Michels, 1911.

[26] Die Erklärungen, warum die revolutionäre Partei der Bolschewiki nicht „demokratisch" organisiert und geführt werden könne, die Lenin in seiner Schrift „Was tun?" von 1902 gibt, zeigen sehr deutlich, daß er dieses „Gesetz" erkannt hatte.

[27] Siehe hierzu Friedrich, 1937, Kap. 2 und 1963, Kap. 20 u. 25.

Mythos und Ideologie, die die in einer Organisation verkörperten Ideen in allgemein verständlicher Form zum Ausdruck bringen, sind für das Funktionieren einer Organisation ebenso bedeutsam wie die Differenzierung und Stabilisierung ihrer Funktionen. Dabei ist die Bedeutung des Mythos im Gegensatz zur Ideologie von dem Ausmaß der „Rationalisierung" abhängig, die eine Kultur erreicht hat. In den vorangegangenen Kapiteln sind Mythos und Ideologie und ihre Bedeutung für Organisation und Gemeinschaft in verschiedenen Zusammenhängen untersucht worden. Dabei hat sich gezeigt, daß insbesondere der Gründermythos auch in politischen Gemeinschaften, die in hohem Maße rationalisiert sind, weiterwirkt. Dieser Mythos hat in der Regel die Aufgabe, die Bereitschaft zur Teilnahme und einen Sinn der Zugehörigkeit bei den Mitgliedern zu erwecken. Zwar bewirkt auch die Ideologie ein Mitgehen der Mitglieder einer Organisation, aber sie projiziert den Zweck der Organisation nach außen, indem sie ihn in Beziehung zur Umwelt setzt. Die Ideologie bestimmt, welchem Zweck die Organisation dient, ob sie die Umwelt „reformiert", sie in ihrem jeweiligen Zustand beläßt oder ob sie unerwünschte Veränderungen verhindert[28]. Diese ideologische Komponente, die jeder lebendigen Organisation eigen ist, kann eindeutig auf die politische Ordnung ausgerichtet sein wie bei den Parteien und Interessengruppen. Sie kann aber auch, wie bei Kirchen, Universitäten und Unternehmungen, weniger offensichtlich sein. Immer aber wird das Denken solcher Organisationen, von ihren Mitgliedern sorgsam gehegt, an Grundwerten orientiert sein, die für Gemeinschaft und Kultur von Bedeutung sind, wie „Glaube", „Wahrheit" und „Dienst". Embleme und andere Symbole sind dafür ein beredter Ausdruck. Aus diesem Grund sind Symbole aller Art sehr bedeutsam für Organisationen; sie sind der sinnbildliche Ausdruck ihrer mythischen und ideologischen Bindungen an die größere Einheit, in deren Rahmen die Organisation lebt und wirkt.

Diese Fragen machen eine eingehendere Untersuchung der politischen Gemeinschaft erforderlich. Denn sie ist die Umwelt, in der die Organisation existiert. Das trifft zu, obwohl die politische Gemeinschaft eine *organisierte* Gemeinschaft ist. Organisation ist also ein Merkmal der politischen Gemeinschaft. Organisation und Gemeinschaft als identisch oder als gegensätzlich zu verstehen, heißt, die vielleicht wichtigste Voraussetzung der politischen Gemeinschaft und des Staates, ihrer Organi-

---

[28] Um diesen Satz ganz zu verstehen, siehe oben Kap. 4, wo nachgewiesen wird, daß Ideologien auf Handlung ausgerichtet sind.

sation, falsch zu verstehen, nämlich das menschliche Element in beiden, ihren Stil. Pascal hat das so ausgedrückt: „Wenn wir einen natürlichen Stil finden, sind wir erstaunt und entzückt; denn wir erwarten, einen Autor zu finden und finden stattdessen einen Menschen[29]." Die tiefe Einsicht, die diesem Ausspruch zugrunde liegt, gilt nicht nur für die Literatur, sondern für alle menschlichen Schöpfungen, also auch für Organisationen. Ein modernes Schlagwort spricht vom Organisationsmenschen; er ist die Perversion des schöpferischen Menschen, auf den Pascal anspielt. Dieser schöpferisch tätige Mensch gestaltet die Organisation nach seinen Vorstellungen, und er prägt ihren Stil.

[29] „Quand on voit le style naturel, on est tout étonné et ravi, car on s'attendait de voir un auteur, et on trouve un homme"; Pascal, Pensées, Nr. 36.

Neuntes Kapitel

Die Dimension der politischen Gemeinschaft

In unserer bisherigen Analyse ist schon einige Male von der Gemeinschaft gesprochen worden als von dem Rahmen, der für den Menschen als politische Person und für seinen Tätigkeitsbereich notwendig ist. Eine solche Definition der Gemeinschaft ist naheliegend, wenn man die politische Person als ein „Wesen, das in Gemeinschaften lebt" versteht. Wert, Funktion, Institution, Entscheidung und Interesse sowie Ideen, Mythen und Überzeugungen sind, wie wir festgestellt haben, die eigentlichen Merkmale der politischen Person. Wir haben von einer Gemeinschaft von Werten, Interessen und Überzeugungen gesprochen, und am Ende unserer Untersuchung der Organisationstheorie hat sich das Problem der Gemeinschaft mit größerer Dringlichkeit gestellt.

Die Gemeinschaft ist ebenso „wirklich" wie Personen, Werte, Interessen und Überzeugungen. Es läßt sich mit unserer Betrachtungsweise der Politik nicht vereinbaren, die Gemeinschaft psychologisch zu erklären, obwohl jede Gemeinschaft natürlich eine psychische Dimension von großer Bedeutung hat. Noch unangebrachter ist es, die Gemeinschaft lediglich als einen „Begriff" zu behandeln, der bei politischen und rechtlichen Erörterungen verwendet wird, dessen Inhalt aber unbestimmt und verschieden ist[1]. Wir wollen zunächst hypothetisch annehmen, daß eine politische Gemeinschaft aus Personen besteht, denen ein oder mehrere der folgenden Merkmale gemeinsam sind: Werte — einschließlich Zwekken, Interessen, Ideen und Ideologien —, Mythen, Utopien und ihre Symbole und schließlich die Religion und ihr Ritual. Man hat das Feh-

---

[1] Diese Auffassung wird von John Ladd, A, 1959, sehr eindringlich vertreten. Seine Argumentation beruht aber auf einer strengen Unterscheidung zwischen theoretischen und praktischen Begriffen, die in der politischen Wissenschaft nicht möglich ist; siehe oben, Kapitel 1 — Einleitung. Tatsächlich deutet Ladd das selbst an; denn er nennt „zwei wesentliche Merkmale" der Gemeinschaft: daß sie den „Rahmen" („background") für die äußere Organisation bildet und daß sie „organischen Charakter" habe. Diese beiden Merkmale besitzt tatsächlich jede Gemeinschaft.

len eines oder mehrerer dieser Merkmale häufig als eine Schwäche angesehen; aber ob das richtig ist, bleibt, wie wir noch sehen werden, sehr zweifelhaft. Offensichtlich ist für bestimmte Gemeinschaften, die innerhalb der politischen Gemeinschaften bestehen, z. B. Familien, Kirchen und Berufsgruppen, ebenfalls das Vorherrschen eines oder mehrerer dieser Merkmale kennzeichnend. Es hat sich eingebürgert, diese Gemeinschaften als „unvollkommen" zu bezeichnen im Gegensatz zu der „vollkommenen" politischen Gemeinschaft; diese wird oft auch als „Staat" bezeichnet. Wir werden diese Terminologie in unserer Darstellung vermeiden. Das Kennzeichen der politischen Gemeinschaft liegt nicht darin, daß sie vollkommener ist — was immer das heißen mag —, sondern darin, daß sie umfassender ist. Aber gerade dieses Umfassend-sein der politischen Gemeinschaft vermindert die Bereitschaft vieler ihrer Mitglieder, sich für diese einzusetzen. Nur die politisch Interessierten werden normalerweise ein gleich starkes Interesse an der politischen Gemeinschaft nehmen wie andere an ihrer Familie, ihrer Kirche oder an anderen Gruppen[2].

Die einer Gemeinschaft angehörenden Personen werden gewöhnlich als ihre Mitglieder bezeichnet. Da die Gemeinschaft viele Dimensionen besitzt und diese sich wiederum in zahlreiche kleinere Gruppierungen, beispielsweise nach Berufen, gliedern, gehören die meisten Personen mehreren Gemeinschaften an und gelten als deren Mitglieder. Diese mehrfache Mitgliedschaft ist jedoch normalerweise auf je eine der verschiedenen Arten von Gemeinschaften beschränkt, so daß eine Person zu *einer* Familie, *einer* Kirche, *einer* Berufsgruppe und *einer* politischen Gemeinschaft „gehört". Das ist ganz einfach zu erklären. Da für jede Gemeinschaft eine spezifische Gruppe von Werten, Interessen und Überzeugungen, denen ihre Mitglieder anhängen, charakteristisch ist, schließt das Engagement für eine solche Gruppe das Engagement für eine andere aus. Es fragt sich jedoch, ob diese allgemeine Feststellung angesichts der besonderen Beschaffenheit der politischen Gemeinschaft ohne weiteres auf diese angewandt werden kann. In föderativen Bildungen gehören die Mitglieder typisch zwei politischen Gemeinschaften an, einmal der Teil-Einheit und zum anderen der allumfassenden Einheit. So gehören die Bürger der Vereinigten Staaten dem Bund und einem der Einzelstaaten an. Werden solche Föderationen einer noch größeren politischen Gemeinschaft eingegliedert, wie das beispielsweise beim Britischen Common-

---

[2] George E. G. Catlin, 1962, Kap. 7, betont Unterschiede, die wir möglichst gering halten möchten; er folgt darin Robert MacIver.

wealth und in der Europäischen Gemeinschaft der Fall ist, dann gehören viele Personen tatsächlich drei *politischen* Gemeinschaften an. Das gilt für die Kanadier in der ersten, für die Deutschen in der zweiten der genannten Organisationen. Jedenfalls sind die meisten Personen Mitglieder vieler Gemeinschaften, und der potentielle Loyalitätskonflikt, der eine Folge dieser mehrfachen Zugehörigkeit ist, gehört zu den schwierigsten Problemen in der Politik.

Gemeinschaften und insbesondere politische Gemeinschaften können strukturiert sein oder nicht. Normalerweise hängt das Ausmaß dieser Strukturierung von ihrer Größe und Dauerhaftigkeit ab. Bei der Erörterung von Institution und Organisation haben wir einige der wichtigsten Merkmale dieses Strukturierungsprozesses, in dessen Verlauf Institutionen entstehen, untersucht. Denn wenn eine Gemeinschaft strukturiert wird, dann entsteht eine Organisation. Auch das Gegenteil, so scheint es, kann eintreten, das heißt, daß zunächst eine Organisation geschaffen wird, aus der dann eine Gemeinschaft erwächst. Das ist jedoch eine Täuschung. Denn in Wirklichkeit kann keine Organisation entstehen, ohne daß vorher schon eine Gemeinschaft, d. h. eine Gemeinsamkeit von Werten, Interessen und Überzeugungen, vorhanden ist, die durch die Organisation ihre wirksame Institutionalisierung erfährt. Die Überbewertung der Handlungen der Personen, die über die Organisation einer Gruppe entscheiden, und die Tatsache, daß eine Organisation, die auf allgemeiner Übereinstimmung beruht — einer Übereinstimmung, die durch *einen* Wert, *ein* Interesse oder *eine* Überzeugung zustande kommt — ihrerseits die Herausbildung anderer Werte, Interessen und Überzeugungen der Gemeinschaft bewirken kann, hat zu dem gegenteiligen Eindruck geführt. Dieser Prozeß der allmählichen Vertiefung einer Gemeinschaft findet sich jedoch nicht nur in organisierten Gemeinschaften, sondern er ist überall feststellbar, wo Gemeinschaften bestehen. Am vertrautesten ist das Beispiel einer glücklichen Ehe, die von begrenzter gegenseitiger Anziehung ausgeht und schließlich zu einer allumfassenden Gemeinschaft wird. Eine solche Gemeinschaft bleibt wegen ihrer Kleinheit weitgehend unorganisiert und daher auch unstrukturiert. Sie ist trotzdem eine der „vollkommensten" Gemeinschaften in *dem* Sinne, daß sie zu voller Entfaltung gelangt. Der weitverbreitete Glaube, daß eine solche Ehe „heilig" sei oder ein „Sakrament" darstelle, wird somit von der tatsächlichen Erfahrung zur Genüge bestätigt, wenn diese Worte als Ausdruck eines großen Wertes oder eines festen Glaubens verstanden werden.

Angesichts des bisher Gesagten überrascht es kaum, daß der Begriff der Gemeinschaft von jeher im Mittelpunkt politischer und rechtsphilosophischer Erörterungen gestanden hat[3]. Aristoteles beginnt sein Werk über die Politik mit einer Definition der Gemeinschaft (koinonia). Er sagt von ihr, daß sie „nach irgendeinem Gut strebt" — und bezeichnet sie als eine Gruppe von Personen, denen bestimmte Werte, Interessen und Überzeugungen gemeinsam sind. Seiner Ansicht nach war die *polis* die höchste aller Gemeinschaften; sie war die herrscherlichste (kuriotáte) und allen anderen Gemeinschaften überlegen, weil sie alle in sich schloß. Nicht nur säkulare Sitten und Gebräuche, Interessen und Überzeugungen waren für ihn in der *polis* zusammengefaßt und institutionalisiert, sondern auch Religion und Ritual. Modern gesprochen war die polis Kirche und Staat zugleich; tatsächlich ist sie keines von beidem gewesen, sondern sie war die politische Gemeinschaft, die die Grundlage für diese beiden institutionellen Gesamtheiten bildete. Die Trennung dieser institutionellen Gesamtheiten wurde notwendig, als die politische Gemeinschaft größer wurde und viele verschiedene Völker und deren Religionen umfaßte. Die Geschichte des römischen Imperiums veranschaulicht diesen Vorgang, der sich auch im Orient vollzogen hat. Der politischen Analyse des Aristoteles kommt eben deshalb ein so großer Wert zu, weil sie die noch undifferenzierte politische Gemeinschaft behandelt, obwohl dieser Umstand zugleich eine Quelle großer Verwirrung ist[4]. Weil es ihm um die undifferenzierte Gemeinschaft zu tun ist, betont Aristoteles, daß es wichtig sei, die Größe einer Gemeinschaft zu beschränken. „Wenn zu viele [Einwohner] vorhanden sind, ist es keine *Polis* mehr, sondern ein *Ethnos* [eine Nation]." Den modernen Menschen, der die Nation höher stellt als alle anderen politischen Gemeinschaften, berührt diese Feststellung seltsam. Das kommt daher, weil für ihn die Trennung von Staat (Regierung) und Kirche zu einer Selbstverständlichkeit geworden ist. Die Nation ist eine politische Gemeinschaft, gerade weil sie ein gemeinschaftliches Interesse und einen gemeinschaftlichen Glauben an ihren Staat hat. Die ausschließlich religiösen Überzeugungen kann sie besonderen Gemeinschaften überlassen, die in verschiedenen Kirchen institutionalisiert sind. In den neuen Nationen

[3] Der folgende historische Abriß ist eine Zusammenfassung meines 1959 erschienenen Beitrages für die Zeitschrift „Nomos" II.

[4] Paradoxerweise ist der Begriff des Aristoteles für alles, was zu dieser undifferenzierten Gemeinschaft (tá politiká) gehört, später dazu benutzt worden, um das Politische von allen anderen Dimensionen der Gemeinschaft zu unterscheiden.

sind einige der schwierigsten Probleme daraus entstanden, daß diese Trennung zwischen politischen und religiösen Werten und Überzeugungen nicht vollzogen worden ist. Verschiedene arabische Länder, Pakistan und sogar China liefern kontrastreiche Beispiele für diese Schwierigkeit, die sie der Gefahr eines Zusammenbruchs ihrer politischen Gemeinschaft aussetzt. Hier versprechen die kommunistische und andere totalitäre Ideologien einen Ausweg, eben weil sie das Leben völlig säkularisieren, das Parteiprogramm zu einer Ersatzreligion machen und dadurch versuchen, die Gemeinschaft zu reintegrieren.

Die Bedeutung, die die Griechen der richtigen Größe der politischen Gemeinschaft beigemessen haben, erklärt sich zum Teil aus ihrer Erkenntnis, daß weder Einzelpersonen noch Gruppen ohne ein gewisses Eigenleben auskommen können[5]. Eine Gemeinschaft, verstanden als gemeinschaftliche Einheit, setzt Personen voraus, die ein Eigenleben führen. Zwar haben sie bestimmte Dinge gemeinsam, die sie miteinander verbinden. Andere Dinge hingegen haben sie nicht gemeinsam, und diese verleihen ihnen ihre eigene Individualität. Das Unvermögen, diese existentielle Gegebenheit zu erkennen, wirkt sich auf das kommunistische und zuweilen auch auf das sozialistische Denken nachteilig aus, obwohl der Sozialismus „at its best“ diese Tatsache immer erkannt hat. Die Kritik des Aristoteles an Platons „idealer“ Polis entzündet sich vor allem an dieser Frage. Er meint, sie verlange eine übermäßige Einheit. Gemeint ist damit natürlich Platons Absicht, eine „Gemeinschaft“ zu schaffen, in der Frauen und Kinder und das Eigentum allen Wächtern gemeinsam gehören sollten, mit anderen Worten, all das sollte Gemeineigentum sein, was das persönliche Leben des Einzelnen ausmacht, nämlich eine eigene Familie und ein eigener Arbeitsbereich*. Trotz gewisser Interpretationsschwierigkeiten erscheint der Einwand des Aristoteles berechtigt, obwohl nach Platon Besitz- und Ehelosigkeit nur für die Wächter vorgesehen war. Denn diese als die hervorragenden Mitglieder der Gemeinschaft sollten eine abgerundete Persönlichkeit besitzen, und

[5] Wie wichtig diese lange vernachlässigte Frage der optimalen Größe für die Beurteilung der Gemeinschaft ist, hat Alexander Rüstow, 1950, I, S. 263 ff. betont; sie muß noch eingehender untersucht werden, damit eine romantische Betrachtungsweise vermieden wird, die z. B. die Analyse John Deweys, 1927, beeinträchtigt hat.

* Das deutsche Wort „Eigentum“ zeigt, daß der Ausdruck „Gemeineigentum“ eigentlich ein Widerspruch in sich selbst ist, wie Privateigentum einen Pleonasmus enthält; insofern allerdings Kollektive als Personen verstanden werden, kann man auch ihnen ein Eigentum zusprechen.

deshalb darf ihre Gemeinschaft keine totale Einheit, sondern muß Einheit in Vielheit sein. Manche Dinge sollten sie miteinander teilen, andere dagegen nicht. Nur durch eine harmonische Form der Zusammenarbeit und des Zusammenlebens verschiedener, einander ergänzender Personen kommt eine echte Gemeinschaft zustande. Es ist nicht wahr, daß eine Gemeinschaft um so vollkommener ist, je mehr Dinge ihre Mitglieder gemeinsam haben und miteinander teilen.

Widerspricht diese Schlußfolgerung dem oben Gesagten, daß nämlich eine politische Gemeinschaft dadurch geeint wird, daß sie gemeinsame Zwecke, Interessen und Überzeugungen, einschließlich einer gemeinsamen Religion und ihres Rituals besitzt und daß das Fehlen eines oder mehrerer dieser Bestandteile ein Element der Schwäche darstellt? Nur in dem Sinne, daß sie unsere Aussage dahingehend einschränkt, daß eine umfassende, also eine politische Gemeinschaft jeden dieser Bestandteile teilweise, keineswegs aber ganz, gemeinsam hat. Es gibt einen Punkt, an dem übermäßige Einheit zu Schwäche wird. Das leidenschaftliche „Verlangen nach Einstimmigkeit" in totalitären Diktaturen ist ein bekannter Fall[6], während andererseits die Übung von Toleranz und die Anerkennung einer unabdingbaren Gewissensfreiheit diese Gefahr vermeidet. Es wäre interessant, die Entwicklung des Gemeinschaftsbegriffes in seinen verschiedenen Wandlungen, in der Stoa, im Christentum und im Denken der frühen Neuzeit zu verfolgen. Cicero, Augustinus, Thomas von Aquin und die Naturrechtsschulen sind Höhepunkte dieser Entwicklung des Gemeinschaftsbegriffes. Sobald die Gemeinschaft von Staat (Regierung) und Kirche unterschieden wurde, wurde auch der Gemeinschaftsbegriff der sich wandelnden politischen Wirklichkeit angepaßt. Das Entstehen des modernen Nationalstaates wurde schließlich zu einem neuen Ausgangspunkt, der durch die Namen Rousseau, Burke und Hegel gekennzeichnet ist.

Zwar haben diese Denker die Gemeinschaft nicht eigentlich „wiederentdeckt", wie George H. Sabine behauptet hat[7]. Aber sie haben ihr einen neuen Inhalt gegeben, weil sie die Gemeinschaft mit der Nation gleichgesetzt haben. Rousseau, der das Weltbürgertum der Aufklärung ablehnte, wies die Auffassung Diderots und anderer, daß die Menschheit eine Gemeinschaft sei, mit der Begründung zurück, daß eine Gemeinschaft über gemeinsamen Besitz, wie eine gemeinsame Sprache und

---

[6] Friedrich und Brzezinski, 1956, Kap. 13.

[7] Sabine, 1950, S. 575 ff. Rousseau, 1762, Buch III, Kap. 13.

Überlieferung, verfügen müsse. Dabei ging Rousseau zuweilen soweit, zu behaupten, daß alle Gedanken eines Menschen von der politischen Gemeinschaft, in der er lebt, geprägt werden, daß diese Gemeinschaft für die Persönlichkeit eines Menschen bestimmend sei und daß der Mensch ohne diese Bindungen zur Gemeinschaft nicht existieren könne. Außerdem besitze eine Gemeinschaft eine Eigenpersönlichkeit. Daher müßten soziale Gruppen analog zu Organismen gesehen werden, bei denen die einzelnen Teile ohne das Ganze ein Nichts seien. Rousseau hat den Begriff des „allgemeinen Willens" geprägt, um diesen Auffassungen Ausdruck zu verleihen. Dieser „Wille" ist die Verkörperung des Gemeinwohls. Er beruht auf einer starken gefühlsmäßigen und geistigen Beziehung, gleichsam auf einem „Sinn der Zugehörigkeit zur Gemeinschaft"[8]. Eine derartige Gemeinschaft ist ohne Frage die moderne Nation. Das gleiche *Ethnos,* das Aristoteles als für eine echte Gemeinschaft zu groß abgelehnt hatte, ist daher für Rousseau die politische Gemeinschaft par excellence. Diese Auffassung steht nicht in Widerspruch zu seiner Vorliebe für die kleine Gemeinschaft und zu seinem Europäertum. Diese Vorliebe Rousseaus ist auf persönliche Erfahrungen zurückzuführen. Sie wurde aber durch die Auslegung, die die Jakobiner der Lehre Rousseaus gegeben haben, transzendiert. Sie erklärten die Nation mit ihrer Sprache, ihrer Kultur und ihrem Recht zur „heiligen Gemeinschaft". Burke, Hegel und die Romantiker haben dann diese Auffassungen weiter vertieft. Sie sind enthalten in Burkes Begriff von der präskriptiven Verfassung. Sie sollte die Überlieferung der Nation zum Ausdruck bringen. Die nationale Gemeinschaft wird bei ihm zur „partnership, not only between the living, but between those who are living, those who are dead, and those who are yet to be born"[9]. Es ließen sich viele andere bekannte Aussprüche Burkes anführen, die zeigen, daß er die Nation als das Ergebnis organischen Wachstums verstand. Sie war für ihn die höchste und wichtigste Gemeinschaft.

Hegel hat diese Vorstellungen weiterentwickelt. Bei ihm sind die Völker dazu berufen, Ideen, die den Willen oder Zweck des „Weltgeistes" ausdrücken, zu verwirklichen. Im Verlauf der Geschichte wer-

---

[8] Daß in Rousseaus Begriff des allgemeinen Willens ein starker Rationalismus enthalten ist, hat Robert Derathé, 1948, überzeugend nachgewiesen. Siehe auch Bertrand de Jouvenel, 1955, S. 105 ff. zum Begriff des „öffentlichen Wohls" und Friedrich, 1948, Kap. 6, über die Problematik des „allgemeinen Willens".

[9] Burke, 1839, Bd. III, S. 52 f. und 120.

den einzelne Völker jeweils in bestimmten Epochen vom Weltgeist dafür ausersehen. Seltsamerweise entspricht aber diesem Weltgeist bei Hegel keine Weltgemeinschaft. Marx dagegen, der die Hegelsche Dialektik „umstülpte", hat darauf bestanden, daß es eine Weltgemeinschaft gebe. Er hat die Weltrevolution als notwendigen Schritt in Richtung auf eine Weltordnung für diese Gemeinschaft verkündet. Diese Weltgemeinschaft besteht aus einer weltweiten Klasse, in der alle Klassen der Vergangenheit überwunden und aufgehoben sind. Hegel macht halt vor einer solchen Weltgemeinschaft. Überhaupt hütete er sich im allgemeinen, irgendwelche Voraussagen über die Zukunft zu machen; aber seine Bemerkungen über Amerika und Rußland zeigen doch eindeutig, in welchem Maße er erkannt hatte, daß die Zukunft durch neue Nationen gestaltet werden würde, und daß diese neuen Nationen neue ihnen vom Weltgeist eingegebene Ideen verkörpern würden[10]. Hegel hat außerdem darauf bestanden, daß die Werte eines Volkes vom „Staat" bewahrt und weiterentwickelt werden müßten. Nur eine solche politische Organisation war nach seiner Ansicht imstande, den gemeinsamen Interessen der Gemeinschaft Ausdruck zu verleihen.

Schon diese knappe Skizze zeigt, daß in der politischen Theorie doch weitgehende Übereinstimmung darüber besteht, daß die Gemeinschaft in der Theorie und Praxis des politischen Lebens einen ganz zentralen Platz einnimmt. Das bedeutet allerdings keineswegs, daß auch allgemeine Übereinstimmung darüber besteht, was eine Gemeinschaft begründet. Der Skeptiker wird der Ansicht sein, daß hier unter dem Deckmantel eines gemeinsamen Begriffes ganz verschiedenartige Inhalte verborgen sind, so daß zumindest theoretisch gesprochen keine Übereinstimmung über die Rolle der Gemeinschaft im politischen Denken und Handeln besteht. Eine genauere Untersuchung würde jedoch ergeben, daß trotz gegensätzlicher Akzentsetzungen im einzelnen bei allen Denkern eine gemeinsame Grundauffassung über die Gemeinschaft besteht. Um diesen gemeinsamen Kern kreisen drei große Erörterungen über die Natur der Gemeinschaft. Einmal geht die Diskussion darum, ob die Gemeinschaft — von anderen Werten abgesehen — in erster Linie auf Recht oder auf Liebe beruhe. Zum anderen gibt es die Auseinandersetzung darüber, ob die Gemeinschaft organisch oder zweckbestimmt sei. Und drittens wird gefragt, ob die Gemeinschaft existentiell gegeben oder ob sie bewußt gewollt ist. Diese drei Probleme sind eng mitein-

---

[10] Siehe Friedrich, 1953, S. LI ff.; Kojève, 1947, *passim;* Löwith, 1941, S. 44 ff.

ander verbunden, da sich das eine aus dem anderen ergibt. Voll entwickelte Theorien verstehen die Gemeinschaft entweder als auf Liebe beruhend, organisch und existentiell *oder* als auf dem Recht beruhend, zweckbezogen und gewollt. Allerdings findet man auch dazwischen liegende Auffassungen. Nach unserer Überzeugung sind diese Antithesen zu formal und daher irreführend. Wirkliche Gemeinschaften verkörpern niemals nur die eine oder die andere dieser sechs Möglichkeiten, sondern sie sind immer in gewissem Umfang eine Mischung aus allen sechs. Es ist die Aufgabe politischer Analyse, zu untersuchen, wie stark die eine oder die andere Möglichkeit ausgeprägt ist; dafür muß sie die entsprechenden Methoden entwickeln. Vielleicht wird es einmal streng quantitative Maßstäbe für alle sechs Möglichkeiten geben. Bis dahin ist aber eine genauere Erörterung ihrer Beziehungen zueinander sowohl möglich als auch erforderlich[11].

In der berühmten Auseinandersetzung des heiligen Augustinus mit Cicero, die auf der christlichen Auffassung von Gemeinschaft aufgebaut ist, steht seine Kritik an Ciceros heidnischen Vorstellungen von Volk, *respublica* und *civitas* im Mittelpunkt[12]. Augustinus betont mit Recht die Liebe, wenn auch sein Einwand gegen Cicero abwegig ist. Denn obwohl Cicero die religiösen Überzeugungen des Augustinus nicht teilte, insbesondere nicht dessen Glauben an den einen und einzigen Gott, so erkannte er doch, daß die Religion eine sehr wichtige Funktion in der politischen Gemeinschaft erfüllt und daß die Ehrfurcht vor göttlichen Wesen nicht von der Idee des Naturrechts getrennt werden kann[13].

Wie bereits ausgeführt, gehören zu den Dimensionen der Gemeinschaft sowohl das Recht als auch die Liebe, oder abstrakter und wissenschaftlicher gesagt, sowohl die gemeinsamen Interessen wie die gemeinsamen Werte. Recht ist in diesem Sinne der formale Ausdruck dessen, was die gemeinsamen Interessen und Werte beinhalten und erfordern. Cicero selbst hatte dies bereits angedeutet, als er den Rechtskonsensus

---

[11] William Y. Elliott, 1928, Teil IV, hat diesen Dualismus hinsichtlich der 2. Diskussion nachdrücklich betont und den Begriff „ko-organisch", wie bereits erwähnt, zur Bezeichnung dieses dualistischen Aspektes geprägt. Das war ein wichtiger Schritt nach vorn. Siehe auch seine neuere Arbeit über dieses Thema, A, 1959.

[12] Augustinus, *De civitate Dei*, II, Kap. 21; XIX, Kap. 17, §§ 20—24.

[13] *De Legibus*, I. 6, und I. 31—32. Siehe auch Paul Krüger, 1888, S. 40, und die Erörterung in Friedrich, 1958, Kap. IV. Nebenbei sei darauf hingewiesen, daß *diligere* auch die Bedeutung von „schätzen" („valuing") hat. Siehe außerdem Friedrich, 1963, Kap. 14.

in Beziehung zur Gemeinschaft der Interessen *(communio utilitatis)* setzte[14].

Das Ineinandergreifen von Werten, Interessen und Überzeugungen trägt zur Lösung der zweiten Frage, danach, ob die Gemeinschaft organisch oder zweckbedingt sei, bei. Dazu ist es vor allem notwendig, zu erkennen, daß die organischen Bedürfnisse der in einer Gemeinschaft zusammengeschlossenen Personen nicht nur physischer, sondern auch psychischer Natur sind. Nirgendwo sonst wird die elementare Wucht organischer Bedürfnisse deutlicher als in den Bemühungen zweier sich liebender Menschen, alle Hindernisse zu überwinden, die ihrer Vereinigung im Wege stehen — ein nie versiegendes Thema allgemein menschlichen und dichterischen Interesses. Die organische Abhängigkeit der Menschen von einander, in Familie, Dorf und Volk und schließlich auf weltweiter Ebene, kommt unaufhörlich in Zielen und Zwecksetzungen zum Ausdruck, die ihnen entweder gemeinsam sind oder die sich entsprechen, beziehungsweise einander ergänzen. Die Wechselwirkung von Bedürfnis und Zweck sollte nicht notwendigerweise kausal aus Bedürfnissen oder aus Zwecken begründet werden. Vielmehr kommen organische Beziehungen in Zwecken zum Ausdruck, und durch Zwecke, die die Menschen einen, entstehen organische Beziehungen zwischen ihnen. So ist das *Konnubium* immer als ein wichtiges Merkmal jeder politischen Gemeinschaft angesehen worden. Die politische Verflochtenheit Europas wird besonders anschaulich in der Tatsache, daß die Königshäuser regelmäßig untereinander heirateten, die Aristokratie und die Großindustrie gelegentlich, Handwerker und Bauern jedoch so gut wie nie. War Europa damals eine politische Gemeinschaft? Ja und nein; es war in seinen herrschenden Gruppen eine lockere politische Gemeinschaft. Das Ausmaß gemeinschaftlicher Beziehungen war sehr begrenzt. Gegenwärtig hat sich die Zahl der Eheschließungen im Rahmen vorwiegend zweckbedingter Einheiten wie der Europäischen Wirtschaftsgemeinschaft erheblich vergrößert. Das ist eines von vielen Anzeichen dafür, daß die organischen Faktoren die zweckbedingten zu vervollständigen beginnen. Hinter diesen Gründungen stand natürlich von Anfang an das organische Bedürfnis der gemeinsamen Sicherheit angesichts der gemeinsamen Gefährdung durch die UdSSR.

---

[14] Diese *communio utilitatis* sollte in der weitesten Bedeutung des Begriffes Nützlichkeit gesehen werden, so wie er sie durch die Schule der Utilitaristen erhielt; siehe Jeremy Bentham, Bd. I, bes. Kap. I—V; John Stuart Mill, 1863, und John Plamenatz, 1949.

Was in den beiden obigen Abschnitten gesagt worden ist, bringt uns zu der Antwort auf die dritte Frage, ob Gemeinschaft existentiell da ist oder ob sie bewußt gewollt wird. Alle wirklichen Gemeinschaften sind notwendigerweise beides. Es muß zunächst eine Gemeinschaft von Werten, Interessen und Überzeugungen *existieren*, bevor der Wille zur Verwirklichung dieser Werte, Interessen und Überzeugungen entstehen kann. Wenn sich aber solch ein Wille nicht bildet, dann kann es zum Verfall der Werte, Interessen und Überzeugungen und dadurch zur Auflösung der Gemeinschaft kommen. Wie schon erwähnt, konnte deshalb der Eindruck an Boden gewinnen, daß das Wollen dessen, was zur Verwirklichung gemeinsamer Werte, Interessen oder Überzeugungen notwendig ist, der wichtigste Faktor bei der Schaffung einer Gemeinschaft, mit anderen Worten, daß der Gründer einer Gemeinschaft ihr eigentlicher Schöpfer sei. Hier muß es genügen, auf die Tatsache hinzuweisen, daß der politische Prozeß von Personen vorangetragen wird, die ihrem existentiellen Vorhandensein fortwährend durch sehr verschiedenartige Handlungen Ausdruck verleihen. Durch diese Handlungen wird die Gemeinschaft nach ihren Vorstellungen gestaltet.

Die in dieser Dichotomie von Existenz und Wollen enthaltenen Spannungen machen die „Dialektik" der Gemeinschaft aus. Diese äußert sich auch in der Dualität von Liebe und Recht und von organischem Bedürfnis und bewußtem Zweck. Bei einer Definition der Gemeinschaft muß diese Dialektik berücksichtigt werden. Unsere hypothetische „Definition" der Gemeinschaft als einem Zusammenleben von Personen, die dadurch geeint sind, daß sie manche ihrer Werte, Interessen, Ideen (einschließlich Ideologien), Mythen, Utopien und deren Symbole, sowie eine Religion und ihr Ritual gemeinsam haben, muß entsprechend geändert werden. Mit anderen Worten, der Zusammenschluß kommt teils durch gefühlsmäßige Bindungen und teils durch Unterwerfung unter gemeinsame Regeln zustande. Er ist teilweise an organischen Bedürfnissen und teilweise an bewußten Zwecken ausgerichtet und drückt das aus, was bereits existiert oder was ausdrücklich gewollt ist. Interessanterweise kommt diese ziemlich komplizierte Definition, zu der wir gelangt sind, heutigen lexikalischen Definitionen sehr nahe — und das sollte sie auch, entsprechend unserem Kanon (siehe oben, Einleitung).

Es bleibt zu untersuchen, welche annähernden Aussagen wir auf Grund unserer bisherigen Feststellungen über die politische Gemeinschaft machen können. Die These, daß eine Gemeinschaft zerfällt, wenn die Werte, Interessen und Überzeugungen, die sie vereint, zerfallen, ist offensichtlich eine Tautologie. Denn da die Gemeinschaft als eine Gruppe von Personen beschrieben worden ist, denen Werte, Interessen und Überzeugungen gemeinsam sind, hat der Zerfall der letzteren ohne Frage auch den Zerfall der Gemeinschaft zur Folge. Daher der Ausdruck *Anomie;* aber wenn man einfach ohne weitere Erklärungen von einem solchen Zerfall spricht, bleibt alles im unklaren[15]. Es entsteht dadurch im Gegenteil die Gefahr, daß ein ständiger Wandel dieser Werte, Interessen und Überzeugungen, der für jede lebendige Gemeinschaft charakteristisch ist, irrtümlicherweise für ein Zeichen von Verfall gehalten und sogar zum Anlaß genommen wird, solche Veränderungen zu verhindern, weil sie die Gemeinschaft unnötig vereinheitlichten. Und der angebliche Zerfall kann außerdem parteipolitisch als Vorwand für konservative Bemühungen um die Aufrechterhaltung bestimmter Werte, Interessen und Überzeugungen dienen (Kapitel 3). Bei einer sorgfältigeren Betrachtung dieses Problems ergibt sich, daß eine weitere Untersuchung der Komponenten dieser Prozesse und möglichst auch eine quantitative Untersuchung notwendig sind, bevor die Analyse nützliche wissenschaftliche Erkenntnisse zeitigen kann.

Aristoteles macht einmal die Bemerkung, daß, da das Vorhandensein des *Nomos* (Gesetz, Sitte) Ordnung bedeute, das Vorherrschen eines guten *Nomos* (Eunomia) eine gute Ordnung (Eutaxis) begründe. Ohne diese analogische Beweisführung eingehender zu untersuchen — sie ist einigermaßen problematisch — kann man sagen, daß das Fehlen des *Nomos* (Anomie) das Fehlen einer Ordnung bedeutet. Aber wann genau ist man berechtigt, vom Nichtvorhandensein des *Nomos,* vom Fehlen gemeinsamer Werte, Interessen und Überzeugungen zu sprechen? Denn da eine Gemeinschaft keine bestimmte Zahl oder Verbindung solcher Werte, Interessen und Überzeugungen, das heißt solcher Bestandteile des *Nomos* voraussetzt, müßten wir versuchen, eine Formel zu finden, die einen Mindestpunkt anzeigt. Dieser Punkt ist im Sprachgebrauch unserer Zeit durch den Ausdruck „Bürgerkriegssituation" angedeutet worden. Bekanntlich hat er als Begründung dazu gedient, die Notwendigkeit der Reintegration zu betonen. Sie soll notfalls mit Gewalt durch eine totalitäre Bewegung, die auf dem noch erhaltenen Rest von Werten, Interessen und Überzeugungen aufbaut, erzwungen werden. Das bedeutet, daß bestimmte Werte, Interessen und Überzeugungen verabsolutiert

---

[15] Siehe S. de Grazia, 1948, der sich mit diesem Phänomen ausführlich beschäftigt hat, das seine Bezeichnung ursprünglich von Emile Durkheim, 1893, Buch III, Kap. 1, Par. 3, erhalten hat.

werden, in der Erwartung, daß eine neue Gemeinschaft entstehen wird, wie es der nazistische Ausdruck „Volksgemeinschaft" verdeutlicht. Solche Entwicklungen zeigen eindeutig die Gefahr auf, die eine den Begriff der Gemeinschaft überbetonende Einstellung heraufbeschwört.

Wenn somit die Formel für die Gemeinschaft

$$G = P^n (xW + yI + zÜ) \text{ ist,}$$

wobei P = Personen
W = Werte
I = Interessen
Ü = Überzeugungen

ist, so ist das Problem, zu bestimmen, bei welchen Werten von x, y und z der Wert der Größe G sich Null nähern würde — offensichtlich ein schwieriges Unterfangen. Die Sache wird jedoch noch dadurch kompliziert, daß es dabei nicht allein um den Zerfall und das Verschwinden der W's, I's und Ü's geht, sondern auch um ihre mögliche Polarisierung. Das heißt, die Gemeinschaft kann weniger von A-nomie als von Dys-nomie bedroht sein. Dysnomie ist ein Zustand, bei dem eine beträchtliche Anzahl von Personen, die Glieder der Gemeinschaft sind, einem bekannten Wert *a* anhängen, während eine ebenso beträchtliche Anzahl anderer Personen *a* als Unwert betrachten und seinem Gegenteil anhängen. So ist mit dem Zerfall des Glaubens an das Privateigentum der Glaube an das Gemeineigentum gewachsen, und die Anhänger der beiden Auffassungen kämpfen um die Vorherrschaft.

Man könnte eine solche Entwicklung als die Errichtung einer *Gegengemeinschaft* bezeichnen. Denn die sich abscheidende Gruppe weist alle für die Bildung einer Gemeinschaft charakteristischen Merkmale auf; und da sich die beiden Gruppen auf demselben Territorium befinden, richten sich die politischen Bestrebungen der neuen Gemeinschaft zwangsläufig gegen die zerfallende Gemeinschaft, in deren Mitte die neue Form der Gemeinschaft heranreift. Es ist daher sehr wichtig, daß jede organisierte abweichende Meinung innerhalb der bestehenden Gemeinschaft verbleibt. Das wird von den politischen Führern oft nicht erkannt, bevor es zu spät ist. Für eine derartige Strategie ist es sehr wichtig, die Verbindung offen zu halten und für eine laufende Beteiligung der abweichenden Gruppen zu sorgen. Daraus ergibt sich, warum die Ächtung abweichender Gruppen häufig nichts anderes bewirkt, als daß sie zur Errichtung einer Antigemeinschaft getrieben werden, die schließlich an die Stelle der Gemeinschaft, aus der sie ausgeschlossen worden sind, tritt. Die Christen im Römischen Imperium, die Puritaner in England und die Bourgeoisie im Frankreich des Ancien Régime liefern dafür bekannte Beispiele.

Was aber die politische Analyse und jedes Programm einer Gegenaktion kompliziert, ist, daß solche Gegensätze in gewissem Maß zu jeder gesunden Gemeinschaft gehören. Die „Friedhofsruhe", die manche, für die die Gemeinschaft im Mittelpunkt steht, offenbar lieben, ist nicht einmal in einer totalitären kommunistischen Gemeinschaft wünschenswert, und noch viel weniger natürlich in einer fortschrittlich demokratischen. In jeder Gemeinschaft ist eine Vielheit von Interessen, Werten und Überzeugungen nicht nur eine Tatsache, sondern auch sehr erwünscht. Das Bedürfnis nach Opposition und Wettbewerb ist in einer Gemeinschaft ebensogroß wie das Bedürfnis nach Übereinstimmung[16]. Es ist in diesem Zusammenhang die Auffassung vertreten worden, daß lediglich Übereinstimmung über die „Spielregeln", das heißt über das Verfahren zur Erreichung von Kompromissen und Entscheidungen, bestehen muß. Andere wiederum haben behauptet, daß eine „Übereinstimmung über die Grundprinzipien" („agreement on fundamentals" — Prinzipienkonsens) von entscheidender Bedeutung sei (darüber Näheres oben, Kapitel 3). Keine der beiden Aussagen ist allgemein gültig; vielmehr hängt es von Umweltfaktoren und den bestehenden Werten, Interessen und Überzeugungen ab, ob die eine oder die andere Gültigkeit besitzt. Das heißt, wenn eine erhebliche Mehrheit in einer bestimmten Gemeinschaft bestimmte Werte, Interessen und Überzeugungen, wie etwa den Wert der freien Meinungsäußerung, das Interesse am wirtschaftlichen Fortschritt und den Glauben an die Würde des Menschen anerkennt, so kann ein Konsens über die „Spielregeln" für die Aufrechterhaltung einer lebensfähigen politischen Gemeinschaft ausreichend sein. Ist dagegen keine solche Mehrheit vorhanden, dann ist nicht nur Übereinstimmung über die Spielregeln, sondern auch Prinzipienkonsens für den Bestand der Gemeinschaft notwendig. Das Gesagte sollte jedenfalls klar gemacht haben, daß die Formel über die Wechselbeziehung zwischen einem Zerfall der Werte, Interessen und Überzeugungen und der Aufrechterhaltung der Gemeinschaft mehr Probleme aufwirft als sie beantwortet.

Wie jede Organisation, so entwickelt auch jede politische Gemeinschaft im Laufe der Zeit (1) Mythen, insbesondere einen Gründermythos,

---

[16] Siehe Friedrich, 1942, Kap. 5. Robert A. Dahl, 1956, Kap. III und IV, hat für derartige Situationen einige anregende Formeln entwickelt. Siehe außerdem Friedrich, 1963, Kap. 11, wo das Bedürfnis nach Abweichung untersucht wird.

(2) Symbole, vor allem Integrationssymbole, und (3) Utopien, vor allem Vollkommenheitsutopien. Diese Aussage wird, obwohl von ihr keine Ausnahme bekannt ist, trotzdem häufig vernachlässigt. Besonders im Zeitalter des Rationalismus haben viele Theoretiker der Politik Mythen, Symbole und Utopien behandelt, als seien sie vermeidbare „Illusionen" oder „Irrtümer", denen eine rationalere Gemeinschaft durch verstandesmäßige Aufklärung entgehen könnte. Aber gerade die Erfahrung mit Organisationen, die von Menschen errichtet wurden, die diese Auffassungen vertraten, beweist, daß das oben Gesagte nach wie vor gültig ist; die Neigung zur Ausbildung von Mythen, Symbolen und Utopien war den Klubs der Jakobiner und wissenschaftlichen Akademien und reformerischen Organisationen der verschiedensten Richtungen des rationalistischen Progressivismus ebenso eigen wie anderen Organisationen und Gemeinschaften[17]. Die Erklärung dafür liegt im Wesen der Gemeinschaft und menschlichen Zusammenlebens. Mythen, Symbole und Utopien stellen die gefühlsmäßigen Bindungen her, die Vergangenheit, Gegenwart und Zukunft zu einem zusammenhängenden Ganzen verknüpfen, wie bereits oben gezeigt worden ist.

Der Gründermythos ist in seiner typischen Form zugleich eine Vereinfachung und eine Personifizierung komplexer und unpersönlicher Kräfte. So verkörpert der Mythos von dem heroischen Gründer der griechischen *polis* und der römischen *civitas* in einfacher und menschlich-persönlicher Form die Mühen und Enttäuschungen innenpolitischen Haders, die Entscheidung, neues Gebiet zu suchen und die Niederlassung an fremden und feindlichen Gestaden. Populäre Vorstellungen über die Gründung des italienischen und deutschen Staates im vergangenen Jahrhundert haben eine ähnliche Funktion, ebenso wie die bekannten Legenden über die Pilger-Väter und die Weisen von Philadelphia[18].

---

[17] Benjamin Nelson, A, 1959, erwähnt den entscheidenden Einfluß der Vollkommenheitsutopien, ruft aber selbst nach einer, wenn er am Schluß seiner Untersuchung schreibt: „Die Menschheit hat keine Aussicht zu überleben, wenn die Gesellschaft jetzt nicht lernt, menschlich zu werden", das heißt, „wenn unsere Welt eine Zukunft haben soll, müssen wir lernen, ohne die beiden hartnäckigsten *Illusionen* auszukommen, nämlich einer apokalyptischen Auffassung der Welt und einem nach Erlösung strebenden Futurismus" (Hervorhebung von mir). Meiner Ansicht nach ist die Überlebenschance gering, wenn dies eine notwendige Voraussetzung ist. Nelsons Ansicht zeigt, daß diese Illusion auch weiterhin besteht.

[18] Eine so rationalistische Auffassung wie Charles Beards Betonung der wirtschaftlichen Interessen könnte, selbst wenn sie zuträfe, dem beständigen Ver-

In ähnlicher Weise vermitteln Symbole wie Fahnen, Lieder und Wappen den Sinnen eine weithin sichtbare oder hörbare Repräsentation einer bestimmten Gemeinschaft. Die komplexen Werte, Interessen und Überzeugungen, die in der bestehenden Gemeinschaft, wie sie lebt und sich von Tag zu Tag und von Jahr zu Jahr weiterentwickelt, verkörpert sind, können von den meisten Menschen nur gefühlsmäßig erfaßt und bejaht werden, wenn solche Werte derart gesehen und geehrt werden können. Streitigkeiten wie die über den Flaggengruß in den öffentlichen Schulen einer Demokratie werden leicht verständlich, wenn dieses beständige Bedürfnis nach Symbolisierung einer Gemeinschaft erkannt wird; diejenigen, die sich weigern, möchten damit kundtun, daß sie die bestehende Gemeinschaft nicht als die „höchste" Gemeinschaft anerkennen. Das Beispiel der Zeugen Jehovas macht das deutlich. Andererseits sind diejenigen, die ein solches Ritual aufrecht zu erhalten suchen, entschlossen, zu zeigen, daß die Existenz der Gemeinschaft von jedermann anerkannt werden muß. Daß sie dabei mit einem Grundwert der Gemeinschaft, nämlich mit der Tolerierung religiöser Unterschiede, in Konflikt geraten, macht die Tragik solcher Situationen aus. Nur ein hoch angesehener Gerichtshof kann die Gemeinschaft aus diesem Konflikt befreien, indem er eine Art von „Neuauslegung" der Wortzeichen vornimmt, die die betroffenen Werte repräsentieren.

Utopien schließlich nähren die Hoffnung, daß die von der Gemeinschaft anerkannten Werte und Überzeugungen am Ende verwirklicht werden, und zwar trotz ihres offensichtlichen Versagens in der Gegenwart. Denn welche spezifischen Werte, Überzeugungen und Interessen eine bestimmte Gemeinschaft auch anerkennen mag, das tatsächliche Verhalten ihrer Mitglieder wird doch immer, und oft sehr weit, hinter ihren idealen Plänen oder Leitbildern zurückbleiben. Das ist nicht nur deshalb unvermeidlich, weil das tatsächliche Verhalten von persönlichen Interessen neben Interessen der Gemeinschaft bestimmt wird, sondern auch, weil die verschiedenen Werte, Überzeugungen und Interessen nicht immer ein folgerichtiges und zusammenhängendes Ganzes bilden, sondern an vielen Stellen miteinander kollidieren. Nur vollkommen rationale Menschen wären fähig, ein zusammenhängendes „System" auch nur zu erarbeiten. Alle politischen Gemeinschaften leben deshalb mit Hilfe von utopischen Hoffnungen. Dies gilt ebenso für Demokratien wie für

---

langen der Gemeinschaft nach einem wirksamen Mythos nicht Genüge leisten, was auch Beard selbst schließlich einsehen mußte. Beard, 1913, *passim;* siehe auch Friedrich, 1963, Kap. 22.

totalitäre Diktaturen, für Monarchien ebenso wie für Republiken. Nur das Maß der Abhängigkeit davon ist sehr verschieden. Wenn die Verwirklichung der bestehenden Werte und Überzeugungen besonders aussichtslos erscheint, dann kann die Utopie transzendent werden. Sie nimmt dann oft die Form des Glaubens an ein Paradies, das auf dieses Leben folgt, an. Diese Form der Utopie setzt allerdings den Glauben an die Unsterblichkeit des Menschen — seines Körpers oder seiner Seele — voraus. Daher wird das Verlangen einer Gemeinschaft nach der Entwicklung eines solchen Glaubens in bestimmten Situationen besonders stark.

Eine zweite wichtige These bezieht sich auf die Ortung. Im Gegensatz zu vielen anderen Gemeinschaften ist es für die politische Gemeinschaft typisch, daß sie eine solche territoriale Dimension hat. Sie lebt und entwickelt sich innerhalb bestimmter Grenzen. Typisch, das heißt, wenn sie „voll entwickelt" ist durch eine Organisation. Solange eine politische Gemeinschaft noch nicht das Stadium einer solchen organisatorischen Vervollkommnung durch eine Regierung oder einen „Staat", wie manche lieber sagen, erreicht hat, kann es möglich sein, daß sie ohne eine solche eindeutig festgelegte Grenze besteht. Gute Beispiele liefern die Juden, die Iren und die Deutschen und viele der neu entstehenden Nationen. Für eine Gemeinschaft im unterentwickelten Zustand ist es bezeichnend, daß sich ein starker politischer „Trend" in Richtung auf eine wirksame Organisation entwickelt, und dies oftmals über sehr lange Zeiträume hinweg. Ein führender Soziologe hat den Versuch unternommen, diese territoriale Seite der Gemeinschaft zum eigentlichen Inhalt des Gemeinschaftsbegriffes zu machen. Er wollte „die Gemeinschaft nicht als eine Art konkreter sozialer Einheit behandeln, sondern als eine analytische Kategorie", d. h. als „jenen Aspekt der Struktur sozialer Systeme, der der territorialen Ortung des Menschen zuzuschreiben ist"[19]. Da wir die Gemeinschaft als eine wirkliche soziale Einheit behandeln, steht dieser Ansatz offensichtlich mit dem unsrigen im Widerspruch. Trotzdem enthält er einen auch für unseren Standpunkt bedeutsamen Hinweis auf eben diesen territorialen Aspekt der Gemeinschaft. Es erscheint jedoch zutreffender, diesen als örtlichen oder räumlichen Aspekt zu bezeichnen; denn dadurch, daß der ständige Wohn- oder Aufenthaltsort der Gemeinschaft irgendwo *lokalisiert* ist, verfügt sie über einen Standort und nicht über ein Territorium. Der Begriff Territorium eignet sich eher für die Bezeichnung der politischen Gemeinschaft selbst, deren Regierung „die

[19] Talcott Parsons, A, 1959, S. 152.

Hoheitsgewalt innerhalb einer festgelegten Grenze" ausübt. Auf jeden Fall *existieren* politische Gemeinschaften, seien sie unentwickelt oder unterentwickelt, im politischen Sinne. Sie weisen die von uns als charakteristisch bezeichneten Dimensionen auf. Und sie erfüllen daher die Voraussetzungen für die Ausübung von Macht, Führung, Einfluß und den übrigen typischen Äußerungen politischen Verhaltens. Andere Gemeinschaften, beispielsweise Kirchen und Berufsgruppen, besitzen nicht notwendigerweise ein Territorium. Ihre Mitglieder leben häufig über weite Gebiete verstreut und sind zumeist mit anderen Gemeinschaften gleicher Art territorial vermischt.

Eine dritte wichtige These über die Gemeinschaft sagt aus, daß eine Gemeinschaft mit zunehmender Größe organisatorisch gegliedert wird. Dabei kann sich Größe auf die Zahl der zur Gemeinschaft gehörenden Personen, auf die räumliche Ausdehnung der Mitglieder oder auf beides zugleich beziehen. Diese Aussage ist von großer Bedeutung für das Verständnis politischer Untergliederungen wie Parteien und „Juntas", Klubs und Interessengruppen. Das immer wieder auftretende Bestreben, solche Gliederung und damit die Bürokratisierung zu vermeiden, ist unrealistisch. Es äußert sich beispielsweise in der Behauptung, eine bestimmte Partei sei keine Partei, sondern eine Bewegung (de Gaulle). Es ist eine Art politischer Romantik. Das gleiche gilt für den Versuch, der vor allem in politisch unterentwickelten Ländern immer von neuem unternommen wird, völlig ohne Parteien auszukommen und sie durch kleine „Nachbarschafts"-Einheiten und ähnliches zu ersetzen. Denn so wichtig die lokale Gemeinschaft mit ihren engen nachbarschaftlichen und verwandtschaftlichen Bindungen auch ist, sie ist kein Ersatz, sondern lediglich eine Ergänzung der Funktion der Parteien, Berufs- und Interessengruppen in der politischen Großgemeinschaft unserer Tage. Die Notwendigkeit zur Organisation in großen Gemeinschaften ist unausweichlich. Sie ergibt sich aus der Notwendigkeit zur Verständigung überall dort, wo Entscheidungen getroffen werden müssen, bei denen die Werte, Interessen und Überzeugungen der Gemeinschaft im Spiel sind. Diese Werte, Überzeugungen und Interessen müssen durch Entscheidungen und Politiken (policy) laufend einer sich wandelnden Umwelt angepaßt werden. In neu entstehenden Nationen kann diese Aufgabe der Schaffung einer wirksamen politischen Organisation von größter Dringlichkeit und doch äußerst schwer erreichbar sein. Zahlreiche Krisensituationen sind entstanden, weil bestimmte Formen politischer Organisation, wie die parlamentarische Demokratie und die totalitäre Diktatur, übernommen worden sind, ohne Rücksicht darauf, daß sie politische Voraussetzungen und gewohnheitsmäßige Verhaltensweisen erfordern, die in diesen Gemeinschaften nicht gegeben sind. Bei der Entdeckung oder Erfindung geeigneter Organisationsstrukturen müssen nicht unbedingt bereits vorhandene Formen nachgeahmt oder übernommen werden.

Eine vierte These, die in enger Beziehung zu der vorigen steht, sagt aus, daß organisierte (institutionalisierte) politische Gemeinschaften *besser geeignet* sind als unorganisierte Gemeinschaften, Entscheidungen zu fällen und Politiken zu entwickeln. Diese Aussage ergibt sich unmittelbar aus der Organisationstheorie, die im vorigen Kapitel behandelt worden ist. Organisieren bedeutet das Ordnen der Beziehungen der Menschen untereinander und ihres Verhaltens in einer Weise, die sie in die Lage versetzt, gemeinsam zu handeln. Das Fällen von Entscheidungen und die Formulierung einer Politik sind die Hauptformen solchen gemeinsamen Handelns. Es muß in diesem Zusammenhang betont werden, daß, obwohl solche Gemeinschaften dazu besser geeignet sind, auch unorganisierte oder nur teilweise organisierte Gemeinschaften nicht völlig unfähig sind, zu solchen „Entscheidungen" zu gelangen, eine Annahme, zu der einige Theoretiker der Politik und Rechtstheoretiker neigen. Umfangreiche Erfahrungen können sehr wohl ein sich anpassendes Verhalten zur Folge haben, selbst dort, wo eine Organisation fehlt oder wo sie völlig unzulänglich ist. Das läßt sich überall feststellen, wo die Führung auf einer echten charismatischen Grundlage beruht oder wo ein genügend großer Zwang vorhanden ist, um alle oder die meisten Glieder der Gemeinschaft zu den gleichen Entscheidungen kommen zu lassen, wie zum Beispiel, wenn zum Widerstand gegen eine Kolonial- oder Besatzungsmacht aufgerufen wird. In den neuen Nationen sind solche Vorgänge häufig zu beobachten. Dennoch wird sich die Gemeinschaft, sobald sich die Gelegenheit dazu bietet, organisieren. Was Weber als „Routinisierung des Charismas" bezeichnet hat, ist gleichfalls ein solcher Prozeß der Umformung einer unorganisierten Gemeinschaft. Es ist ein Irrtum, der auf Max Weber und Pareto zurückgeht, zu glauben, diese Organisationsprozesse seien in jedem Fall „Rationalisierungs"-Prozesse[20]. Wegen der Erfordernisse der Organisation können diese Prozesse tatsächlich sogar weniger rational sein als die ursprüngliche Gemeinschaft. Daher ist die Gemeinschaft, die nur durch das Charisma des Gründers einer Religion oder einer politischen Bewegung geformt wird, in der Regel

[20] Es besteht jedoch ein bedeutsamer Unterschied zwischen beiden, weil bei Weber die Bedeutung eingeschränkt wird. Eine klare Erläuterung gibt Parsons, 1937.

rationaler — weil hier durch Diskussion und Überzeugung wirkliche Autorität entsteht — als die Mythen und Symbole, die die Organisation später zur Aufrechterhaltung einer wirksamen Autorität entwickelt.

Es ist denkbar, daß jede der vier Thesen auch quantifiziert werden könnte. Eine solche Quantifizierung macht die Untersuchung eines letzten wesentlichen Merkmals der Gemeinschaft notwendig, nämlich das der Kommunikation. Wir haben bisher einfach unterstellt, daß die Gemeinschaft die Fähigkeit ihrer Mitglieder zur Kommunikation untereinander voraussetzt. Diese Annahme muß jetzt noch genauer untersucht werden[21]. Es wurde schon darauf hingewiesen, daß ein zunehmendes Sprachbewußtsein und die Erkenntnisse der modernen Psychologie, vermehrt durch so intuitive Einblicke, wie wir sie unter anderem bei Dostojewski, Kafka und Faulkner finden, ernsthafte Zweifel haben aufkommen lassen, bis zu welchem Grad wirksame Kommunikation selbst auf der intimsten Stufe der persönlichen Gemeinschaft überhaupt möglich ist. Gelingt es den Menschen wirklich, sich einander mitzuteilen? Diese Frage werden wohl nur wenige heutzutage ohne weiteres bejahen wollen. Aber die Schwierigkeiten, die sich bei der Mitteilung für den einzelnen Menschen ergeben, beziehen sich auf sein Fühlen, Denken und Erleben. Für die Gemeinschaft genügt, daß es Menschen möglich ist, sich einander genug über ihr Wirken und Trachten mitzuteilen, um sie in den Stand zu setzen, bei der Verfolgung offensichtlich gemeinsam geglaubter Werte, Interessen und Ziele gemeinsam zu handeln. Auf der rein materiellen Ebene ist diese Tatsache ganz offenkundig. Physische Objekte wie Brükken und Straßen sind sichtbare Aufgaben für die Tätigkeit der Gemeinschaft. Die dabei gewonnene gemeinsame Erfahrung zeigt, wie auch kompliziertere Gebiete menschlicher Betätigung wie Schulen (Erziehung) und Polizei (Sicherheit) gemeinsam wahrgenommen werden können. Es ist aber sehr wohl möglich, daß eine genauere Untersuchung ergeben würde, daß nicht zwei Personen unter Hunderten das gleiche „meinen“, wenn sie mit Mehrheitsentscheid beschließen, eine neue Schule zu bauen, um die „Erziehung“ zu verbessern. Und doch haben alle miteinander diskutiert und sich schließlich auf eine Politik geeinigt.

Zum Begriff der Kommunikation gehört nicht nur die sprachliche Form der Mitteilung, d. h. die Verständigung mit Hilfe von Wortsymbolen, sondern auch die Kommunikation mit Hilfe anderer Symbole. Sie

[21] Karl Deutsch, 1953, bes. Kap. 4; siehe vom gleichen Autor (Hrsg.), 1957, bes. S. 36 ff.

reichen vom flüchtigen Stimmungsausdruck auf einem menschlichen Antlitz bis zu dem Geldstück, das beim Kauf von Waren gezahlt wird[22]. Die Kommunikation kann daher als eine notwendige, wenn auch keineswegs ausreichende Voraussetzung für die Schaffung einer Gemeinschaft beschrieben werden, jedenfalls gibt es ohne Kommunikation keine Gemeinschaft. Diese unbestreitbare Tatsache hat zu der Annahme geführt, die Entwicklungsstufe einer Gemeinschaft könne am Ausmaß der Kommunikation ihrer Glieder gemessen werden[23]. Auf den ersten Blick erscheint das völlig einleuchtend. Da sich die Gemeinschaft zwischen Franzosen, Deutschen und Italienern in den vergangenen zehn Jahren verstärkt hat, ist auch die Kommunikation zwischen diesen drei Völkern sehr schnell angestiegen. Diese Zunahme läßt sich ohne weiteres statistisch nachweisen: es läßt sich feststellen, wieviele Menschen von Land zu Land reisen, wieviele untereinander in Geschäftsverkehr stehen, wieviele Geldeinheiten umgewechselt werden, wieviele Briefe und Telegramme versandt werden usf. Dies alles sind Indices für Kommunikation. Wenn außerdem der Bevölkerungszuwachs und andere äußere Faktoren wie der allgemeine Stand der Geschäftstätigkeit in Betracht gezogen werden, so könnte dies alles zu einem allgemeinen „Gemeinschaftsindex“ zusammengefaßt werden. Ein solches Vorgehen kann jedoch zu erheblichen Irrtümern führen. Man kann das anhand eines oder zweier unpolitischer Beispiele erläutern. Läßt sich das Ausmaß familiärer Gemeinschaft zwischen zwei Ehepartnern an der Zahl der zwischen ihnen ausgetauschten Wörter messen? Läßt sich die Intensität einer religiösen Gemeinschaft nach einem ähnlichen Index feststellen? Diese Fragen stellen heißt, sie verneinen. Es ergibt sich daher, daß der Index nur „unter sonst gleichen Bedingungen“ anwendbar ist, das heißt, wo es sich um die gleiche Personengruppe in einer gleichartigen Gemeinschaft handelt. Er kann sich

[22] Wenn, wie Parsons an einer Stelle seiner Untersuchung andeutet (1959, S. 173), alle diese Symbole in der Bedeutung des Wortes „Sprache“ enthalten sind, dann kann man seine Aussage, daß die Mindestvoraussetzung der Gemeinschaft eine „gemeinsame Sprache“ („common language“) ist, akzeptieren. Vom Zusammenhang her, in dem diese Aussage erscheint, bleibt es jedoch fraglich, ob er das damit meint; denn vorher sagt er, daß „Mitteilung immer eine gemeinsame Kultur voraussetzt“ („communication always implies a common culture“), was offensichtlich ein Irrtum ist. Nicht nur die entstehende Weltgemeinschaft, sondern z. B. auch die Tatsache, daß man sich mit Zeichen in einem fremden Land verständlich machen kann oder daß man sich durch Handbewegungen mit einem Hund verständigen kann, widersprechen dem.

[23] Deutsch (Hrsg.), 1957, Kap. III; siehe auch Deutsch, 1953, Kap. VI und VII.

deshalb in einer Situation als ziemlich nützlich erweisen, wo eine politische Gemeinschaft sich in verhältnismäßig kurzer Zeit entwickelt, so daß sie sich wesentlich gleich bleibt. Aber auch hier ist große Vorsicht geboten; und es muß daran erinnert werden, daß in derartigen Situationen der Index eigentlich gar nicht notwendig ist, da es andere, weniger kostspielige Mittel gibt, um die Tatsachen zu ermitteln.

Mitteilungen können für politische und andere Zwecke manipuliert werden. Es ist nicht möglich, eine strenge Scheidung in Mitteilungen, die der „Information" dienen und solche, die der „Orientierung" oder anderen Zwecken dienen, vorzunehmen, und von denen sich sagen ließe, sie würden nicht dazu benutzt, um das Verhalten der Menschen zu beeinflussen[24]. Da jede Information, die „relevant" ist, das heißt, die einen Menschen etwas wissen läßt, das er vorher nicht gewußt hat, sein Verhalten beeinflußt, so wird diese Information wahrscheinlich nur dann mitgeteilt werden, wenn derjenige, der sie mitteilt, damit auf das Verhalten desjenigen einwirken möchte, den er „informiert". Jedenfalls läßt sich in vielen Situationen nicht feststellen, ob diese Absicht besteht oder nicht, und der angebliche spezifische Unterschied ist daher nicht nachweisbar. Wenn demnach jede Mitteilung an irgend jemanden gerichtet ist, so ist es eine bedeutsame Frage, an wen sie gerichtet ist. Mitteilungen können entweder gemeinschaftsbezogen sein oder nicht. Bei dieser Alternative geht es nicht darum, was die in eine bestimmte Lage versetzten Personen beabsichtigten, obgleich eine solche Absicht oft mitspielen kann, sondern sie ist eine existentielle Tatsachenfrage. Trägt die Mitteilung zur Verwirklichung gemeinsamer Werte, Interessen und/oder Überzeugungen bei, dann ist sie eine für die Gemeinschaft wichtige Mitteilung, andernfalls ist sie es nicht.

Diese Beobachtungen sind für das Gebiet der Propaganda und seine Erforschung wichtig. Denn bei ihm handelt es sich um Mitteilungen, durch die ganz bestimmte Personen dazu gebracht werden sollen, bestimmte Dinge zu tun oder nicht zu tun. Propaganda ist aktionsbezogen. Sie wird daher normalerweise von der Organisation finanziert, zu deren Gunsten sich die Wandlung wahrscheinlich auswirken wird. In der Regel wird die Propaganda *innerhalb* einer Gemeinschaft von Untergruppen durchgeführt, entweder, um die Gemeinschaft, wenn sie organisiert ist, oder einzelne ihrer Mitglieder zu einer Handlung zu bewegen. Sehr viel

---

[24] Parsons, 1959, S. 168—169, hat, im Anschluß an Robert F. Bales und andere eine solche Unterscheidung getroffen; es ist dies eine „idealisierende" Kategorie, die einer Realanalyse widerstrebt.

wirkungsvolle Propaganda wird durch Information erzielt. Für die propagandistische Funktion einer Mitteilung ist dabei nicht ihr relativer Wahrheitsgehalt entscheidend[25]. Propaganda kann, um es noch einmal zu sagen, Gemeinschaftskommunikation sein oder nicht. Das hängt davon ab, ob sie zur Verwirklichung der Werte, Interessen und/oder Überzeugungen der Gemeinschaft beiträgt.

Ebensowenig wie ohne wirksame Kommunikation könnte eine moderne Gemeinschaft, ganz gleich welcher Größe, ohne fortwährende Propaganda bestehen. Das ist häufig von Rationalisten übersehen worden, die in Erziehung und Information nur Mittel zur „reinen" Kommunikation sehen. Sie widmen daher der Erforschung der Propaganda große Aufmerksamkeit, da sie der Meinung sind, daß eine Mitteilung wertlos oder zumindest zweifelhaft wird, wenn sich herausstellt, daß es sich dabei um Propaganda gehandelt hat. Vom politischen Standpunkt aus ist es jedoch nicht entscheidend, *ob* Mitteilungen Propaganda sind oder nicht, sondern von wem sie ausgehen und welchen Zwecken sie dienen sollen. Wenn Mitteilungen von anerkannten Führern gemacht werden, die über Angelegenheiten von allgemeinem Interesse mit Autorität sprechen, dann handelt es sich zwar auch um Propaganda, aber sie bildet und integriert die Gemeinschaft und ist daher politisch gesehen für die Mitglieder der betreffenden Gemeinschaft nützlich. Viel politische Romantik kann vermieden werden, wenn diese grundlegenden Einsichten, die sich aus der Rolle, die die Kommunikation in der Gemeinschaft spielt, ergeben, beachtet werden. Eine inhaltliche Analyse dieser Mitteilungen ist dabei von großer Bedeutung, weil sie Aufschlüsse über die entscheidenden Fragen von Wert, Interesse und Überzeugung gibt.

Zum Schluß sei noch die rasche Verbreitung des Gemeinschaftsbegriffes im politischen Sprachgebrauch unserer Zeit erwähnt. Nicht nur die Vorstellung einer Weltgemeinschaft, sondern auch die leidenschaftlichen Diskussionen über die Großstadt-Gemeinschaft und die Errichtung der Gemeinschaft für Kohle und Stahl, der Europäischen Wirtschaftsgemeinschaft und schließlich die französische Gemeinschaft der Fünften Republik gehören hierher. Wie ist diese Popularität zu erklären? Die obige Untersuchung legt die Antwort nahe. Trotz des Vorhandenseins einer

---

[25] In Übereinstimmung mit unserer Methode, die „stipulierende" Definitionen verlangt, wäre es richtiger, die obigen Sätze umgekehrt zu formulieren und zu sagen, daß „auf Aktion ausgerichtete Mitteilung als Propaganda bezeichnet werden soll" usw. Siehe dazu Friedrich, 1950, Kap. 24 und die dort zitierte Literatur.

erheblichen Gemeinschaftlichkeit fehlt in den genannten Gebilden eine wirksame Organisation weitgehend. Die großstädtischen Gemeinschaften zum Beispiel, die alle mit dem Problem immer größerer Entfernungen zwischen Wohnung und Arbeitsplatz und den sich daraus ergebenden Verkehrs- und Kommunikationsproblemen zu kämpfen haben, besitzen in den meisten Ländern sehr veraltete politische Strukturen. Immer wieder bleiben dringendste Probleme viele Jahre lang ungelöst, weil die Großstadt-Gemeinschaft weiterhin unorganisiert und daher unfähig zu wirksamen Handlungen ist[26]. Die Aufgabe, wie man die Regierung für neu entstehende Gemeinschaften gliedern soll, deren Umfang alles bisher Dagewesene übersteigt, kann nur dann auf eine zufriedenstellende Lösung hoffen lassen, wenn eine Analyse sämtlicher politischer Erfahrungen, die der Mensch in seiner Geschichte bis heute gemacht hat, vorgenommen wird. Und selbst diese Erfahrungen können lediglich als Ausgangspunkt für Entdeckungen und Neuerungen in bisher unbekanntem Ausmaß dienen.

Zusammenfassend wäre daher zu sagen, daß für die Bildung neuer Gemeinschaften die ganze politische Erfahrung kaum hinreichen dürfte, um wirklich erfolgversprechende staatliche Einrichtungen zu schaffen. Jedenfalls aber dürften die hier gebotenen Prolegomena zeigen, wie sehr eine empirische politische Wissenschaft auf die Klärung der ihrer Arbeit zugrunde liegenden philosophischen Probleme angewiesen ist. Für jeden, der politisches Denken auf politischer Erfahrung aufzubauen wünscht, bleibt die ständige Weiterarbeit an den in den voraufgehenden Kapiteln aufgezeigten Problemen eine nie endende Aufgabe.

---

[26] Es ist eine verblüffende Tatsache, daß bis vor kurzem kein Mensch sagen konnte, wie die Riesenstadt New York mit ihren 15 Millionen Einwohnern verwaltet wurde, weil buchstäblich Hunderte von Verwaltungsbehörden ein undurchdringliches Labyrinth bildeten, in dem sich sowohl die Einwohner als auch ihre schlecht beratenen „Herrscher“ mühsam einen Weg bahnten. Hier gab es daher eine Gemeinschaft ohne Regierung, eine politische Gemeinschaft ohne Organisation.

Literaturverzeichnis

Adler, Mortimer J.: The Idea of Freedom, Bd. I, 1958; Bd. II, 1961.

Allport, Gordon W.: Personality: A Psychological Interpretation, 1937.

— Personality and Social Encounter, 1960.

— und Philip E. *Vernon:* Studies in Expressive Movement, 1933.

Althusius, Johannes: Politica Methodice Digesta, 1603, 1610, 1614.

Aquin, Thomas von: Summa Theologica.

Arendt, Hannah: The Origins of Totalitarianism, 1951.

— The Human Condition, 1958.

Aristoteles: Die Nikomachische Ethik.

— Politik.

Arnold, Thurman W.: The Symbols of Government, 1935.

Aron, Raymond: L'Opium des intellectuels, 1955.

— Paix et guerre entre les nations, 1962.

Augustin: De civitate Dei.

Bachofen, J. J.: „Das Mutterrecht", in *Der Mythos von Orient und Okzident* (Hrsg. M. Schröter), 1926.

Bales, Robert F.: Interaction Process Analysis, 1951.

Banfield, Edward C.: Political Influence, 1961.

— „American Foreign Aid Doctrine", in *Public Policy,* 11:44—94, 1961.

Barnard, Chester I.: The Functions of the Executive, 1938.

— „Comments on the Job of the Executive", *Harvard Business Review,* Spring 1940, S. 295—308.

Barnet, Richard J.: „The Protection of Constitutional Rights in Germany", *Virginia Law Review,* 14:1139—1164, 1959.

Beard, Charles A.: An Economic Interpretation of the Constitution of the United States, 1913.

Bell, David: „Allocating Development Resources: Some Observations Based on Pakistan Experience", *Public Policy* (Hrsg. Friedrich und Harris), 9:84—106, 1959.

Benedict, Ruth: Patterns of Culture, 1934.

Bentham, Jeremy: Works (Hrsg. J. Bowring), 11 Bde., 1843.

Bergstraesser, Arnold: Politik in Wissenschaft und Bildung, 1961.

Bernal, J. D.: The Freedom of Necessity, 1949.

Bernanos, Georges: Tagebuch eines Landpfarrers, 4. Aufl. 1947.

Berneri, Marie Louise: Journey through Utopia, 1950.

Bernoulli, Carl A.: Theologie und Wissenschaft, 1933.

Bertholet, Alfred: „Priesthood" und „Religion", *Encyclopaedia of the Social Sciences*.

Besson, W.: Die politische Terminologie des Präsidenten Franklin D. Roosevelt: Eine Studie über den Zusammenhang von Sprache und Politik, 1955.

Binder, Leonard: Religion and Politics in Pakistan, 1961.

Boorstein, Daniel J.: America and the Image of Europe; Reflections on American Thought, 1960.

Bowie, Robert R., und andere: United States Foreign Policy: Ideology and Foreign Affairs, 1959.

Bracher, Karl D., Wolfgang *Sauer* und Gerhard *Schultz:* Die nationalsozialistische Machtergreifung: Studien zur Errichtung des totalitären Herrschaftssystems in Deutschland, 1933—1934, 1960.

Braibanti, Ralph, und Joseph J. *Spengler* (Hrsg.): Tradition, Values and Socio-economic Development, 1961.

Brecht, Arnold: Political Theory, 1959 (deutsch: Politische Theorie, 1961).

Brzezinski, Zbigniew, The Permanent Purge — Politics in Soviet Totalitarianism, 1956.

Burckhardt, Jacob: Griechische Kulturgeschichte. 1898, 1930 (2 Bde.).

Burdick, Eugene, und William J. *Lederer:* The Ugly American, 1958.

Burke, Edmund: Works, 9 Bde., amerik. Ausgabe 1839.

Carpenter, C. R.: A Field Study of the Behavior and Social Relations of Howling Monkeys, 1934.

— A Field Study in Siam of the Behavior and Social Relations of the Gibbon, 1941.

Cassirer, Ernst: Philosophie der symbolischen Formen, 3 Bde., 1923—1929.

Catlin, George E. G.: The Science and Method of Politics, 1927.

— On Political Goals, 1957.

— Systematic Politics: Elementa Politica et Sociologica, 1962.

Chardin, Pierre Teilhard de: Der Mensch im Kosmos, 5. Aufl. 1959 (englisch: The Phenomenon of Man, 1959).

Chase, Stuart, The Tyranny of Words, 1938.

Fuller, Lon L.: The Law in Quest of Itself, 1940.

Furniss, Edgar S., jr.: Weaknesses in French Foreign Policy Making, 1954.

Fustel de Coulanges: La Cité antique, 1959.

Galbraith, John Kenneth: „Developed Economic Attitudes and the Underdeveloped Economy", *Public Policy*, 9:73—83, 1959.

Gibbon, Edward: The History of the Decline and Fall of the Roman Empire.

Gierke, Otto von: Das Deutsche Genossenschaftsrecht, 4 Bde., 1868—1913.

— Johannes Althusius und die Entwicklung der naturrechtlichen Staatstheorien, 1880.

Gigon, Olof A.: Sokrates: Sein Bild in Dichtung und Geschichte, 1947.

Grazia, Sebastian de: The Political Community, 1948.

Greene, William C.: „Platonism and Its Critics", *Harvard Studies in Classical Philology*, 51:39—71, 1953.

Gross, Bertram M.: The Management of Organizations — The Administrative Struggle, 1964.

Gulick, Luther H.: „Notes on the Theory of Organization", *Papers on the Science of Administration* (Hrsg. Gulick und Urwick), 1937.

Guthrie, William K. C.: The Greeks and Their Gods, 1950, 1955.

Haines, Charles G.: The Revival of Natural Law Concepts, 1930.

Halperin, Ben: The Idea of the Jewish State, Bd. I, 1961.

Hampshire, Stuart: Thought and Action, 1959.

Harrison, S. S.: The Most Dangerous Decades: An Introduction to the Comparative Study of Language Policy in Multilingual States, 1957.

Hartman, Robert S.: „Value, Fact and Science", *Philosophy of Science*, 25:97—108, 1958.

Hartmann, Nicolai: Ethik, 1926.

Heidegier, Martin: Sein und Zeit, 1927.

Hennis, Wilhelm: Politik und praktische Philosophie, Bd. 14 der „Politica", 1963.

Hersch Jeanne: Idéologies et réalité, 1956.

Hexter, J. H.: More's Utopia: The Biography of an Idea, 1952.

Hobbes, Thomas: Leviathan, 1651.

Hocking, William Ernest: Living Religions and a World of Faith, 1940.

— The Coming World Civilization, 1956.

— Strength of Men and Nations, 1959.

Holcombe, Arthur N.: Human Rights in the Modern World, 1948.

Hooton, Earnest A.: Why Men Behave Like Apes and Vice Versa, 1940.

Husserl, Edmund: Ideen zu einer reinen Phänomenologie und phänomenologischen Philosophie, 1913.

Jaeger, Werner: Die Theologie der frühen griechischen Denker, 1958.

Jaffa, Harry V.: „The Case Against Political Theory", *Journal of Politics,* 22:259 ff., 1960.

James, William: The Varieties of Religious Experience, 1902.

Jaspers, Karl: Von der Wahrheit, 1947.

— Vom Ursprung und Ziel der Geschichte, 1949.

Jesperson, Otto: Language: Its Nature, Development and Origin, 1922.

— Language, 1949.

Jouvenel, Bertrand de: Du Contrat Social de Jean-Jacques Rousseau, 1947.

— De la Souveraineté, 1955.

Jünger, Ernst: An der Zeitmauer, 1959.

Kant, Immanuel: Prolegomena zu einer jeden künftigen Metaphysik, die als Wissenschaft wird auftreten können, 1783 (Werke in 6 Bänden, Darmstadt 1958, Bd. III).

Kaufmann, Walter A.: Nietzsche: Philosopher, Psychologist, Anti-Christ, 1950.

Kelsen, Hans: General Theory of Law and State, 1945.

— Was ist Gerechtigkeit?, 1953.

Kluckhohn, Clyde: A Mirror for Man, 1949.

— "Values and Value-orientations in the Theory of Action: An Exploration in Definition and Classification", in: *Toward a General Theory of Action* (Hrsg. Parsons und Shils), S. 388—433, 1951.

Köhler, Wolfgang: Intelligenzprüfungen an Menschenaffen, 1917, 1921 (1963 Nachdruck der 2. Aufl.).

Koffka, K.: Principles of Gestalt Psychology, 1935.

Kojeve, Alexandre: Introduction à la lecture de Hegel, 1947.

Krockow, Christian, Graf von: Die Entscheidung: Eine Untersuchung über Ernst Jünger, Carl Schmitt, Martin Heidegger, 1958.

Kroeber, A. L., und Clyde *Kluckhohn:* Culture: A Critical Review of Concepts and Definitions, 1952.

Krüger, Paul: Geschichte der Quellen und Literatur des Römischen Rechts, 1888.

Krutch, Joseph Wood: Human Nature and the Human Condition, 1959.

Ladd, John: „The Concept of Community: A Logical Analysis", *Nomos II,* S. 269—293, 1959.

Langer, Susanne K.: Philosophy in a New Key, 1942.

Lasswell, Harold D.: „Current Studies of the Decision Process: Automation versus Creativity", *Western Political Quarterly,* 8:381—399, 1955.

— und A. *Kaplan:* Power and Society, 1950.

Leites, Nathan: A Study of Bolshevism, 1953.

Lenin, W. I.: Was tun?, 1902.

Lerner, Daniel, und H. D. *Lasswell* (Hrsg.): The Policy Sciences: Recent Developments in Scope and Method, 1951.

Lewis, John D., und Oskar *Jászi:* Against the Tyrant: The Tradition and Theory of Tyrannicide, 1957.

Lin Yutang: The Wisdom of Confucius, 1938.

Lippincott, Benjamin E.: Victorian Critics of Democracy, 1938.

Lippmann, Walter: Public Opinion, 1922.

Löwenstein, Karl: Political Power and the Governmental Process, 1957 und 1962.

Löwith, Karl: Von Hegel bis Nietzsche, 1941, 1950.

Lynd, Robert S.: Knowledge for What? The Place of Social Sciences in American Culture, 1939.

Machiavelli, Niccolo: Discorsi.

— Il Principe.

MacIver, Robert: Social Causation, 1942.

— The Web of Government, 1947.

Malinowski, B.: „Magic, Science and Religion", in *Science, Religion and Reality* (Hrsg. J. Needham), 1925.

Mannheim, Karl: Ideology and Utopia, 1936, 1953 (enthält die Übertragung der deutschen Originalausgabe von 1929, Kap. II—IV, einen Artikel aus dem Jahre 1931 und eine neue Einleitung).

— Ideologie und Utopie, 3. Aufl. 1952.

Marshall, Alfred: Principles of Economics, 1890; 8. Ausg. 1922.

McKeon, Richard: „Aristotle's Conception of Moral and Political Philosophy", *Ethics,* Bd. 51, 1941.

McWhinney, Edward: „The German Federal Constitutional Court and the Communist Party Decision", *Indiana Law Journal,* 32:295—312, 1957.

Mead, George Herbert: Mind, Self and Society, 1934.

Mead, Margaret: Male and Female, 1949.

Meehan, Eugene J.: The Theory and Method of Political Analysis, 1964.

Mehren, Arthur T. von: „The Judicial Process in the United States and Germany", Festschrift für Ernst Rabel, Band I, 1954.

Meyer, Alfred G.: Marxism: The Unity of Theory and Practice, 1954.

Meynaud, Jean: Introduction à la science politique, 1959.

Michels, Robert: Zur Sociologie des Parteiwesens in der modernen Demokratie, 1911.

Mill, John Stuart: Utilitarianism, 1863.

Moore, Barrington, jr.: Political Power and Social Theory, 1958.

Morgan, George Allen, jr.: What Nietzsche Means, 1941.

Morgenthau, Hans J.: Politics Among Nations, 1948, 1954.

— In Defense of the National Interest, 1951.

Mumford, Lewis; The Story of Utopias, 1922.

Myrdal, Gunnar: Das politische Element in der nationalökonomischen Doktrinbildung, 1953, 1963.

Nelson, Benjamin: „Community: Dreams and Realities", *Nomos II*, S. 135 bis 151, 1959.

Neunreither, Karlheinz: Der Bundestag zwischen Politik und Verwaltung, 1959.

— „Politics and Bureaucracy in the West German Bundesrat", *The American Political Science Review*, 53:713 ff., 1959.

Nilsson, Martin P.: Griechischer Glaube, 1950.

Nock, Arthur D.: Conversion, 1933.

Northrop, F. S. C.: The Meeting of East and West, 1946.

— The Complexity of Legal and Ethical Experience, 1959.

Oakeshott, Michael: Experience and Its Modes, 1933.

— The Voice of Poetry in the Conversation of Mankind, 1959.

— Rationalism in Politics and Other Essays, 1962.

Ogden, C. K., und I. A. *Richards:* The Meaning of Meaning, 1923, 1938.

Oppenheim, Felix E.: Dimensions of Freedom, 1961.

Otto, Rudolf: Das Heilige, 1917, 1929.

Pareto, Vilfredo: The Mind and Society, 4 Bde., 1935 (italienisches Original: Trattato di sociologia generale, 1923).

Parsons, Talcott: The Structure of Social Action, 1937.

— The Social System, 1951.

— Structure and Process in Modern Societies, 1960.

— „The Principal Structures of Community: A Sociological View", *Nomos II*, S. 152—199, 1959.

— and Edward A. *Shils* (Hrsg.), Toward a General Theory of Action, 1951.

Pascal, Blaise: Pensées, 1670.

Perelman, Chaim, und *L. Olbrechts-Tyteca:* La Nouvelle rhetorique: Traité de l'argumentation, 1958.

Perry, Ralph Barton: General Theory of Value, 1926.

Pfister, Bernhard, und Gerhard *Hildemann* (Hrsg.), Widerstandsrecht und Grenzen der Staatsgewalt, 1956.

Plamenatz, John: The English Utilitarians, 1949.

Plato: Der Staat.

— Der Staatsmann.

— Die Gesetze.

Polanyi, Michael: Personal Knowledge, 1958.

Popper, Karl: The Open Society and Its Enemies, 1945.

— The Poverty of Historicism, 1957.

— The Logic of Scientific Discovery, 1959 (deutsch: Logik der Forschung, 1935, 2. Aufl. 1966).

Rapoport, Anatol: Operational Philosophy, 1953.

Recaséns Siches, Luis, et. al.: Latin American Legal Philosophy, 1948.

Redlich, Josef: Das Recht des englischen Parlamentarismus, 1906.

Rommen, Heinrich A.: Die ewige Wiederkehr des Naturrechts, 1936, 1947.

Rosenstock-Huessy, Eugen: Die Europäischen Revolutionen, 1931, 1951.

— Soziologie, Bd. I, 1956; Bd. II, 1958.

Rousseau, Jean-Jaques: Le Contrat social, 1762.

Rudolph, Lloyd I., und Suzanne *Hoeber Rudolph:* „Toward Political Stability in Under-developed Countries: The Case of India", *Public Policy*, 9:149 ff., 1959.

Rüstow, Alexander: Ortsbestimmung der Gegenwart, Bd. I, 1950; Bd. II, 1952; Bd. III, 1957.

Sabine, George H.: A History of Political Theory, 1937, 1950.

Sapir, Edward: „Language", *Encyclopaedia of the Social Sciences*, 1933.

— „Symbolism", *Encyclopaedia of the Social Sciences*, 1934.

Sartre, Jean-Paul: L'Existentialisme est un humanisme, 1946.

Scheler, Max: „Der Formalismus in der Ethik und die materiale Wertethik", *Jahrbuch für Philosophie und Phänomenologische Forschung*, Bd. 1, Seite 405—565, 1913; Bd. 2, Seite 21—478, 1916; 2. Ausg. 1926.

— Vom Ewigen im Menschen, 1923.

Schiller, Friedrich von: Wallensteins Lager, 1798.

Schmitt, Carl: Politische Theologie, 1922.

Schneider, Peter: Ausnahmezustand und Norm, 1957.

Schumpeter, J. A.: Theorie der wirtschaftlichen Entwicklung, 1912 und 1926.

Selznick, Philip: „Foundations of the Theory of Organization", *American Sociological Review*, 13:25—35, 1948.

Shapiro, Meyer: „Style", *Anthropology Today* (Hrsg. A. L. Kroeber), 1953.

Shenton, Herbert N., Edward *Sapir*, und Otto *Jesperson:* International Communication, 1931.

Shklar, Judith N.: After Utopia: The Decline of Political Faith, 1957.

— "Ideology Hunting: The Case of J. M. Harrington", American Political Science Review, vol. LIII, S. 662 ff., 1959.

Simmel, Georg: Die Religion, 1912.

Simon, Herbert: Administrative Behavior, 1947; 2. Ausg. 1957.

Snyder, Richard C., H. W. *Bruck*, und B. *Sapin:* Decision-making as an Approach to the Study of International Politics, 1954.

Sohm, Rudolph: Kirchenrecht, 2 Bde., 1892—1923.

Spiro, Herbert J.: Government by Constitution: The Political System of Democracy, 1959.

Spranger, Eduard: „Wesen und Wert politischer Ideologien", *Vierteljahreshefte für Zeitgeschichte*, 2:118—130, 1954.

Stein, Harold (Hrsg.): Public Administration and Policy Development: A Case Book, 1952.

Stern, William: Ableitung und Grundlehre des kritischen Personalismus, Bd. I von *Person und Sache*, 2. Ausg. 1923.

Stevenson, Charles L.: Ethics and Language, 1944.

Strauß, Leo: Thoughts on Machiavelli, 1958.

— What is Political Philosophy? and Other Studies, 1959.

Taylor, A. E.: Socrates, 1933.

Taylor, Overton H.: A History of Economic Thought, 1960.

Teilhard: siehe Chardin.

Thomas, Elizabeth Marshall: The Harmless People, 1959.

Thukydides: Der Peloponnesische Krieg.

Tout, Thomas R.: Chapters on the Administrative History of Medieval England, 6 Bde., 1920—1933.

Tugwell, Rexford G.: The Stricken Land: The Story of Puerto Rico, 1947.

Tylor, Edward B.: Primitive Culture: Researches into the Development of Mythology, Philosophy, Religion, Language, Art and Custom, 2 Bde., 1871.

Varro, M. T.: Antiquitates rerum humanarum et divinarum.

Vendryes, Joseph: Le language: Introduction linguistique à l'historie, 1921.

Viereck, Peter R.: Metapolitics: From the Romantics to Hitler, 1941.

Vögelin, Erich: Die politischen Religionen, 1938.

Voegelin, Eric: Order and History, Bd. I, 1956; Bd. II, 1957; Bd. III, 1957.

Vossler, K.: Geist und Kultur in der Sprache, 1925.

Ward, Barbara (Lady Jackson): „Development and Dependence in Emergent Africa“, *Public Policy*, 9:341—352, 1959.

Weber, Alfred: Der dritte oder der vierte Mensch, 1953.

Weber, Max: Gesammelte Aufsätze zur Wissenschaftslehre, 1922.

— Gesammelte Aufsätze zur Religionssoziologie, 3 Bde., 1922—1923.

Weinreich, Uriel: Languages in Contact, 1953.

Welzel, Hans: Naturrecht und materiale Gerechtigkeit, 1951.

Whitehead, A. N.: Religion in the Making, 1926.

— Symbolism, Its Meaning and Effect, 1927.

Wiener, Norbert: Human Use of Human Beings: Cybernetics and Society, 1950.

Wild, John: Plato's Modern Enemies and the Theory of Natural Law, 1953.

Winespear, A. D.: The Genesis of Plato's Thought, 1940.

Wissler, Clark: Man and Culture, 1923.

Wittfogel, Karl: Oriental Despotism, 1957.

Wolf, Erik: Das Problem der Naturrechtslehre: Versuch einer Orientierung, 1955.

Wolf, William J.: The Almost Chosen People: A Study of the Religion of Abraham Lincoln, 1959.

Woolner, Alfred C.: Language in History and Politics, 1938.

Yerkes, Robert M., und Ada W. *Yerkes:* „Social Behavior of Infrahuman Primates“, in *A Handbook of Social Psychology* (Hrsg. Carl Murchison), 1935.

Young, Roland A. (Hrsg.): Approaches to the Study of Politics, 1958.

Zuckermann, Solly: The Social Life of Monkeys and Apes, 1932.

— Functional Affinities of Man, Monkeys and Apes, 1933.

FSC
www.fsc.org
MIX
Papier | Fördert gute Waldnutzung
FSC® C083411

Kolibri 360 GmbH
Ferdinand-Jühlke-Straße 7
99095 Erfurt, Deutschland
produktsicherheit@kolibri360.de

Druck:
CPI Druckdienstleistungen GmbH
im Auftrag der
Kolibri 360 GmbH
Ferdinand-Jühlke-Str. 7
99095 Erfurt